하룻밤에 읽는
영국사

하룻밤에 읽는
영국사

안병억 지음

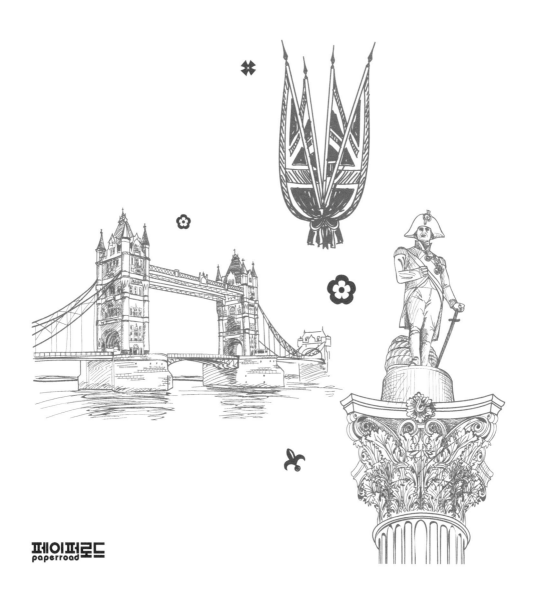

페이퍼로드
paperroad

런던의 의사당 웨스트민스터, 여왕과 왕세자와 공주를 보고 환호하는 사람들, 프리미어 축구의 환상적인 슛과 스코틀랜드의 백파이프 연주, 웨일스 해안의 깎아지른 듯한 절벽과 명탐정 셜록 홈즈, 그리고 영화 속에서 첨단무기를 들고 전 세계를 누비는 해군 중령 007. 영국하면 얼핏 떠오르는 다양한 모습이다.

유럽 여행을 갈 때, 런던으로 가서 구경한 후에 대륙으로 건너가 여러 저기를 볼 때가 많다. 영국은 이처럼 대륙과 밀접하게 연결되어 있지만 정작 유럽이면서도 끊임없이 유럽과 다름을 강조한다.

영국사의 숲을 보여주려는 게 이 책의 목적이다. 숲의 모양이 어떠한지, 어느 곳에 큰 나무, 혹은 나무 모둠이 있고, 길은 어디로 나 있는지, 이 숲에 폭풍우는 언제 불어 닥쳤고 어떻게 시련을 극복했는지……. 소설가 D.H. 로렌스는 역사를 사람이라는 나무가 만들어 내는 숲이라고 봤다. 우리 마음속의 격정과 떨림, 움직임이 역사를 만들어낸다. 원인과 결과를 따지는 것은 차후에 역사가들이 그렇게 해석할 뿐이라고 로렌스는 이야기한다.

이 책은 저자의 유학생활과 연관돼 있다. 기자 생활 만 9년을 접고, 2000년 9월 가족을 데리고 영국으로 늦깎이 유학을 떠났다. 영국은 햇볕이 귀한 나라다. 9월부터 3월까지 거의 매일 비가 오고 오후 서너 시면 이미 어두컴컴해졌다. 유럽통합 전문가가 되려는 의욕은 넘쳤지만 30대 후반, 낯선 땅에 놓인 내게 박사 공부는 쉽지 않았다.

그때 위로를 줬던 게 셜록 홈즈 드라마, 그리고 영국 역사 다큐멘터리였다. 깡마른 체구에 파이프를 물고 있는 홈즈가 수십 년 만에 다시 기억으로 소환됐다. 어릴 적 시골 초등학교 교실에서 누런 종이로 읽었던 희미한 잔상이 다시 선명해졌다. 대영제국의 황금시대인 빅토리아 여왕 시절이 탐정 콤비가 해결하는 사건들 너머로 선명하게 다가왔다. 한편 영국 역사 다큐멘터리는 대영제국, 나폴레옹전쟁과 1, 2차 세계대전의 승리와 같은 영국사의 주요 장면을 전문가의 시각과 설명으로 쉽게 전해주었다.

박사 공부를 하면서 영국과 독일의 유럽통합정책에 관한 정부 문서도 분석했다. 정치인들의 공개적인 발언과 달리 비밀해제된 문서는 이들의 속내를 잘 드러냈다. 생존해 있는 두 나라의 외교관들과 외무장관도 만나 이야기를 들어봤다. 유럽통합을 파헤치면서 언제가 영국사를 써보고 싶다는 생각을 했다. 시간이 꽤 흘렀지만 드디어 바람을 이룰 수 있게 됐다.

*　*　*

　　페이퍼로드 최용범 사장을 만난 건 행운이었다. 페이퍼로드, 즉 지로紙路는 우리 사회가 성찰해봐야 할 질문을 담은 책을 계속해서 출판중이다. 2012년 대구대학교로 부임해서 만났던 제자 박재성, 연세대학교 대학원에서 가르친 제자 이승규, 그리고 둘째 아이 승환이가 초고를 읽고 도움을 주었다. 가장 소중한 반쪽, 처 최상숙이 초고 전체를 읽고 면도날 같은 코멘트를 주었다.

　　대영박물관과 영국의 대학(옥스브리지), 런던, 윈스턴 처칠, 마거릿 대처, 북아일랜드 평화 정착 과정, 브렉시트 관련 글은 필자가 이전에 쓴 논문과 책, 신문칼럼 등에서 일부 인용했음을 밝힌다.

　　책은 이해하기 쉬운 스토리텔링 형식으로 썼다. 영국 역사에 사람들을 끌어들이고 관심을 갖게 한다면 저자로서는 더 바랄 게 없다. 각 장마다 되도록이면 핵심을 드러낼 수 있는 소제목을 뽑으려 고민했다. 큰 흐름과 연계성을 보여주고자 했다.

　　이 책을 쓰면서 국내외 여러 연구자들의 도움을 크게 받았다. 직접 인용할 경우에만 출처를 밝혔고 나머지는 책의 말미 참고문헌에 기록했다.

　　책을 집필하는 동안 영국은 물론 전 세계에서 적지 않은 사건이 일어났다. 거의 700년 전 유럽 전역을 강타한 흑사병이 중세 봉건제 붕괴를 촉진한 한 원인이 되었듯이, 우리도 코로나19 이후의 세계에 대해 걱정 반, 기대 반을 한다. 세계가 고립된, 포퓰리스트적인 민족주의로 갈지, 아니면 열린, 인간의 얼굴의 한 세계화로 갈지, 우리의 정책적 선택과 의지에 크게 좌우될 것이다.

역사는 계속해서 진행된다. 영국의 유럽연합 탈퇴(브렉시트) 후 홀로서기 정책이 자못 궁금해진다. 두 발로 똑바로 서서 힘차게 전진할지 휘청거릴지, 5년은 지나야 답을 얻을 듯하다. 적절한 시기에 개정판을 낼 수 있기를 기대해본다.

코로나 19를 극복한 국민의 자긍심을 간직한 채,
대구대학교 경산캠퍼스 연구실에서

안병억

차례 _____

제1장   로마 지배하의 잉글랜드와 앵글로색슨 시대

제2장   중세시대의 영국: 정복왕 윌리엄부터 장미전쟁까지

제3장 튜더 시대와 스튜어트 시대: 절대왕정과 두 번의 혁명

제4장 제국의 성립과 나폴레옹 전쟁

제5장 '영국의 세기' 19세기 (1815-1913)

제6장 20세기부터 브렉시트까지: 양차 세계대전과 제국의 상실, 그리고 유럽

지도

영국이라는
숲을 걸어보자

"영국의 독립일은 언제인가?" 어리석은 질문이 아닌가? 대제국을 거느렸던 나라가 언제 식민지였던 적이 있었나? 하지만 2020년 1월 31일 런던의 의사당 웨스트민스터에서는 '독립 축하 행사'가 열렸다. 독립일이라 쓰여진 셔츠를 입은 수만 명의 시민들이 의회 광장에 모여 유니언잭을 휘두르며 환호했다. 유럽연합EU 탈퇴, 즉 브렉시트를 축하하는 모임이다. 2016년 6월 브렉시트 찬반 여부를 묻는 국민투표에서 탈퇴로 결과가 나온 후 3년 7개월 만에 영국은 바람을 이루었다.

그런데 독립을 축하하는 영국인의 환호성처럼, 유럽연합이 그동안 영국의 독립을 빼앗았다고 말할 수 있을까? 영국은 1973년, 3수 끝에 유럽 통합에 뒤늦게 합류했다. 이렇듯 아주 어렵게 들어간 유럽연합에서 다시 빠져나온 것을 영국인은 왜 독립이라고 표현할까? 이에 대한 답을 찾으려면 영국의 역사 속으로 한 발을 들여놓아야 한다.

"이 왕의 옥좌, 이 홀笏을 쥔 섬, 이 장엄한 땅……. 이 축복받은 장소, 이 땅, 이 왕국, 이 잉글랜드"

셰익스피어의 희곡 『리처드 2세』에 나오는 구절이다. 홀은 왕권의 상징으로 왕이 휴대하는 지팡이를 말한다. 북대서양 한 귀퉁이에 있는 자그마한 섬나라 영국을 작가는 이처럼 장엄하게 표현했다. 셰익스피어는 대제국의 기초를 닦은 엘리자베스 1세 시대에 주로 활동했다. 최강대국이던 스페인의 무적함대를 물리친 여왕은 번영의 기반을 마련했다. 아버지인 헨리 8세가 단행한 종교개혁으로 영국은 로마 교황에게서 독립했다. 영국 왕이 성공회의 수장이 되어 성직자를 임명하게 됐다. 일부 역사가들이 영국이 대륙과 다름을 강조할 때 종교개혁을 거론하는 이유다.

노르망디 공작 윌리엄이 1066년 잉글랜드를 정복한 후 영국은 침략의 말발굽에 짓밟힌 적이 없었다. 나폴레옹이나 히틀러도 이 자그마한 섬을 정복하려 했으나 허사였다. 영국은 이처럼 대륙과 다름, 그리고 역사적 연속성을 자랑스럽게 여긴다. 대륙의 여러 나라들이 절대왕정 치하에 있을 때 영국은 입헌군주제를 확립했다. 17세기에 청교도혁명과 명예혁명을 거쳐 의회가 왕권을 제한할 수 있게 되었고, 내각책임제가 점차 확립되기 시작했다. 이런 잉글랜드를 영국인들은 자유의 땅이라 부르며 압제하의 대륙과 다르다는 정체성을 느낀다. 또 정복이나 왕위 계승을 통해 웨일스, 스코틀랜드, 아일랜드를 아우르는 연합왕국을 이루었다.

인종이나 언어가 상이한 나라들이 연합왕국이라는 구성국Constituent state으로 통합하는 데 접착제가 된 것은 전쟁 그리고 제국 운영이었다. 14세기~15세기 백년전쟁부터 19세기 초반에 종결된 나폴레옹전쟁에 이르기까지, 가톨릭을 대표하는 프랑스가 영국의 주요 전쟁 상대였다. 19세기 아프리카와 아시아 등 세계 각지로 뻗은 제국 건설에는 왕국을 구성하는 웨일스, 스코틀랜드, 아일랜드인들이 모두 참여했다. 특히 인도제국을 운영할 때 다른 지역보다 훨씬 더 많은 스코틀랜드인들이 일했다.

반면 영국은 지리적 인접성과 문화적 교류 때문에 대륙과도 불가피하게 연계됐다. 5세기에는 앵글로색슨족이 대규모로 몰려와 원주민 켈트족을 밀어냈다. 9세기에는 바이킹이 와서 이들과 융화했다. 또 정복자 윌리엄이 온 후 프랑스계 왕조와 귀족들이 정착했다. 두 번의 세계대전에서도 영국은 대륙 국가 프랑스 등을 도와 승전국이 됐다. '최초 증후군'도 겪었다. 처음으로 산업혁명을 이룩한 나라, 처음으로 의회민주주의를 확립해 전파한 나라, 자유방임주의와 시장경제를 확립한 나라……. 이렇듯 최초가 많았던 영국은 미지의 길을 걸으면서 먼저 고통과 희생을 치렀다.

자유방임주의와 민주주의를 수호했지만 1,2차 세계대전의 희생이 너무 컸다. 전쟁으로 영국은 국가 총자산의 40퍼센트 정도를 소진했다. 영국은 제2차 세계대전 후 국제무대에서 독자적인 역할을 모색했으나 힘에 부치다는 것을 깨닫고 제국을 영연방으로 개편했다. 다름을 강조하는 정체성이 강했지만 마지못해 유럽통합의 움직임에 뒤늦게 합류했다.

영국이 아직 유럽연합 회원국이던 시기 설문조사를 찾아보면 일관되게 유럽정체성이 가장 낮은 국가로 나온다. 이는 영국의 역사적 경험, 그리고 이를 강조하는 역사교육 때문이다. 보통 영국에서 역사교육은 제2차 세계대전까지 다룬다. 제2차 세계대전 후 프랑스와 서독 같은 유럽 대륙의 여러 나라가 하나가 되어 국제무대에서 영향력을 확대하고 행동해온 것은 가르치지 않는다. 2010년 총리가 된 데이비드 캐머런은 대제국의 역사에 더 중점을 둬야 한다고 강조했다. 평화를 유지하고 국제무대에서 한 목소리를 내어 정체성을 강화한다는 유럽통합의 원래 목적을 영국은 그리 달가워하지 않았다. 유럽통합을 자국의 정체성과 모순되는 것으로 마음속 깊이 생각했다. 영국인이 브렉시트를 독립일이라고 여기는 현실은 이처럼 장구한 영국 역사, 그리고 영국인들의 역사교육과 마음 깊은 곳에 자리 잡은 정체성을 이해하지 못하고는 오해할 수밖에 없다.

영국이 유럽통합에 뒤늦게라도 합류한 것은 경제적 실익과 함께 국제무대에서 더는 독자적인 역할이 어렵다는 것을 깨달았기 때문이다. 하지만 21세기의 20년 동안, 영국의 위상은 유럽통합에 합류한 1970년대보다 상대적으로 더 하락했다. 미국과 함께 2강이라는 증명인 G2의 자리도 영국이 아닌 중국에게 돌아갔다. 영국은 브렉시트를 계기로 '유럽'이라는 좁은 지역과 규제를 벗어나 전 세계에 자유무역과 민주적 가치를 전파하겠다는 포부다. 어떤 브렉시트 지지자들은 이를 '제국 2.0'이라 규정한다.

하지만 영국의 포부와 현실은 격차가 크다. 브렉시트 국민투표 이듬해인 2017년부터 3년간 영국의 경제성장률은 다른 유럽연합 회원국보다 1.8퍼센트 정도 낮았다. 영국은 하루빨리 유럽연합 규제로부터 탈피하기를 원하지만 브렉시트에 따른 경제적 이익이 실현되려면 최소한 몇 년 걸릴 것으로 보인다. 미국이나 일본, 호주, 뉴질랜드와 같은 주요 교역 상대국과 아무리 빨리 자유무역협정FTA을 체결한다 해도 교역의 절반을 차지하는 EU 시장을 빠르게 대체할 수 없기 때문이다. 더구나 제2차 세계대전 후 자유무역 질서를 구축하고 앞장섰던 미국이 최근 들어 보호무역 기조로 돌아섰다. 그만큼 국제정치경제 상황이 불확실하다.

우리가 산책할 영국 역사의 숲에서 이처럼 불확실성이 큰 때가 있었을까? 제2차 세계대전에서 미국이 참전하기 전까지 영국은 히틀러에 대항해 홀로 결사항전을 벌였다. 초기 전세는 매우 불리했다. 하지만 당시 영국 공군은 전력이 우세한 독일 공군에 맞서 승리했다. '가장 멋진 시간finest hour'이었다. 보리스 존슨 총리는 역사적 상징을 자주 이용한다. 그는 하루 빨리 유럽연합으로부터 벗어나야 한다고 이야기한다. 그래야 세계로 열린 영국, 즉 글로벌 영국Global Britain이 가능해진다는 것이다. 그는 포부를 밝힐 장소로 세계표준시가 정해진 그리니치 왕립해군학교를 골랐다. 표준시는 대영제국이 최절정에 있을 때 정해졌다. 다시 그때의 영광을 재현해보겠다는 속내를 담고서 이 학교에서 글로벌 영국을 거론했다.

어쨌든 영국은 영광스러운 역사를 되새기며 다시 홀로서기를 감행했다. 일부에서는 영국이 해도가 없는 바닷길을 간다고 본다. 브렉시트가 영국 역사에 미칠 영향을 가늠하려면 최소한 5~10년은 필요하다. 앞으로 3년 안에 그간의 경제적 손실을 만회할 수 있을까? 2019년 12월 조기총선에서 드러났듯이 브렉시트를 반대한 52퍼센트의 유권자들을 브렉시트 정부가 어떻게 포용할까?

혹자는 역사를 결론이 정해지지 않은 열린 교과서라고 한다. 인간의 격정과 떨림이 역사를 만들어 왔다. 영국의 전형적인 날씨처럼 영국 역사의 숲에서는 자주 비가 내리고 돌풍도 종종 불어온다. 때때로 안개도 자욱해 나아갈 길이 잘 보이지 않을 때도 있다. 영국은 숲에서 길을 잃지 않고 헤치며 나온 역사를 자랑스럽게 여긴다. 앞으로도 그렇게 만들려고 노력할 것이다. 계속해서 지켜보자.

현대 영국의 지도

북해

스토노웨이
커크월

인버네스
에버딘

스코틀랜드

글래스고
에든버러

런던데리
북 해협

더니골
북아일랜드
벨파스트

뉴캐슬어폰어타인
칼라일
미들즈브러

아일랜드해

리즈

리버풀
맨체스터
셰필드

더블린

잉글랜드

아일랜드

버밍험
노리치

코번트리
케임브리지

웨일스

카디프
옥스퍼드
런던

세인트조지 해협

브리스톨

솔즈베리
도버

사우샘프턴
브라이튼

대서양

펜잰스
플리머스

영국 해협

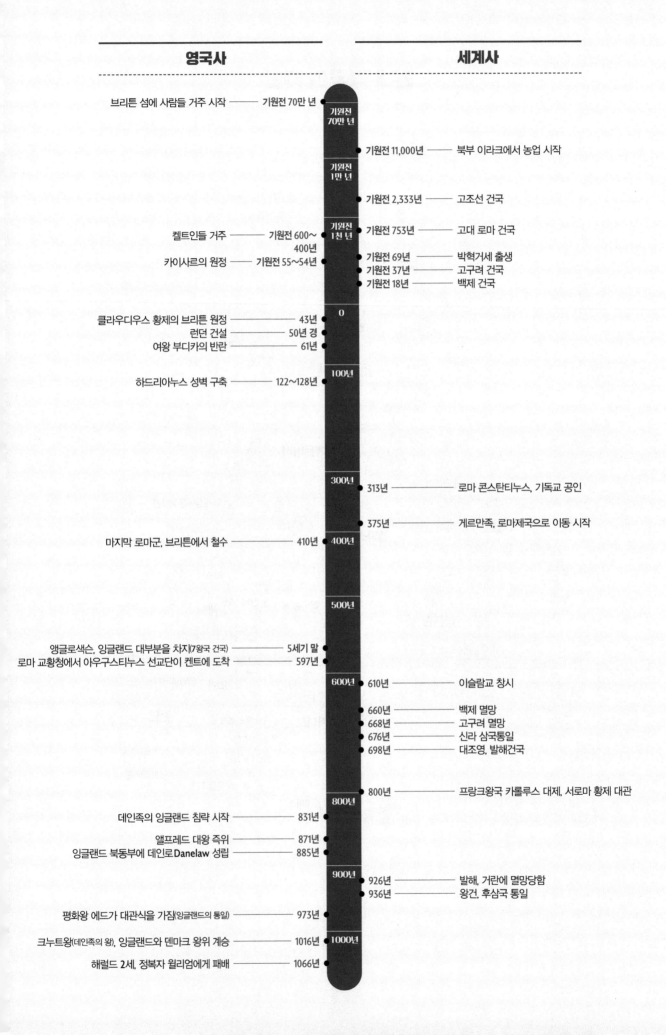

영국사		세계사

영국사

브리튼 섬에 사람들 거주 시작 ——— 기원전 70만 년

켈트인들 거주 ——— 기원전 600~400년

카이사르의 원정 ——— 기원전 55~54년

클라우디우스 황제의 브리튼 원정 ——— 43년

런던 건설 ——— 50년 경

여왕 부디카의 반란 ——— 61년

하드리아누스 성벽 구축 ——— 122~128년

마지막 로마군, 브리튼에서 철수 ——— 410년

앵글로색슨, 잉글랜드 대부분을 차지(7왕국 건국) ——— 5세기 말

로마 교황청에서 아우구스티누스 선교단이 켄트에 도착 ——— 597년

데인족의 잉글랜드 침략 시작 ——— 831년

앨프레드 대왕 즉위 ——— 871년

잉글랜드 북동부에 데인로Danelaw 성립 ——— 885년

평화왕 에드가 대관식을 가짐(잉글랜드의 통일) ——— 973년

크누트왕(데인족의 왕), 잉글랜드와 덴마크 왕위 계승 ——— 1016년

해럴드 2세, 정복자 윌리엄에게 패배 ——— 1066년

세계사

기원전 70만 년

기원전 11,000년 ——— 북부 이라크에서 농업 시작

기원전 1만 년

기원전 2,333년 ——— 고조선 건국

기원전 1천 년

기원전 753년 ——— 고대 로마 건국

기원전 69년 ——— 박혁거세 출생

기원전 37년 ——— 고구려 건국

기원전 18년 ——— 백제 건국

0

100년

300년

313년 ——— 로마 콘스탄티누스, 기독교 공인

375년 ——— 게르만족, 로마제국으로 이동 시작

400년

500년

600년

610년 ——— 이슬람교 창시

660년 ——— 백제 멸망

668년 ——— 고구려 멸망

676년 ——— 신라 삼국통일

698년 ——— 대조영, 발해건국

800년 ——— 프랑크왕국 카롤루스 대제, 서로마 황제 대관

800년

900년

926년 ——— 발해, 거란에 멸망당함

936년 ——— 왕건, 후삼국 통일

1000년

제1장

로마 지배하의 잉글랜드와 앵글로색슨 시대

잉글랜드와 웨일스, 스코틀랜드가 있는 그레이트브리튼 섬은 원래 유럽대륙과 붙어 있었다. 1만 년 전 빙하기가 종료되고 기후가 점차 따뜻해지면서 8천 년 전쯤 이 섬은 대륙과 분리되었다.

이곳에는 약 75만 년 전부터 사람이 거주한 것으로 보인다. 브리튼 섬에 살던 원주민 켈트족은 유럽대륙에서 온 것으로 추정되었지만 2010년에 유전학자들은 이들이 터키 중부 아나톨리아 대평원에서 이주했음을 밝혀냈다.

브리튼 섬에는 로마인, 앵글로색슨족, 바이킹이 차례로 들어왔다. 로마는 물러났고, 게르만족에 속하는 앵글로색슨족은 이곳에 터를 잡았다. 뒤이어 들어온 바이킹은 이들과 융화돼 살았다.

대제국을 거느렸던 로마는 브리튼 섬의 풍부한 지하자원이 필요했고 제국의 경계를 지키려 이곳을 차지했다. 스코틀랜드는 로마군에 정복되지 않았고 켈트족이 거주했다. 아일랜드도 마찬가지다. 로마군이 410년에 물러날 때까지 잉글랜드는 현재의 프랑스 독일과 마찬가지로 '로마의 평화 Pax Romana'를 누렸다. 로마의 문화와 법이 잉글랜드로 전해졌다.

중부 및 북유럽과 로마제국의 변경에 거주하던 앵글로색슨족은 훈족에 밀려 5세기에 대거 잉글랜드를 침략했다. 그 뒤 9세기 말 앨프레드 대왕이 잉글랜드를 잠정적으로 통일하기 전까지 앵글로색슨족이 지배자가 된 7왕국이 들어섰다. 6세기 말 이곳에 기독교가 전파됐다. 잉글랜드도 유럽대륙의 다른 나라처럼 종교로 연결되었다. 기독교는 왕권 강화에 도움을 주었고 통일 왕국의 필요성을 일깨워 주었다.

영국과 터키가
친척이라고?

로마가 브리튼 섬을 침략하기 전에 이곳에는 켈트족이 살고 있었다.
이들은 중부유럽에서 온 게 아니라 터키에서 왔다.

남성에게만 있는 Y 염색체, 거짓말쟁이가 아니다

켈트는 브리튼 섬이 로마에 정복되기 전 이곳과 아일랜드 섬에 살고 있던 부족을 아우르는 말이다. 역사학자들은 이들이 지금의 독일과 폴란드 등 중부유럽에서 온 것으로 추정했다. 그러나 2010년 켈트족이 터키 중부 아나톨리아 대평원에서 이주했다는 놀라운 연구 결과가 발표되었다.

2010년 1월 영국 레스터 대학교의 마크 조블링Mark Jobling 교수가 이끄는 연구팀은 이 같은 연구 결과를 발표해 주위를 놀라게 했다. 이제까지 고고학 발굴과 문화 등을 근거로 추정했던 켈트속의 중부 유럽 이주설을 뒤엎는 내용이었기 때문이다. 이 연구팀은 브리튼 섬 각지에 거주하는 사람들의 DNA 샘플 2,574개를 수집했다. 그 뒤 이 샘플을 노르웨이와 독일, 프랑스, 러시아, 포르투갈, 슬로베니아, 터키 등 유럽 대륙의 다른 10개국의 DNA 샘플과 비교해 유사성을 검토했다. 사람에게는 모두 23쌍의 염색체가 있는

복원된 켈트족의 거주지
기원전 300~100년, 슬로바키아 고고학 박물관

데 그중 1쌍의 염색체가 성염색체다. 1쌍(2개)의 X염색체를 가진 개체는 여성(XX)이고 X염색체 하나와 Y염색체 하나를 가진 개체는 남성(XY)이다. 남성에게만 있는 성염색체가 Y염색체다. 아버지가 아들에게 전해주는데, 유럽 대륙에 거주하는 1억1천만 명이 넘는 남성이 보유한 독특한 Y 염색체가 현재 터키인의 것과 거의 일치했다. 현재 영국인의 먼 옛날 조상이 터키인이라는 말이다.

아나톨리아 대평원에 거주하던 터키인들이 지중해 해안을 거쳐 스페인이 있는 이베리아반도, 서유럽을 거쳐 브리튼으로 왔다. 주로 기원전 7000년부터 기원전 2500년 사이 신석기시대에 이들은 서서히 유럽 대륙으로 왔다고 추정된다.

농업은 현재 시리아와 이라크 지역에서 기원전 11000~9000년 사이에 시작되었다. 브리튼에서는 기원전 5000~4500년에 농업이 시작된 것으로 보인다. 대평원에서 이 섬으로 온 사람들이 영국에 농사를 전해주었다. 현재의 중동지역에서 시작된 농업혁명이 유럽이나 아메리카 등 다른 대륙으로 퍼져나간 경위에 대해서는 크게 이주설과 전파설이 있다. 이주설은 현재의 중동 거주 농부들이 다른 대륙으로 옮겨 갔다는 것이며, 전파설은 사람이 아니라 아이디어나 기술 등이 다른 대륙으로 넘어 왔다는 설명이다. 조블링 교수의 이번 연구는 이주설이 더 적합함을 밝혀냈다.

브리튼 섬의 원주민 켈트와 켈트문화

지도를 보면 유럽 대륙의 북서 해안에서 떨어져 왼쪽에 5천 개가 넘는 섬이 흩어져 있다. 이 섬 무리를 브리티시 제도The British Isles라 부른다. 그레이트브리튼 섬은 이 가운데 가장 크며 잉글랜드와 스코틀랜드, 웨일스로 구성된다. 바로 옆의 아일랜드 섬은 아일랜드 공화국과 영국에 속하는 북아일랜드로 이루어졌다.

브리튼 섬에는 약 75만 년 전부터 사람이 거주하기 시작했다. 유럽 대륙과 이곳이 하나의 대륙이었기에 대륙 거주민들이 이곳으로 자유롭게 이동했다. 1만 년 전 빙하기가 종료되고 기후가 점차 따뜻해지면서 8천 년 전쯤 브리튼 섬은 유럽 대륙과 분리되었다. 빙하기가 끝나면서 세계 각지의 해수면은 평균 약 120미터 올랐다. 빙하기 종료와 각 대륙의 분리를 지난 10만 년 인류사 가운데 가장 이례적인 사건이라고 호주의 역사학자 제프리 블레이니는 설명한다. 이전까지 유럽과 아메리카, 아프리카 대륙은 하나로 붙어 있었다. 빙하가 서서히 녹고 따스해지자 현재처럼 각 대륙이 떨어져 나왔다. 아나톨리아 대평원에 거주하던 터키인들이 영국으로 넘어온 시기는 브리튼이 섬이 된 후다.

거의 만 년이 지나 영국이 대륙과 다시 연결됐다. 1994년 5월 6일 채널터널Channel Tunnel이 완공됐다. 영국과 유럽 대륙이 다시 육상교통으로 연결된 것이다. 시속 300킬로미터의 초고속 열차 유로스타는 런던 성팬크라스 역에서 출발해 벨기에 브뤼셀까지는 2시간, 파리까지는 2시간 16분 정도 걸린다. 영국에 거주하는 사람은 채널터널을 오가는 기차에 자동차를 싣고 유럽 대륙으로 갈 수 있다. 또 영국 시민들은 여객선에 자동차를 적재한 후 프랑스에서 내려 지중해 인근의 스페인이나 프랑스 남부 등으로 여행을 가기도 한다. 영국 도버 해협 인근의 포크스톤 항을 출발해 35분이면 프랑스 북부 칼레에 도착한다. 여객선은 하루에 20여 회, 약 1시간 30분 정도 걸린다. 맑은 날 도버의 깎아지른 듯한 흰 절벽에 오르면 칼레가 한눈에 들어온다. 불과 34킬로미터 떨어져 있다.

도버의 절경에서 영국을 뜻하는 라틴어가 나왔다. 앨비언Albion은 주로 시詩 속에서 영국을 부를 때 쓰였다. 바다에서 본 흰 절벽이라는 의미다. 대륙에서 올 때 최단 거리, 바로 눈에 보이는 도버의 까마득한 절벽이 영국을 지칭한 단어가 됐다.

영국과 프랑스 사이의 좁은 해역을 영국은 도버 해협, 프랑스는 칼레 해협이라 부른다. 1994년 영불합작으로 개통된 채널 터널이 바로 이 도버 해협 아래를 지난다. 문헌상 '도버'라는 이름이 처음으로 사용된 것은 셰익스피어의 희곡 『리어왕』이다.

브리타니아라는 이름을 남긴 로마의 브리튼 지배

현재의 잉글랜드와 웨일스 지역은 360년이 넘는 기간 동안 로마제국의 지배를 받았다. 로마의 법과 문화가 이곳에 전래되었고 영국의 이름 브리튼도 여기에서 나왔다.

항복 대신 죽음을 선택한 켈트족의 여걸 보아디케아

제국은 팽창하는 속성이 있다. 기원전 55년쯤 프랑스와 벨기에 지역인 갈리아 지방을 거의 정복한 로마의 율리우스 카이사르 총독Julius Caesar은 바로 옆 섬 브리튼을 두 차례나 침략했다. 그는 납과 주석이 풍부한 이곳이 탐이 났다. 영토를 확장할수록 정복자의 위신이 높아지기에 이런 개인적인 야심도 작용했다.

침략은 기원전 55년과 그 이듬해에 이루어졌다. 하지만 브리튼 섬에 살던 켈트족의 저항이 예상외로 거셌고 2차 원정에서는 갈리아에서 반란이 일어나 급거 귀국해야 했다. 카이사르 이후 대규모 정복은 그 뒤 거의 백 년이 지난 서기 43년에 이뤄졌다. 아울루스 플라우티우스Aulus Plautius가 4만 명 정도의 병력을 이끌고 다시 이곳을 침략했다. 로마군은 계속해 브리튼 섬의 잉글랜드 지역과 웨일스 지역을 공격해 서기 61년에는 현재의 웨일스 지방까지 점령했다. 원주민 켈트족의 저항도 만만치 않았다. 이 가운데 이케니족Iceni족의 여왕 보아디케아Boadicea 혹은 부디카 Boudicca의 반란이 가장 격렬했다. 남편이 로마군과의 전투에서 죽고 딸마저 눈앞에서 능욕을 당하자 그는 주변의 부족을 규합해 로마군에 대항했다. 콜체스터 인근 최후의 격렬한 전투에서 보아디케아는 항복 대신 자결을 택했다. 그리고 압도적인 무력을 앞세운 정예 로마군 앞에서 켈트족의 저항정신을 보여준 영웅으로 역사에 이름을 남겼다. 런던 의사당 앞 웨스트민스터 다리 앞에는 보아디케아의 동상이 있다. 앞발을 힘껏 박차고 하늘로 치솟는 두 마리의 말에 올라탄 여왕의 모습이다.

군사적 방벽이 문화적 장벽으로

잉글랜드와 웨일스 지역을 평정한 로마군은 스코틀랜드까지 공략에 나섰다. 스코틀랜드에 거주 중이던 픽트족Pics(켈트족이다. 몸에 청색 물감을 칠했기 때문에 로마인들이 이렇게 불렀다)에게 승리를 거두었으나 이들이 끊임없이 공격해오자 조금 후퇴해 방어선을 구축했다. 122년부터 6년간 북쪽 타인 강부터 서쪽 솔웨이 만까지, 길이가 120킬로미터에 이르는 돌로 된 성벽을 지었다. 당시 로마황제의 이름을 따 하드리아누스 장벽Hadrian's Wall으로 불린다. 장벽 사이사이에 평균 3킬로미터 간격으로 수십 개의 요새와 망루를 세웠고, 주둔 로마군이 이곳을 지켰다. 이 장벽은 현재까지 남아 있으며 잉글랜드와 스코틀랜드 지역의 자연적인 경계선 역할을 하고 있다. 1987년 세계문화유산에 등재되었다.

스코틀랜드는 로마군에 정복되지 않았다. 이곳에 켈트인들이 계속 거주하면서 잉글랜드와는 다른 역사와 문화를 만들게 된다. 하드리아누스 성벽이 지리뿐 아니라 역사적·문화적 장벽도 된 셈이다. 물론 영국 역사가 전개되면서 스코틀랜드는 잉글랜드와 끊임없이 접촉했다.

410년 로마군이 물러날 때까지 브리튼은 300년 넘게 로마제국이 제공하는 '로마의 평화'를 누렸다. 소수 로마인들이 다수의 원주민을 다스리는 체제였다. 당시 브리튼으로 온 로마인들은 군인과 관리를 포함해 약 6만 명 정도로 추정된다. 원주민은 400만 명 정도로 역사학자들은 보고 있다. 로마제국에서 파견된 총독이 이곳을 다스렸다. 일종의 분리지배 통치 방식이다. 점령군 로마인에게 충성하는 이 지역의 '피보호왕'을 로마제국은 최대한 활용했다. 일부 원주민 귀족들에게는 자치가 허용됐다. 이들이 지방평의회를 구성하고 지방관리로 일했다.

부족의 거주지에서 제국의 중심으로

로마제국은 우월한 문명을 켈트족에게 진해주고 브리튼에 관한 기록을 남겼다. 이전의 켈트족 역사는 고고학 발굴을 통해서 추정할 수 있다. 또 로마의 위대함을 보여주기 위해 곳곳에 여러 도시를 건설했다. 런던은 로마인이 세운 가장 큰 도시로 당시 인구는 1만5천 명 정도였다. 기원전 54년 런던을 정복한 카이사르는 이곳에 "대규모의 잘 조직된 부족 거주지가 있었다"라고 적었다. 당시

런던 서쪽에 있는 바스 시의 로마 시기 온천
(19세기 말에 대폭 수리함)

그가 이끄는 로마군은 켄트Kent에 도착해 북서쪽으로 진군하여 현재 워털루 역 인근의 서덕Southwark에 도착했다. 2차 침입이 있던 서기 41년에 이들은 바로 템스 강 건너, 지금의 구런던 중심에 영국을 통치하는 데 필요한 일부 행정 건물 등을 지었다. 로마제국이 세운 도시가 19세기 중반부터 다시 제국의 중심이 된 것은 역사적 우연이다.

서기 121년부터 기록에 론디니움Londinium이라는 명칭이 나온다. 이 말의 어원에 대해서는 다양한 해석이 있다. 런던 시의 역사를 쓴 피터 애크로이드Peter Ackroyd에 따르면 도시나 요새를 의미하는 돈don과 호수나 냇가 옆을 뜻하는 린Lynn이 결합했거나, 긴 언덕 혹은 늪을 의미하는 말일수도 있다고 한다. 애크로이드는 또 켈틱 어원에 따르면 당시 런던에 거주한 부족들이 너무 용맹하여 난폭함을 뜻하는 형용사 '론도스londos'에서 유래했을 수도 있다고 추정한다.

로마군이 주둔한 병영은 차후 도시로 발전했다. 윈체스터Winchester, 랭커스터Lancaster, 돈캐스터Doncaster 등 영국 시 가운데 어미에 "-caster, -chester, -cester"가 붙어 있는 곳이 그런 곳이다. 온천수가 나는 바스Bath에는 로마식의 대규모 목욕탕을 건설했다. 지금도 이 유적은 많은 관광객들을 불러들인다.

로마인들은 정복한 지역을 브리타니아Britannia로 불렀다. 현재 영국을 지칭하는 말이다. 고대 켈트어 'Pretanī'가 라틴어로 음역되면서 브리타니아가 됐다. 300년 넘게 로마가 영국에 주둔하면서 이곳의 이름이 라틴어로 널리 알려졌다. 이밖에 이들은 주둔한 군대를 신속하게 이동하기 위해 잉글랜드 곳곳을 연결하는 간선도로를 건설했다. 남부 항구도시 캔터베리와 런던을 잇는 길, 런던에서 링컨을 거쳐 요크에 이르는 길 등이 이렇게 만들어졌다. 당시 건설한 몇몇 큰 도로는 현재에도 기본 구도를 유지중이다.

종교에서는 로마인과 토착인이 별다른 충돌 없이 서로 융화해 어울렸다. 브리튼은 로마의 신과 켈트족의 신이 서로 공존하는 종교의 만화경과 같았다.

보아디케아, 즉 부디카는 켈트어로 '승리Victory'라는 뜻이다. 부디카는 영국의 전성기를 통치한 빅토리아 여왕 시기에 '외세로부터 영국을 지킨 여성 영웅'의 이미지로 재소환됐다. 의사당 앞의 동상 역시 이 시기에 만들어졌고, 여왕이 사망한 다음 해에 그 자리에 세워졌다.

4세기 브리튼의 주요 도로망

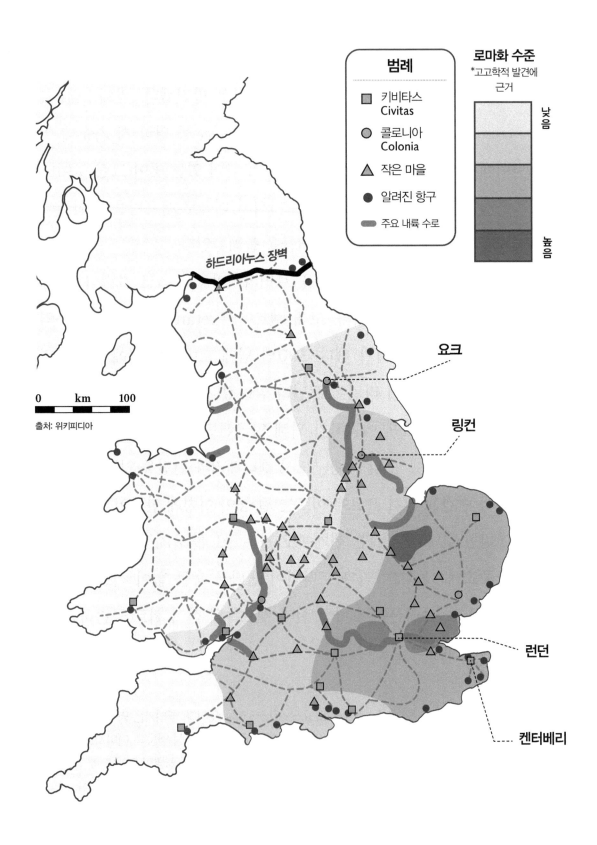

범례

□ 키비타스 Civitas
○ 콜로니아 Colonia
△ 작은 마을
● 알려진 항구
━ 주요 내륙 수로

로마화 수준
*고고학적 발견에 근거

낮음
높음

하드리아누스 장벽

요크

링컨

0   km   100

출처: 위키피디아

런던

켄터베리

훈족이 밀어낸 앵글로색슨 영국으로 오다

유럽 대륙에 거주하던 게르만족 중 하나인 앵글로색슨족이 5세기 말 대규모로 브리튼으로 건너와 주인이 되었다. 이들이 세운 7왕국이 서로 겨루다가 10세기 말 웨섹스 왕국이 잉글랜드를 통일했다. 앵글로색슨의 땅, 잉글랜드가 이로부터 유래했다.

잉글랜드의 주인이 된 앵글로색슨족

서기 370년쯤 게르만족이 거주한 중부 및 북부 유럽과 로마제국의 국경지역을 훈족이 파죽지세로 침략했다. 이곳에 살던 게르만족의 일파였던 앵글족, 색슨족, 주트족(합해서 앵글로색슨으로 부름)이 훈족에 떠밀려 브리튼 섬으로 몰려들기 시작했다. 이전에도 이들은 기후가 척박하고 습한 자신들의 거주지를 벗어나 비옥한 브리튼 섬을 약탈하곤 했다. 하지만 이번에는 약탈이 아닌 대규모 이주였다.

410년 로마가 브리튼 섬에서 철수했다. 이렇게 생긴 힘의 공백기를 틈타 앵글로색슨족은 450~500년쯤 대대적인 잉글랜드 정복에 나섰다. 원래 거주 중이던 켈트족은 웨일스와 잉글랜드 서남쪽 끝의 콘월 지역, 프랑스의 브르타뉴 지방으로 쫓겨 갔다. 켈트족 문화가 스코틀랜드와 웨일스, 콘월에서 보존된 이유다.

6세기 말쯤에 앵글로색슨족은 잉글랜드 서쪽을 제외한 잉글랜드 지역 대부분을 지배하게 되었다. 9세기 말 앨프레드 대왕이 잉글랜드를 잠정적으로 통일하기 전까지는 이들을 지배자로 한 7왕국이 들어섰다. 스코틀랜드 바로 밑의 잉글랜드 북부에는 노섬브리아Northumbria, 잉글랜드 중부에는 머시아Mercia, 밑의 동쪽 해안에는 이스트앵글리아East Anglia, 잉글랜드 남서 지역에는 웨섹스Wessex(서쪽West의 색슨Saxon이라는 의미), 남동지역에는 서섹스Sussex(남쪽의 색슨), 이스트앵글리아와 서섹스 사이에는 에섹스Essex(동쪽의 색슨), 에섹스와 서섹스 사이에는 켄트Kent 왕국이 자리 잡았다. 7왕국은 서로 영토를 넓히려고 빈번하게 싸웠고, 번갈아 가며 세력이 커졌다가 쇠퇴했다. 500년대에는 켄트가, 600년대에는 노섬브리아, 700년대에는 머시아가 세력이 강성했다. 그러다가 800년경에는 웨섹스가 점차 부상하면서 잉글랜드를 통일하게 된다.

앵글로색슨은 거주 중인 나라를 잉글랜드England로 불렀다. 앵글족의 땅Angle-Land이라는 뜻이다. 잉글랜드는 현재 좁은 뜻으로 그레이트브리튼 섬을 구성하는 잉글랜드 지역을 말한다. 영국을 줄여 부를 때도 이 단어가 흔히 쓰인다. 위에 언급된 이스트앵글리아, 서섹스, 에섹스, 켄트는 현재 지역 이름이나 주 이름으로 그대로 남아 있다. 그만큼 앵글로색슨은 영국 역사에 1천5백 년 넘게 영향을 미치고 있다.

왕과 귀족들이 지배한 앵글로색슨 사회
왕은 각 주에 얼더먼ealdorman(이 단어에서 나중에 백작을 의미하는 earl

이 유래했다. 현대 영어 alderman의 어원이다)과 주장관sheriff을 임명해 왕국을 나누어 다스렸다. 얼더먼은 지방의 사법과 행정, 군사 분야의 권한을 위임받았다. 이들이 종종 전쟁터에 나가 업무를 처리할 수 없을 때에는 주장관이 일을 대행했다. 이 당시에 주州, 즉 샤이어Shire가 조직되었다.

10세기에는 주가 헌드레드hundred로 다시 나뉘어졌다. 헌드레드는 100명의 병사를 차출할 수 있는 같은 수의 가족으로 구성되었다. 약 130~260제곱킬로미터 넓이 정도로 추정된다. 이 시기 빼놓을 수 없는 지방정부 기구는 버러borough다. 성벽으로 둘러싸인 성채burgh로, 장이 열리는 교역의 장소였다. 앵글로색슨 시대 말기에 런던과 노리치Norwich, 요크, 링컨, 캔터베리가 중요한 버러다. 이 가운데 런던은 가장 큰 교역의 중심이었다.

이 시기는 왕과 귀족을 중심으로 하는 지배 계층과 자유민, 노예로 이루어진 봉건사회였다. 왕은 자신을 섬기는 사람들에게 토지와 각종 특권을 주었고 이들이 귀족이 되었다. 자유민은 주로 농민으로 교회에는 십일조를, 국왕에게는 세금을 바쳤다. 잉글랜드에서 봉건제는 앵글로색슨 왕국 시기인 약 700년에 시작해 14세기 초반에 번창히다가 1660년에 법으로 공식 폐기되었다.

이 당시의 특징은 최소한 지배층에서는 여성이 남성과 동등한 권리를 누렸다는 점이다. 여성들은 재산권과 토지를 물려받을 수 있었고, 남편과 재산을 공동으로 소유할 수 있었다. 앨프레드 대왕의 딸 애설플레드Aethelflaed가 잘 알려진 이 시대의 여성이다. 애설플레드는 머시아 왕국의 왕과 결혼해 '머시아의 귀부인Lady of Mercia'이라 불리며 남편과 왕국을 함께 통치했고, 남편이 죽은 뒤에는 7년간 왕국의 지배자가 되었다. 이곳에 전파된 기독교의 평등사상, 그리고 앵글로색슨 사회가 로마에 비해 비교적 평화로운 시기를 보냈기 때문에 남녀가 동등한 권리를 누렸을 것으로 추정된다.

당시의 교역을 보여주는 유물이 서펵Suffolk의 서튼후Sutton Hoo 무덤에서 발굴되었다. 아마 7세기 초 이스트앵글리아 왕(레이드월드 Raedwald로 추정)의 묘라고 생각되는 27미터 길이의 이 선박 묘에서 여러 나라의 금화와 은화, 귀중품이 발견되었다. 보존 상태도 양호한 편이었는데, 동로마제국의 은, 갈리아 지방의 금화, 로마시대 브리튼의 에나멜, 시리아의 비단, 북아프리카의 그릇 등이 그것이었다. 잉글랜드 왕국이 당시 세계 각국과 무역을 했다는 증거다. 이 유물 가운데 가장 유명한 것은 투구, 일명 서튼후 투구다.

서튼후 투구

대영박물관 2층 41전시실에 들어가면 화려한 투구가 정면에서 방문객들을 맞는다. 투구에는 눈썹과 코가 정밀하게 새겨져 있으며 자유롭게 호흡할 수 있도록 두 개의 작은 구멍이 뚫려 있다. 이 유물은 영국의 투탕카멘이라 불릴 정도로 영국 고고학상 가장 획기적인 발굴의 하나로 평가받는다. 1939년 여름에 발견됐으나 곧 제2차 세계대전이 터졌다. 투구 외에도 여러 유물이 런던 지하철역에 숨겨 보관되다가 1948년에야 다시 정밀하게 조사되었다.

앵글로색슨 정복자들은 게르만어 중 하나인 고대 영어를 사용했다. 처음에는 상형문자와 유사한 룬문자runes를 사용하다가 라틴어 알파벳을 받아들였다. 고대 영어는 중세 영어를 거쳐 근대 영어로 이어졌다.

서튼후 투구의 주인으로 추정되는 레이드월드의 즉위 이전 행적에 대해서는 그리 자세히 알려진 것이 없다. 599년에 왕위에 올랐고, 624년에 사망했다. 『앵글로색슨 연대기』에는 브레트왈다의 자리에 오른 강력한 왕으로 기록되어 있다.

앵글로색슨 7왕국

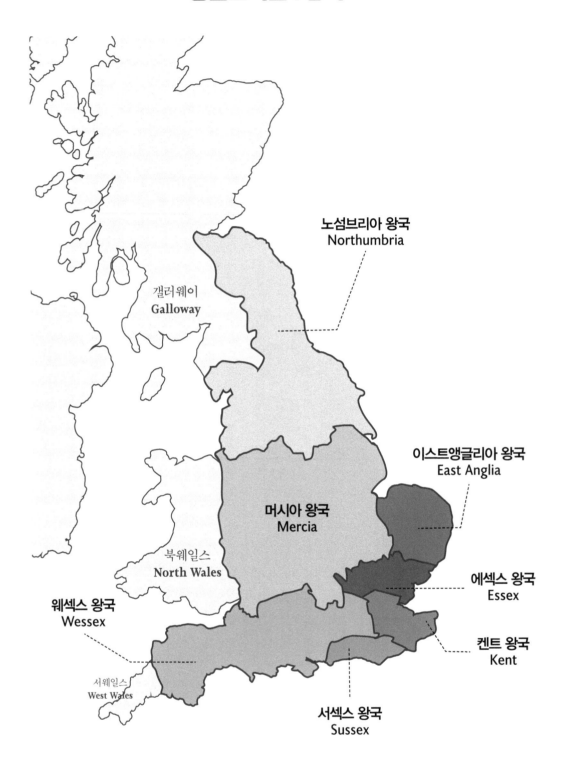

노섬브리아 왕국
Northumbria

갤러웨이
Galloway

이스트앵글리아 왕국
East Anglia

머시아 왕국
Mercia

북웨일스
North Wales

에섹스 왕국
Essex

웨섹스 왕국
Wessex

켄트 왕국
Kent

서웨일스
West Wales

서섹스 왕국
Sussex

왕권과 함께 성장한 기독교

로마에서 파견된 선교사가 잉글랜드에 기독교를 전파한 시기가 7세기 초다. 잉글랜드에서 기독교와 왕권은 서로에게 필요했고 도움을 주었다. 기독교는 또 이 지역에 통일왕국의 필요성을 일깨워 주었다.

켄트 왕국, 기독교를 먼저 수용하다

313년 로마제국의 콘스탄티누스 황제가 밀라노 칙령을 반포했다. 이후 제국은 기독교를 인정했다. 당시 로마 지배하의 브리튼 섬에도 기독교를 믿는 지배층이 있었을 것으로 추정된다. 하지만 앵글로색슨족이 5세기 말 이곳에 자리를 잡았을 때 기독교도는 찾기 힘들었다. 먼저 살고 있던 켈트족이 다른 곳으로 쫓겨났기 때문이다.

교황 그레고리 1세는 597년 아우구스티누스Augustinus와 40여 명의 선교사들을 켄트 왕국 캔터베리Canterbury로 파견했다. 낮선 땅에 도착한 이들은 처음에는 두려움이 컸으나 행운을 누렸다. 갈리아 출신의 켄트 왕비가 기독교인이었다. 당시의 왕 에셀버트Ethelbert 552?~616도 기독교로 개종했다. 왕과 왕비가 기독교를 받아들이자 신하와 백성 모두 교인이 됐다. 아우구스티누스의 선교 활동은 별 어려움 없이 펼쳐졌다. 에셀버트 왕은 캔터베리 대성당을 왕궁 바로 옆에 세우게 했다. 601년 초대 캔터베리 대주교로 임명된 아우구스티누스는 선교사들과 함께 이곳을 거점으로 삼아 에섹스, 이스트앵글리아와 같이 잉글랜드 남동부 일대에 복음을 전했다. 이들의 활동 덕분에 7세기 중반 잉글랜드 남동부 지역에 기독교가 자리를 잡았다.

7세기에 이르러 브리튼 섬의 교회는 서유럽 기독교와 밀접한 관계를 맺게 되었다. 선교사가 처음 도착한 캔터베리에 이어 요크에도 8세기 중반에 대주교좌가 설치되었다. 에설버트 왕의 조카이자 바로 옆 에섹스 왕국의 왕이었던 새버트Saberht ?~616도 기독교로 개종했고 런던에 성 베드로를 기리는 성당을 세웠다. 현재 영국 왕실의 부속 성당인 웨스트민스터 사원Westminster Abbey이 바로 그것이다. 또 다이애나 신전 터에 자그마한 성당도 세웠다. 현재 런던 시내에 우뚝 솟아 랜드마크가 된 세인트폴 대성당St. Paul's Cathedral 이다.

왕권과 교회는 상부상조하는 관계였다. 대성당은 왕의 영지에 자리를 잡고 교구민들로부터 세금을 거두었다. 대신 교회는 왕의 권한을 인정해주어 왕권 강화에 도움을 주었다. 앵글로색슨족은 여러 신을 섬겨왔고 뚜렷한 윤리 체계가 없었다. 반면 기독교는 유일신에게 순종할 것과 믿음과 순종으로 영원한 삶을 얻을 수 있다고 가르쳤다. 당시 농촌 사회에도 기독교의 가르침은 하나의 규율이 되었다. 순종하고 규율을 존중하는 교회의 가르침은 왕권을 인정하고 강화하는 데 더할 나위 없이 유용했다.

교회와 도시는 함께 발전했다. 캔터베리 대성당은 왕궁 바로 인근에 세워졌다. 이어 735년에 요크에 대성당이 설립되었다. 이처럼 대주교좌가 설치된 도시를 중심으로 도시가 발전했다. 유럽의 주요 도시에 가보면 성당과 관청, 시장이 구도시의 중심을 이루고 있다. 로마 교황청과의 연결, 그리도 성당 중심의 도시 발전. 이런 식으로 도시가 형성된 것도 바로 이 시기부터다. 당시의 잉글랜드는 유럽 대륙과 같은 역사의 발자취를 밟았다.

또 기독교는 잉글랜드라는 정체성 형성에 도움을 주었다. 잉글랜드 여러 왕국에 기독교가 전파되었다. 통일된 단일 조직을 갖춘 교회에서 파견된 수도사가 여러 왕국에 가서 종교를 전해주면서 단일 왕국의 필요성을 어렴풋이나마 일깨워주었다.

아일랜드 교회도 로마식을 따르다

켈트족이 거주하던 아일랜드에는 브리튼보다 훨씬 먼저 기독교가 전파되었다. 성 패트릭St. Patrick 389~461은 웨일스 지방의 서부 해안에서 태어났다고 전해진다. 그는 16살 때 해적에게 잡혀 아일랜드로 끌려가 6년간 노예 생활을 하다 갈리아 지방으로 도주했다. 그리고 그곳 수도원에서 수사가 되었디. 신의 게시를 받고 432년 아일랜드로 온 후 많은 어려움을 극복하고 30년도 채 안 되는 기간에 아일랜드 대부분 지역에 기독교를 전파했다. 전해지는 말에 따르면 성 패트릭은 복음을 전파할 때 아일랜드 들판에서 흔히 볼 수 있는 세잎토끼풀Shamrock을 사용했다. 성부, 성자, 성신의 삼위일체론을 설명하기 위해 잎이 셋 달린 토끼풀을 사람들에게 보여줬다는 것이다. 한 줄기에 달린 세 개의 잎처럼, 삼위일체가 한 줄기에서 나왔지만 다른 형태로 나타남을 알기 쉽게 일러 주었다. 그 뒤 성 패트릭은 아일랜드의 수호신이 됐다. 그가 서거한 3월 17일은 성 패트릭의 날이다. 전 세계에 거주하는 아일랜드인들이 성 패트릭 모자와 초록색 옷으로 온몸을 덮는다. 거리를 행진하고 아일랜드의 기네스 맥주를 함께 마신다.

아일랜드에서 기독교(켈트계)는 수도원을 중심으로 로마와는 어느 정도 독립적으로 성장했다. 이들은 중앙집권적인 조직으로 짜여 있지 않았다. 많은 수도사들이 스코틀랜드로 가서 픽트인들을 개종시켰다. 이들은 국경 건너 잉글랜드 북부의 노섬브리아 왕국에도 7세기 초에 기독교를 전파했다. 캔터베리 대주교인 아우구스티누스는 교황으로부터 브리튼 섬 전체의 주교 지배권을 얻어 아일랜드 수도사를 캔터베리에 오도록 했다. 그는 아일랜드 주교들에게 로마식을 따를 것을 요구했으나 헛수고였다. 많은 노력 끝에 663년 앵글로색슨 7왕국에서 통일적 주교 조직에 기초한 로마교회로 통일되었다. 노섬브리아 왕국의 오스위 왕Oswiu, 재위 641~670이 이런 합의를 이끌어 냈다. 일부 앵글로색슨 왕국에 전파되었던 켈트식 기독교와 로마식 기독교의 통일은 장차 잉글랜드의 정치적 통일에 모범이 되었다.

지금까지 남아 있는 켄터베리 대성당은 1070년 새로운 설계로 다시 지은 모습이다. 1988년 유네스코 세계문화유산으로 지정되었다.

바이킹의 침략 속에서 이룩한 잉글랜드 통일

잉글랜드는 해적인 바이킹의 침략 속에서 정체성을 강하게 느끼면서 점차 하나가 된다. 9세기 말 웨섹스 왕국의 앨프레드 대왕이 통일의 기초를 닦았고, 10세기 말에 잉글랜드는 통일됐다. 앨프레드 대왕부터 시작돼 12세기 초까지 작성된 『앵글로색슨 연대기』는 귀중한 역사 자료다.

통일의 기초를 닦은 앨프레드 대왕

영국 역사에서 대왕의 칭호를 받은 이는 9세기 말 웨섹스 왕국의 앨프레드Alfred 849~899, 재위 871~899가 유일하다. 역사학자들은 앨프레드 대왕을 최고의 성군으로 기술한다. 흉포한 외적의 침략에 맞서 잉글랜드를 수호하고 백성을 사랑한 임금이었기 때문이다.

잉글랜드의 7왕국 가운데 세력을 점차 확장한 웨섹스는 9세기 초부터 바이킹의 침략에 시달렸다. 데인Danes이라고도 불린 이들은 현재의 스웨덴과 노르웨이, 핀란드, 덴마크에서 거주했다. 흔히 바이킹 혹은 노스맨Norseman으로도 불린다.

세 명의 형을 바이킹과의 전투에서 잃은 앨프레드는 매우 강건한 정신력을 지녔다. 대왕은 군 제도를 개혁해 병력을 증강하고 해전에 능한 바이킹을 상대하기 위해 해군도 만들었다. 구도시의 성채를 방어하는 상주부대와 유격부대도 새로 조직했다. 군사뿐 아니라 귀족과 부유한 자유민의 자제들을 가르치는 학교도 설립했다. 궁정학교를 세워 유럽의 학자들을 초빙했다. 초빙된 학자들은 라틴어로 된 교회사 자료와 철학서를 영어로 번역했다. 대왕은 바이킹의 침략이 몰고 온 무법 상태를 극복하기 위해 선왕이 남긴 여러 법전을 정비했다. 또 해마다 주요 사건을 기록하는 앵글로색슨 연대기 편찬도 지시했는데, 현재 중요한 역사 자료로 남아 있다. 대왕은 재위 중 바이킹들과 세 차례의 큰 전투를 치렀다. 앨프레드는 떠돌이 가수로 변장해 바이킹의 진지에 들어가 공연하면서 그곳을 염탐했다고 한다. 해적이 식량을 얻기가 쉽지 않아 농가를 약탈한다는 약점을 알아내 전투에 십분 활용했다.

9세기에 웨섹스 왕국의 힘이 커졌다. 나머지 앵글로색슨 왕국은 웨섹스 왕을 '왕 위의 왕'을 뜻하는 종주왕(브레트왈다)Bretwalda으로 인정했다. 이들은 종주왕에게 충성을 맹세했고, 요청을 받으면 군사도 파견해줘야 했다. 잉글랜드의 여러 왕국과 바이킹에 대항하는 동맹을 체결한 대왕은 885년 침략군과 유리한 위치에서 협약을 맺었다. 이 협약에 따라 잉글랜드 북동부는 데인Dane인들이 지배law하는 지역, 데인로Danelaw가 되었다.

앨프레드는 전투를 마다하지 않은 군인이자 학자, 입법자로서 큰 발자취를 남겼다. 대왕은 일분일초도 허투루 쓰지 않는 매우 근면한 통치자로 명성이 자자하다. 그때에는 시계가 없었다. 밀랍 횃불이나 양초를 같은 크기로 만들고 일정한 간격으로 눈금을 표시, 불을 붙여 타들어 가는 것을 보고 시간을 가늠했다. 앨프레드는 이를 보면서 주어진 시간을 최대한 아꼈다.

웨섹스 왕국은 이후에도 수십 년간 바이킹들과 밀고 밀리는 전쟁을 계속했다. 대왕이 숨진 후 60여 년이 지나서 증손자 에드가 평화왕Edgar the Peaceaful 943~975, 재위 959~975이 데인로 지역을 다시 정복했다. 바이킹이 침략해 거주한 잉글랜드 땅을 다시 차지한 에드가는 이 지역 주민들에게 고유한 관습을 허용했다. 오랫동안 데인로 지역에 거주해왔던 일부 바이킹들은 기독교를 받아들이고 앵글로색슨인들과 섞여서 살게 되었다. 에드가 평화왕의 이런 노력으로 16년 그의 치세 동안에 문화가 다시 꽃피었다. 여러 수도원도 세워졌다. 에드가는 973년 로마인이 세운 도시 바스에서 통일된 잉글랜드 왕으로 대관식을 가졌다. 잉글랜드에 있던 켄트나 에섹스 등 다른 왕국의 왕들도 그에게 충성을 맹세했다. 이때 대관식이 현재 영국 왕 대관식의 본보기가 되었다.

앵글로색슨 7왕국은 세기별로 각자 세력이 크고 약해지면서 각 왕국의 영토가 자주 변경되었다. 어쨌든 9세기 중반 바이킹의 침략은 역설적으로 잉글랜드의 통일에 도움을 주었다. 낯선 침략자들을 앵글로색슨인들은 몹시 두려워했다. 특히 외부 침략자들은 수도원 파괴도 서슴지 않았고 수도사들을 살육하곤 했다. 이런 매우 이질적인 외부인에 맞서 '잉글랜드는 하나'라는 정체성이 섬차 귀족과 백성 사이에 커져갔다. 7세기 초 잉글랜드로 와서 각 왕국으로 퍼진 기독교와 함께 데인인의 잦은 침략은 잉글랜드를 하나로 뭉치게 했다.

귀중한 사료 『앵글로색슨 연대기』

앨프레드 대왕의 『앵글로색슨 연대기』는 이 당시 역사 이해를 돕는 사료이다. 원본을 하나 작성하고 수십 장의 복사본이 필사본으로 만들어져 잉글랜드 전역의 수도원에 배포되었다. 이후 각 수도원에서 이 필사본을 기초로 계속해서 당시 역사를 기록했다. 기록하는 사람들이 저마다 각자의 입장에서 역사를 기록했기에 필사본마다 서술에 약간 차이가 난다. 현재까지는 9개의 필사본만 남아 있을 뿐이고 원본은 없다. 앨프레드 대왕 말기에 처음 쓰여졌고, 가장 마지막 필사본은 케임브리지 시 인근 피터버러 수도원에서 1116년에 쓴 것이다.

연대기는 기원전 60년, 카이사르의 브리튼 섬 침략에서 시작된다. 당시 필자들은 로마 장군의 섬 침략을 이때로 보았다. 이후 브리튼 섬의 역사가 시기별로 적혀 있다. 연대기는 영어의 변천사 연구에도 중요하다. 피터버러 수도원 필사본은 초기는 고대 영어, 마지막 부분은 중세 영어로 쓰였다. 이 필사본의 처음 부분과 마지막 부분을 비교 연구하면 영어의 변화를 알 수 있다. 필사본 9개 중 7개는 런던의 대영 박물관에서, 나머지는 옥스퍼드 대학교와 케임브

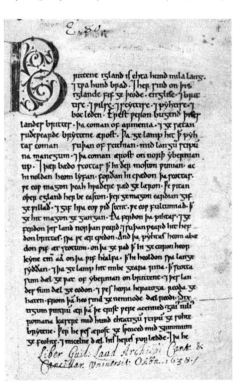

『앵글로색슨 연대기』

리지 대학교에서 각각 한 부씩 보존중이다.

연대기 첫 문장은 "브리튼 섬은 길이가 800마일이고 넓이가 200마일이다"로 시작한다. 인터넷에 고대 영어를 현대 영어로 번역해 놓은 사이트가 있다. 관심 있는 독자는 다음 사이트로 가서 연대기를 읽어볼 수 있다. **http://mcllibrary.org/Anglo/**

잉글랜드를 통일한 웨섹스 왕국의 수도는 윈체스터다. 로마인이 세운 병영에서 도시가 발달했다. 519년에 왕국의 수도가 되어 1066년 정복자 윌리엄이 잉글랜드를 침략할 때까지 중심도시였다. 런던의 남서쪽에 있으며 거리는 97킬로미터로 자동차로 한 시간 거리다. 도시 한가운데에는 대성당이 있으며, 윈체스터 성에는 아서 왕 전설에 나오는 원탁이 있다. 그러나 이 원탁은 13세기에 제작됐다.

잉글랜드를 분할 통치한 바이킹
결국 정복자 윌리엄을 불러 오다

바이킹은 8세기부터 300년 넘게 유럽 각 지역을 침략하고 일부는 영국에 정착했다. 바이킹은 앵글로색슨과 섞여 살면서 영어와 법에 여러 흔적을 남겼다.

잉글랜드의 절반을 차지한 바이킹 통치 지역 데인로

바이킹Viking은 원래 고대 영어에 따르면 해적을 뜻한다. 게르만족의 한 분파인 이들은 8세기부터 300년 넘게 유럽 각지의 해안을 자주 약탈하거나 침략했고, 일부는 잉글랜드에서처럼 정착했다. 5세기에는 앵글로색슨족이 잉글랜드를 침략해 이곳의 주인이 되었다. 3백여 년이 지난 후, 스칸디나비아 반도에 거주하던 바이킹이 잉글랜드로 왔다. 그 뒤 앵글로색슨족과 잉글랜드의 왕위 계승권을 두고 싸우면서 결국 정복자 윌리엄이 이곳을 정복하게 하는 계기를 만들어 주었다.

바이킹은 뱃머리가 높은 긴 배를 타고 내륙 깊숙이 침입할 수 있었다. 기동성이 높고, 수많은 전투에 단련되어 용감무쌍했다. 우세한 항해술, 호전성과 모험심을 지니고 있었다. 바이킹이 잉글랜드에 눈독을 들인 것은 은이 풍부했기 때문이다.

바이킹은 앨프레드 대왕 시기인 885년 잉글랜드 북동부에 터전을 마련했다. 템스 강 하구에서 런던을 거쳐 체스터에 이르는 곳이 웨섹스 왕국과 데인로의 경계선이 되었다. 잉글랜드 중부 레스터Leicester, 노팅엄Nottingham, 더비Derby, 스탬퍼드Stamford, 그리고 링컨Lincoln이 데인로의 중심 도시다. 유명한 대학도시 케임브리지도 데인로에 속했다.

데인인 크누트, 1016년에 잉글랜드 왕이 되다

980년에 다시 바이킹이 대규모로 잉글랜드를 침략하기 시작했고, 덴마크와 노르웨이에 걸쳐 왕국을 형성했다. 당시 잉글랜드 왕은 무능왕 애설레드Aethelred, 재위 979~1016다. 데인인들은 잉글랜드 곳곳을 약탈한 후 애설레드에게 조공을 요구했다. 처음에는 1만 6천 파운드의 금은을 받았으나 침략이 있을 때마다 이 액수는 더 치솟았다. 유약한 애설레드 왕은 조공을 바치는 것 이외에 노르망디 공작의 딸과 결혼해 공작의 군사적 지원을 얻고자 했다. 1003년 다시 대규모의 약탈이 있었고, 애설레드는 급기야 노르망디로 도망쳤다. 무능한 왕에 염증을 느끼고 전쟁에 지쳤던 잉글랜드인들은 덴마크 왕 스벤이 1013년 잉글랜드를 찾았을 때 그를 환영했다. 결국 1016년 그의 둘째 아들 크누트Cnut, 재위 1016~1035가 합법적으로 잉글랜드 왕이 됐다. 그는 앵글로색슨의 관습에 따라 왕국을 통치했고 데인인과 앵글로색슨족 모두 관리로 등용했다.

무능한 왕보다, 침략자이지만 유능한 통치자인 크누트를 앵글로색슨인들은 오히려 좋아했다. 크누트가 1035년에 사망하자 왕위계승권을 두고 종종 다툼이 생겼다. 1042년 웨섹스 왕가의 에드워드재위 1042~1066가 다시 잉글랜드의 왕이 되었다. 그는 아주 어렸을 때부터 노르망디에 거주했고 프랑스어가 모국어였다. 노르만 성직자들을 중용해 앵글로색슨인들의 원성을 샀다. 1066년 아들이 없이 서거하자 왕위 계승을 두고 큰 전투가 치러졌다. 이 과정에서 노르망디 공작 윌리엄이 잉글랜드를 정복해 노르만왕조가 열리게 되었다.

잉글랜드에 거의 2세기 동안 거주하며 앵글로색슨과 함께 융화되어 살았던 데인인들은 법과 언어에 여러 자취를 남겼다. 재산이나 인명에 손해를 끼친 가해자가 피해자에게 지불해야 하는 배상금 등 여러 법 조항과 관습이 데인로 지역에서 통용됐다. 이게 다른 앵글로색슨 지역에도 그대로 적용되었다. 특히 이들이 거주한 지역 이름에 언어의 흔적이 아직도 남아 있다. 19세기 유명한 계관시인 윌리엄 워즈워드William Wordsworth는 풍광이 아름다운 잉글랜드 중부의 호수지역Lake District에서 살았다. 이곳에는 꽤 큰 호수가 16개나 있다. 가장 큰 호수가 윈더미어Windermere인데 mere는 호수를 뜻하는 고대 바이킹어에서 왔다. 마을, 촌락을 의미하는 -thorpe가 들어간 이름도 잉글랜드 북부에서 종종 찾을 수 있다. 이 역시 고대 바이킹 언어의 자취다.

뿔투구를 쓰고 도끼를 휘두르며 배를 타고 약탈을 일삼는 무법자의 이미지와 달리 실제 바이킹족의 의사결정은 구성원의 모임인 일종의 의회에서 이루어졌다. 여성은 의사결정에 참여하지 못했지만 바이킹 사회에서 여성의 지위는 낮지 않았다.

9세기 말 경의 잉글랜드와 데인로 지역

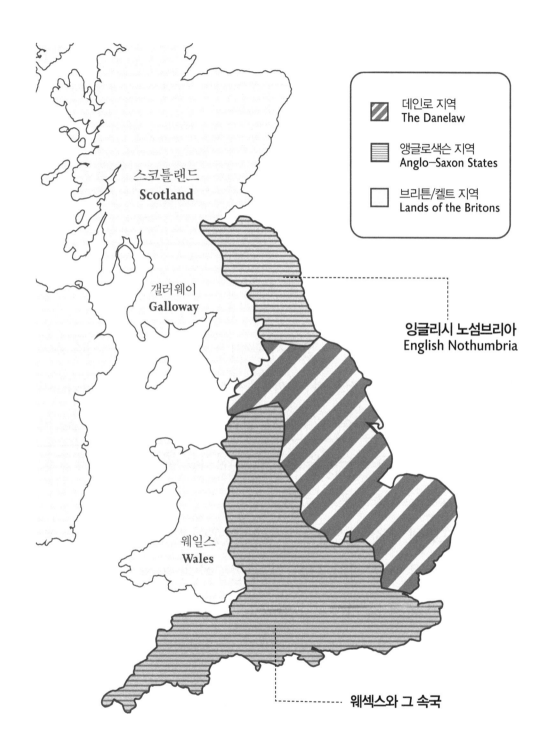

데인로 지역
The Danelaw

앵글로색슨 지역
Anglo-Saxon States

브리튼/켈트 지역
Lands of the Britons

스코틀랜드
Scotland

갤러웨이
Galloway

웨일스
Wales

잉글리시 노섬브리아
English Nothumbria

웨섹스와 그 속국

켈트족의 영원한 영웅
아서 왕

혼란과 고통의 시기에 혜성처럼 나타난 영웅이 아서 왕이다. 국토를 유린하는
앵글로색슨족에 맞서 전투마다 승리를 거둔 켈트족의 성군. 이 전설에서
끊임없이 문학과 영화의 샘이 솟아올랐다.

영원한 영웅 아서 왕

로마군이 브리튼 섬에서 물러난 410년. 앵글로색슨족이
잉글랜드에 7왕국을 건설할 때까지는 백여 년 정도가 걸렸다. 이
시기는 그야말로 혼란이 계속되고 살육이 난무했다. 대규모로 바
다를 건너온 앵글로색슨족은 잉글랜드 전역을 피로 물들이며 그곳
에 거주 중이던 켈트족과 싸웠다.

이때 도탄에 빠진 사람들을 구원할 영웅이 등장한다면? 바로 켈
트족의 영원한 영웅 아서 왕이 그 주인공이다. 전설이지만 수많은
유명 작가가 아서 왕 이야기를 썼고 1,500년이 지난 지금도 계속해
서 영화와 소설, 연극으로 만들어지고 있다. 왕자로 태어났지만 다
른 곳으로 보내져 출생의 비밀을 간직한 채 살아가던 아서는 바위에
꽂힌 칼을 뽑아 왕으로 등극한다. 이후 아서는 색슨족과 치른 수많
은 전투에서 다 승리했다. 휘황찬란한 왕궁 캐멀럿Camelot, 그를 따
르는 형제와 같은 원탁의 기사들. 호수의 요정이 준 최강의 무기 엑

스칼리버Excalibur. 아서를 항상 도와주는 할아버지 마법사 멀린. 아서 왕은 앵글로색슨을 물리치고 백성을 사랑하며 왕국을 다스렸다. 하지만 아서가 총애한 기사 랜설럿Lancelot과 여왕 귀네비어Guinevere가 불륜를 저지른다. 그리고 반란을 일으킨 아들(사촌) 모드레드Modred와의 최후의 전투. 이 전투에서 아서는 숨을 거두지만 혼돈의 시기가 다가오면 다시 그가 이 세상을 구하러 온다…….

웨일스의 신부 몬머스의 제프리Geoffrey of Monmouth가 아서 왕 전설을 체계적으로 기록했다. 그가 1138년 쓴 『브리튼 왕들의 역사』에서 위의 이야기를 뼈대로 한 내용이 나온다. 이후 1485년 영국 극작가 토머스 맬러리Thomas Malory가 쓴 『아서 왕의 죽음』이 출간된 것을 비롯해 프랑스 등에서도 관련 책이 나왔다. 이보다 전 9세기에 라틴어로 쓰여진 『브리튼의 역사』에도 아서 왕이 등장한다. 그는 침략자들에 대항해 12번 전투를 치렀고 한 번에 960명을 물리쳤다. 영웅 이야기에서 흔히 볼 수 있는 내용으로 웨일스의 신부 넨니우스Nennius가 저자다. 제프리 신부는 비슷한 여러 이야기를 모아서 좀 더 가다듬은 듯하다.

전설임에도 아서 왕은 영국인의 자존심

역사가들은 아서 왕을 전설이라고 본다. 이 시기 역사를 기록한 원전의 하나인 『앵글로색슨 연대기』는 이 영웅을 전혀 언급하지 않았다. 또 한 인물이 그렇게 많은 전투에 단기간에 참전할 수는 없다. 그럼에도 이들이 대체적으로 인정하는 게 있다. 5세기 말

아서 왕과 원탁의 기사

과 6세기 초, 앵글로색슨에 맞서 싸운 켈트족의 장군이 있었을 것이라는 점이다. 그 장군은 아마도 로마가 브리튼을 지배할 때 군에서 복무한 것으로 추정된다. 이런 인물들을 모델로 전설이 만들어졌다는 것이다. 앵글로색슨족은 잉글랜드에 거주하던 켈트족을 웨일스나 스코틀랜드로 몰아냈다. 그렇기에 켈트족이 터를 잡고 살던 웨일스에서 구전되던 이야기를 제프리 신부가 간추려 기록했을 것으로 추측한다.

이후 영국을 다스린 몇몇 왕들이 왕자에게 아서라는 이름을 붙여 주었다. 헨리 7세1457~1509, 재위 1485~1509는 30년 장미전쟁을 종결하고 튜더가를 열었다. 반대파 가문의 딸인 요크의 엘리자베스와 결혼해 낳은 첫 아들을 부부는 아서라 불렀다. 안타깝게도 아서는 16살에 사망했다. 그는 햄프셔 주의 윈체스터 성에서 태어났는데 당시 그곳이 아서 왕의 캐멀럿 궁이라고 여겨졌다. 부부는 장자 아서가 전설의 인물처럼 위대한 왕이 되기를 원했다. 아서가 살던 윈체스터 성의 방 벽에는 원탁이 걸려 있다. 그 원탁에는 전설에 나오는 기사 이름이 차례로 새겨져 있다. 하지만 이 원탁은 13세기에 제작되었다.

19세기 대영제국을 다스린 빅토리아 여왕의 셋째 아들 이름도 아서다. 빅토리아 여왕 역시 성군의 전설을 기억하면서 아들이 위인이 되기를 원했다. 19세기 초반과 중반까지 영국 문학과 예술에서는 낭만주의 운동이 크게 유행했다. 시인 워즈워드와 바이런 등이 중심이 된 문학의 흐름으로 자연과 과거, 중세를 동경했다. 당연히 이 시기 작가들도 아서 왕 이야기를 썼다. 계관시인 앨프레드 테니슨**Alfred Lord Tennyson**은 원탁의 기사를 짝사랑하는 여심을 담은 시를 쓰기도 했다.

아서왕의 성으로 알려진 캐멀럿 성은 영국의 초기 아서왕 전설에는 등장하지 않는 장소였다. 캐멀럿이라는 이름은 12세기경 프랑스에서 랜설럿의 이야기를 다룬 무훈시에서 처음 등장하며, 이후 영국의 전설에 그 이름이 차용된 것이다.

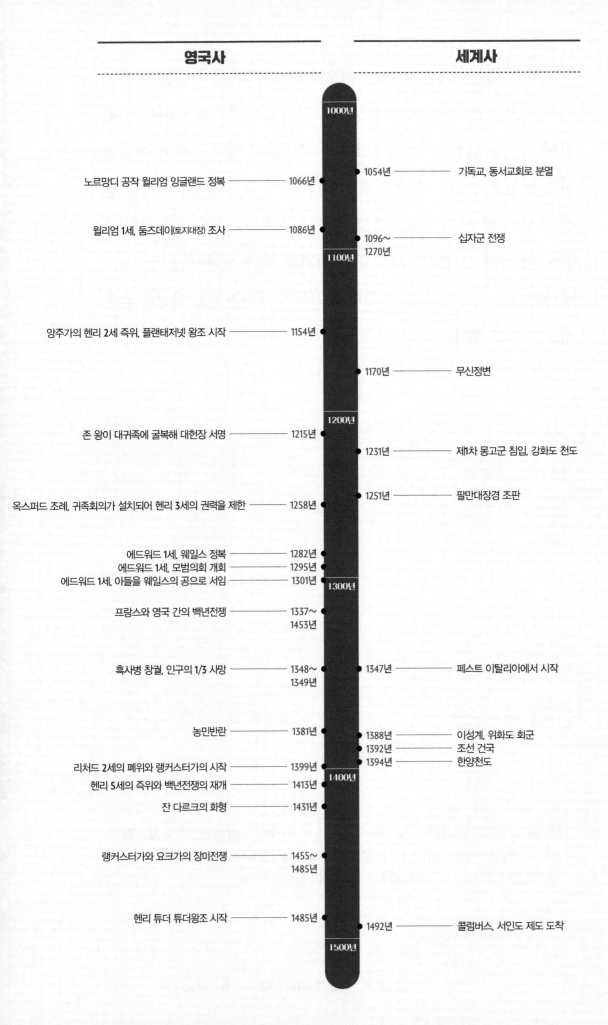

영국사		세계사

1000년

1054년 ——— 기독교, 동서교회로 분열

노르망디 공작 윌리엄 잉글랜드 정복 ——— 1066년

윌리엄 1세, 둠즈데이(토지대장) 조사 ——— 1086년

1096~ ——— 십자군 전쟁
1270년

1100년

앙주가의 헨리 2세 즉위, 플랜태저넷 왕조 시작 ——— 1154년

1170년 ——— 무신정변

1200년

존 왕이 대귀족에 굴복해 대헌장 서명 ——— 1215년

1231년 ——— 제1차 몽고군 침입, 강화도 천도

1251년 ——— 팔만대장경 조판

옥스퍼드 조례, 귀족회의가 설치되어 헨리 3세의 권력을 제한 ——— 1258년

에드워드 1세, 웨일스 정복 ——— 1282년
에드워드 1세, 모범의회 개회 ——— 1295년
에드워드 1세, 아들을 웨일스의 공으로 서임 ——— 1301년

1300년

프랑스와 영국 간의 백년전쟁 ——— 1337~
1453년

흑사병 창궐, 인구의 1/3 사망 ——— 1348~   1347년 ——— 페스트 이탈리아에서 시작
1349년

농민반란 ——— 1381년   1388년 ——— 이성계, 위화도 회군
1392년 ——— 조선 건국
1394년 ——— 한양천도

리처드 2세의 폐위와 랭커스터가의 시작 ——— 1399년
1400년
헨리 5세의 즉위와 백년전쟁의 재개 ——— 1413년
잔 다르크의 화형 ——— 1431년

랭커스터가와 요크가의 장미전쟁 ——— 1455~
1485년

헨리 튜더 튜더왕조 시작 ——— 1485년

1492년 ——— 콜럼버스, 서인도 제도 도착

1500년

제2장

중세시대의 영국:

정복왕 윌리엄부터 장미전쟁까지

정복자 윌리엄(윌리엄 1세)은 잉글랜드를 정복한 후 사회와 정부를 재조직했다. 그가 들여온 봉건제는 왕을 정점으로 한다는 점에서 대륙과는 크게 차이가 났다. 윌리엄은 자신을 정점으로 봉신은 물론이고 그 밑에 있는 가신과 종복에게까지 충성을 요구했다.

새로운 제도와 함께 언어도 나뉘어졌다. 노르만 왕조의 잉글랜드에서 지배층은 프랑스어, 농민은 영어를 사용했다. 이 시기에 약 1만 개 정도의 프랑스 단어가 영어 단어로 들어왔다. 14세기 중반에 이르러서야 영어가 소송에서 공식 언어로 인정되었다.

왕의 전횡과 이를 견제하는 귀족 간의 싸움이 계속되면서 왕권이 조금씩 제한됐다. 실정을 거듭한 존 왕은 1215년 봉건 귀족들의 권리를 확인한 대헌장에 서명했다. 이어 1258년 대헌장을 무시하는 헨리 3세에게 귀족들이 옥스퍼드 조례를 수용하게 했고, 이게 의회의 기초가 되었다. 1339년 백년전쟁 초기에 귀족원인 상원과 평민원인 하원이 설치되었다. 막대한 군비 조달에 귀족과 시민들의 동의가 필요했기 때문이다. 영국은 유럽에서 최초로 의회를 운영하는 나라가 되었다.

백년전쟁(1337~1453)은 영국에 큰 정치적 변화를 가져왔다. 잉글랜드는 프랑스와 영토 및 왕위계승권을 두고 이 전쟁을 벌였다. 전쟁의 초기에 흑사병이 잉글랜드를 강타해 인구가 절반으로 줄었다. 오랜 전쟁으로 기사계급이 서서히 몰락했고 인구가 크게 줄어 임금이 급격하게 올랐다. 장원을 기초로 하는 봉건제가 약화됐고 전쟁 중 민족의식이 형성되면서 잉글랜드는 중앙집권적인 국가로 발전할 기틀을 닦았다.

다시 영국을 정복한 또 다른 바이킹 정복자 윌리엄

바이킹이 잉글랜드에 정착한 비슷한 시기에 일부는 프랑스 북서부 노르망디 지역으로도 가서 프랑스인과 융화해 살았다. 노르망디의 윌리엄 공작이 잉글랜드를 정복한 후 강력한 중앙집권제가 시행됐다.

왕위계승권 다툼과 헤이스팅스 전투

앞발을 힘차게 차고 돌진하는 말. 위에 탄 기사가 칼을 휘두르자 상대편 적이 도끼를 떨어뜨리고 쓰러진다. 1066년 10월 14일 잉글랜드 남동부 해안의 자그마한 동네 헤이스팅스Hastings에서 벌어진 전투 장면이다. 잉글랜드의 해럴드 2세는 프랑스 노르망디의 침략자 윌리엄을 맞아 하루 종일 싸움을 진두지휘했으나 결국 전투에서 졌다. 눈에 화살에 맞은 그는 돌진해온 프랑스 기사의 칼에 숨졌다. 이 전투에서 승리한 윌리엄이 영국의 왕으로 등극한 후 333년간 프랑스계 왕조가 잉글랜드를 지배한다. 영국 역사에 한 획을 그은 세기의 사건이다.

1066년 고해왕 에드워드재위 1042~1066가 아들이 없이 죽자 왕위계승을 둘러싸고 잉글랜드에서 내분이 일었다. 처남인 해럴드가 왕이 되어 해럴드 2세가 되었다. 해럴드 2세의 동생은 반발해 노르웨이로 넘어가 그곳의 왕과 결탁, 잉글랜드로 쳐들어 왔다. 이들은 1066년 9월 잉글랜드 북부 요크에서 해럴드 2세에게 크게 패배했다.

프랑스 북서부 노르망디 지역의 공작이었던 윌리엄**William 1028~1087, 재위 1066~1087, 이후 윌리엄 1세로 왕위에 오름**은 자신이 선왕의 아내와 같은 혈통이라며 왕권이 자신에게 있다고 주장했다. 왕위를 차지하러 잉글랜드 진군을 준비하던 윌리엄에게는 행운이 뒤따랐다. 그는 역풍 때문에 때를 기다리다가 순풍으로 바뀌자 750척의 배에 탄 대군을 이끌고 9월 27일 출항했고 다음 날 잉글랜드 서섹스 해안에 도착했다. 윌리엄이 이끄는 대군은 얼마 멀지 않은 헤이스팅스에서 충분한 휴식을 취하면서 진지를 구축했다. 반면 동생과의 전투에서 이겼지만 지칠 대로 지친 해럴드 2세는 300여 킬로미터 떨어진 전장으로 다시 출정해야만 했다. 병력의 상당수도 임시 징집된 농민군이었기에 전력이 부족했다.

헤이스팅스에서 10킬로미터 떨어진 교외의 나지막한 숲과 늪이 있는 야산에서 잉글랜드와 노르망디군의 사투가 벌어졌다. 양측의 병력은 5천~7천 명 정도. 하지만 노르만 측이 정예군이었고 무기도 우수했다. 해럴드는 보병에만 의존하며 언덕 위에서 적을 기다리고 있었다. 반면 윌리엄은 언덕 밑에서 느긋하게 3선 공격선을 구축했다. 먼저 궁수가 적진으로 비가 쏟아지는 듯한 화살을 퍼부은 후 기병이 돌진해 잉글랜드군과 뒤엉켰다. 이래도 잉글랜드 방어선을 뚫지 못하자 노르만인들은 거짓 후퇴하는 척하다가 뒤쫓아온 잉글랜드군을 기병으로 기습하여 승기를 잡았다. 아침에 시작된 전투는 해질 무렵 프랑스의 승리로 끝이 났다.

바이외 벽걸이

해럴드 2세가 죽임을 당하는 장면

명운을 가른 이 전투에서, 프랑스 기병은 말에 재갈을 물리고 등
자와 안장을 장착했다. 등자는 말에 오를 때 사용하며 기사의 발을
받쳐준다. 안장 위에 앉은 기사는 등자에 발을 넣어 격렬한 전투에
서도 몸의 중심을 잡아 자유자재로 창을 휘두를 수 있다. 잉글랜드
군은 대부분 보병이었고 주로 화살과 도끼를 사용해 전력에서 열
세였다.

"소 한 마리, 돼지 한 마리도 누락되지 않은" 토지조사

승자 윌리엄은 런던으로 가서 잉글랜드 곳곳의 반란을 무자비하게 진압했다. 이에 대항한 앵글로색슨족은 지도자도 없었고 서로 협조하지 않았기에 진압되었다. 정복자 윌리엄은 그해 12월 25일 웨스트민스터 사원에서 잉글랜드 왕으로 등극했다. 서자로 태어나 귀족들과의 권력 투쟁에서 생존해 불과 7살의 나이로 노르망디 공국의 공작에 올랐던 윌리엄은 강인한 정신력과 투지를 지닌 지배자였다. 낯선 정복지를 통치하는 데도 이런 정신력과 투지가 적용되었다.

노르만은 잉글랜드 사회와 정부를 재조직했다. 프랑스에서 건너온 약 1만2천여 명의 노르만 귀족들이 지배층이 되었고 200만 명이 넘는 색슨족이 평민층을 구성했다. 윌리엄은 관직에 있던 앵글로색슨인들을 물러나게 했으며 헤이스팅스 전투에서 사망한 귀족들의 토지를 몰수했다. 또 프랑스의 봉건제를 이곳에 이식했다. 윌리엄 자신도 프랑스 왕에게 충성을 바치는 노르망디의 봉신이었다. 이에 따라 앵글로색슨 시대의 봉건제와 다른 대륙식의 봉건제가 점령지에서 실행되었다.

원래 봉건제는 전쟁이 빈번한 시기에 방어를 위한 군사적 목적에서 시행되었다. 주군이 토지(봉 혹은 봉토封土)를 봉신에게 주고 이들 간에는 주종의 관계가 맺어진다. 토지를 받은 대가로 봉신은 주군을 위해 싸워야 했고 재정적으로 도와야 했다. 봉신이 받은 봉토는 한 개 혹은 몇 개의 장원으로 이루어졌다. 농민들은 사실상 장원에 예속되어 일했고 각종 노역과 세금을 납부해야 했다. 이들은 거주 이전의 자유가 없었기에 장원을 벗어날 수 없었다. 봉신은 휘하의 행정과 사법권도 맡았다.

윌리엄에게는 무엇보다도 왕권 강화가 급선무였다. 그는 정복에 공을 세운 공신과 귀족들에게 정복지를 골고루 나누어 주었다. 노르망디 지역은 물론이고 인근의 브르타뉴, 현재 프랑스 북서부와 벨기에 지역을 포함하는 플랑드르 지역의 기사들까지 땅을 주겠다며 침략에 동원했기에 이들에게 많은 봉토가 돌아갔다. 하사된 땅은 크기도 제각각이고 각 지역에 흩어져 있어 공신들이 힘을 합쳐 왕권을 위협하기란 힘들었다. 잉글랜드에 이식된 봉건제는 왕을 정점으로 한다는 것이 대륙과는 크게 차이가 났다. 유럽대륙식의 봉건제는 주군이 봉토를 하사한 봉신에게만 충성과 의무를 요구했다. 봉신 휘하의 부하들에게까지는 주군에 대한 의무를 부과하지 않아 봉신은 봉토 안에서는 왕처럼 큰 권한을 휘두를 수 있었다. 반면 윌리엄 1세는 자신을 정점으로 봉신은 물론이고 그 밑에 있는 가신과 종복에게까지 충성을 요구했다. 낯선 땅을 정복한 노르만은 왕권을 강화해야 이 땅을 다스릴 수 있다고 확신했다.

솔즈베리 서약Oath of Salisbury은 막강한 왕권을 보여주는 한 예다. 윌리엄은 런던에서 남서쪽으로 약 140여 킬로미터 떨어진 솔즈베리에 왕궁을 세웠다. 그리고 1086년 8월 1일, 수많은 귀족과 소작인들을 이곳에 모이게 했다. 170명의 귀족, 그리고 소작인들이 모여 그에게 머리를 조아리고 절대 충성을 맹세했다. 영국 역사에서 이런 규모로 왕에게 충성을 서약한 적은 없다.

윌리엄은 또 한 푼의 세금이라도 더 걷기 위해 전국에 걸쳐 대대적인 토지조사를 실시했다. 1086년 각 주에 조사관이 파견되어 토지 소유자와 경작자, 토지의 면적과 가치, 가축과 쟁기의 수를 기록했다. 세금을 부과하기 위해 잉글랜드 전역에서 재산이 될 만한 것은 거의 하나도 빠짐없이 기록해 조사했다. 이 토지대장을『둠즈데이 북Domesday Book』이라 불렀다. '둠즈데이'는 원래『요한묵시록』에 나오는 최후의 심판의 날이다. 이 날에 구원을 받는 사람과 그렇지 못한 사람이 판가름 난다. 빠져나갈 틈이 한 치도 없어 이 장부에 기록된다는 것이 두려움이 대상이었기에 이렇게 불렸다. 얼마나 조사가 엄격했던지 "소 한 마리, 돼지 한 마리도 누락되지 않았다"고 당시 기록은 전하고 있다. 그 어떤 유럽 국가도 이처럼 포괄적인 조사를 실행한 적이 없었다. 정작 영국에서도 이때와 같은 조사는 19세기가 되어서야 이루어졌다. 이 토지대장은 당시의 사회경제를 연구하는 데 소중한 사료다.

토지조사 대장『둠즈데이 북』
버밍엄 시 지역의 토지소유 현황이 기록됨

"서리주 림프스필드의 영주 직영농지는 쟁기가 5개, 소 5마리, 농노 15명, 매년 2실링의 수입이 있는 물방앗간 1개소……"(앙드레 모루아 2013, 115).

귀족뿐 아니라 외진 곳에 사는 사람도 이 조사에서 벗어나지 못했다.

> "깊은 산림 속 외진 곳에서 농민이 한 명 거주한다. 소 8마리와 자기 소유의 쟁기 한 개. 조세를 바치지 않으며 아무 영주에게도 예속되지 않았다"(앙드레 모루아 2013, 116).

철저한 조사에 혀를 내두를 정도다.

정복 후 20여 년이 지난 잉글랜드 사회의 변화를 이 조사는 아주 분명하게 보여준다. 이에 따르면 노르만 침략자들은 토지의 절반 정도를 소유했고, 교회는 4분의 1 정도를 가졌다. 왕과 왕비가 17퍼센트 정도다. 원래 잉글랜드에 살던 이들의 손에 남은 토지는 고작 8퍼센트에 불과했다. 앵글로색슨 시대의 지주 2명만이 장부에 이름을 올렸을 뿐이다. 정복자가 도입한 봉건제는 토지 소유권을 아주 크게 바꾸어 놓았다.

행정개혁도 이루어졌다. 백작 여섯 명이 구역을 관리하던 기존의 체제를 폐지하고 각 주에 영주를 임명했다. 이들은 왕의 명령을 빌어 영지를 다스렸다. 스코틀랜드와 웨일스의 국경 지대에는 변경 주를 세워 방어를 강화하도록 했다. 교회도 앵글로색슨족인 기존 주교 다섯 명을 파면하고 노르망디에서 데려온 주교를 내세웠다.

정복자 윌리엄은 지방권력을 약화시키고 왕권 중심의 중앙권력을 크게 강화했다. 이런 여러 가지 정책으로 잉글랜드가 중앙집권적 봉건국가로 발전하는 기틀이 마련되었다. 역사가들이 영국의 정통 역사가 정복자 윌리엄 때부터 시작되었다고 보는 이유다.

영국의 마가릿 대처(재직 1979~1990) 총리와 프랑스의 프랑수와 미테랑 대통령(재직 1981~1995)은 종종 정상회담에서 만나 여담으로 역사 이야기를 즐겨 하곤 했다. 대처의 회고록에 따르면 두 사람은 역사상 가장 위대한 왕을 두고 언쟁을 벌였다. 미테랑은 윌리엄 1세를, 대처는 해럴드 2세를 꼽았기 때문이다.

한 나라 두 언어
지배층은 프랑스어, 평민은 영어

노르만 왕조의 잉글랜드에서 지배층은 프랑스어, 농민은 영어를 사용했다. 이 시기에 약 1만 개 정도의 프랑스 단어가 영어 단어로 들어왔다. 14세기 중반에 이르러서야 영어가 소송에서 공식 언어로 인정되었다.

"영어의 일생에서 최대 위기."

하층민의 3등 언어로 전락한 영어

"볼지어다! 영국이 노르망디의 손에 떨어졌음이여.

노르만인들은 제 나라 말밖에 할 줄 몰라.

프랑스말을 지껄이고 애들에게도 그리 가르치니

이 땅의 나으리들도 그들의 말을 배우네.

프랑스말을 못하면 사람 가치노 떨어졌나니

오직 영어를 지키는 자들은 낮은 씨앗들뿐,

제 나라말을 지키지 않는 나라 영국 외에 또 있으리.

하지만 둘 다 아는 것이 좋을 것이고,

알면 알수록 더 값나간다고 하노라."

Baugh, 2002, 150~151

13세기 연대기 작가로 알려진 글로스터의 로버트Robert of Glouces-ter가 노르만 정복 후 잉글랜드의 상황을 묘사했다. 한 나라 두 언어. 사용하는 언어를 보면 그 사람의 출신 성분과 사교 범위가 바로 드러난다. 로버트는 제 나라말을 지키지 못하는 신세를 한탄하면서 두 언어를 다 구사하면 좋다고 결론짓는다. 영국의 사학자 멜빈 브랙Melvyn Bragg은 노르만 정복이 영어의 일생에서 '최대 위기'라고 본다. 영어가 최하층이 사용하는 3등 언어로 전락했기 때문이다.

노르만 정복 후 지배계급인 궁정 영주와 법관들은 프랑스어를, 고위 성직자들은 여기에 더해 당시 공용어라 할 수 있는 라틴어를 사용했다. 서민과 접촉해 지대를 받거나 행정을 해야만 하는 지방 관리인은 일반인이 쓰는 영어를 배워야 했다. 프랑스계 왕조가 330년 넘게 잉글랜드를 지배하는 동안 영어는 최하층 농민들이 썼다. 당시 영어에는 고유한 문법이 없었다. 같은 인도유럽어족의 서게르만어군에 속하는 독일어는 철자와 발음이 비교적 규칙적이지만 영어는 그렇지 못하고 철자와 발음도 제각각이다. 프랑스어 단어를 영어로 차용하면서 영어가 유연해졌다고 프랑스의 역사가 앙드레 모루아는 본다.

앵글로색슨족 서민들이 프랑스어를 영어로 바꿔 쓰면서 많은 단음절 단어가 생겨났다. 프랑스어는 약간의 철자를 바꿔 영어 어휘가 되었다. 이 시기 약 1만 개 정도의 프랑스 단어가 영어로 차용됐다. 영어는 어미 굴절이 단순화되어 중세 영어Middle English로 발전하게 되었다. 우리가 일상생활에서 흔히 볼 수 있는 영어 단어가 프랑스어에서 왔다. prieur은 프랑스어로 수도원장인데 이게 영어 단어 prior다. 예배당 chapelle는 영어로 chapel, 미사 messe는 mass가 되었다. 궁정 cour이 영어 court로, 회의 conseil이 영어 council의 어원이다. 같은 단어의 뜻이 거의 정반대가 된 경우도 간혹 생겼다. preux는 프랑스어로 용감한 기사를 말하지만 영어로는 proud, 즉 자존심이 센, 자랑하는이라는 뜻이다. 프랑스인은 주인의 입장에서, 영국인은 하인의 입장에서 이 말을 해석해 단어로 만들었다고 모루아는 해석했다.

많은 프랑스어 법률 용어가 영어로 들어왔다. felony(중죄, 프랑스어로는 felonie), arrest(체포하다, areter), warrant(보증하다, warant), jury(배심원, juree), accuse(고소하다/비난하다, acuser) 등이다. 음식과 식사, 조리에 관련된 500개 정도의 프랑스어도 영어화했다. 연어 salmon은 프랑스어 saumoun에서, 고등어 mackerel은 동일한 철자의 프랑스어 mackerel에서, 돼지고기 pork는 porc에서 기인했다.

"영문학의 아버지" 제프리 초서

언어는 고정된 게 아니다. 정치와 사회 변화가 언어에 반영된다. 노르만 정복 후 200년간 영어로 쓴 책은 거의 없었다. 그러나 13세기 말부터 점차 영어가 더 쓰이게 되었다.

1204년에 존 왕이 프랑스 노르망디의 땅을 상실했다. 이때부터 잉글랜드에 거주하던 노르만 귀족은 잉글랜드와 프랑스 가운데 하나를 선택해야 했고 상당수가 잉글랜드를 선택했다. 노르망디의 땅을 잃어 새삼 돌아갈 곳이 없는 이 사람들은 이제 잉글랜드인으로 살아야 했고, 영어를 배워야 했다. 점진적인 과정을 거쳐 14세기 초에 들어서야 사회 모든 계층이 영어를 구사하게 되었다. 1349년 이후에 영국의 옥스퍼드와 케임브리지 대학교에서 영어 사용을 시작했다. 1356년에 모든 법률 소송은 영어로 한다는 법이 공포되어 영어가 공식어로 인정되었다. 1337년부터 1453년까지 잉글랜드와 프랑스가 영토 및 왕위계승권을

『캔터베리 이야기』「기사편」

두고 벌인 백년전쟁 기간 동안 영어의 위치는 더 확고해졌다. 당시 사회분위기에서 적군의 언어인 프랑스어를 말하는 것이 사실상 금기시되었기 때문이다.

제프리 초서Geoffrey Chaucer, 1343~1400의 『캔터베리 이야기Canterbury Tales』(1387)는 이 시기를 대표하는 작품이다. 중세 영어로 쓴 이 시는 24개 이야기로 이루어져 있다. 런던에서 대성당이 있는 캔터베리로 순례를 가는 사람들의 아주 다양한 경험을 다룬다. 이들은 순례길에 만나 이야기 장기자랑을 한다. 바스 시에서 온 아내, 물

레방앗간 주인, 기사, 탁발승, 상인, 시골 양반, 음란한 법정 소환인 등 각계각층의 사람들이 시원스레 입담을 쏟아낸다. 초서는 이 작품에서 당시에 만연한 귀족과 지배층, 특히 개인의 영달을 위해 성직을 이용하는 가톨릭교회의 부패를 있는 그대로 묘사한다. 당시 사회상을 연구하는 자료로, 그리고 중세 영어를 연구하는 데도 더할 나위 없는 작품이다. 초서는 "영문학의 아버지"로 불리며 웨스트민스터 사원의 시인 구역에 묻힌 최초의 작가라는 영예를 안았다. 당시 3등 언어였다가 조금씩 기운을 차리던 영어로 문학작품을 쓴다는 것은 결코 쉬운 일이 아니었다. 이 작품은 그래서 현재까지 고전으로 평가받는다.

『캔터베리 이야기』는 미완의 작품이다. 원래 120편의 이야기를 담을 예정이었지만 초서의 사망과 함께 22개의 완성된 이야기와 2개의 미완의 이야기만이 남았다. 영문학의 아버지로 불리는 초서이지만 생전의 그는 프랑스어로 쓴 자신의 글을 더 자랑스럽게 여겼다.

플랜태저넷 왕조를 연 헨리 2세와 순교자 토마스 베케트

플랜태저넷 왕조를 연 헨리 2세는 왕권을 강화했고 영토 전역에서 통용되는 보통법(관습법)을 확립했다. 대주교 베케트는 세속권력으로부터 독립된 교황의 권력을 옹호하다가 순교자가 되었다.

헨리 2세와 보통법(관습법)

1154년 앙주Anjou 백작 제프리Geoffrey의 아들 헨리가 잉글랜드의 왕 헨리 2세가 되면서 플랜태저넷 왕조를 열었다. 정복자 윌리엄의 셋째 아들이 헨리 1세다. 그런데 헨리 1세의 아들은 익사했고, 딸 마틸다Matilda는 프랑스의 앙주 백작 제프리와 결혼했다. 프랑스 서부의 큰 영지가 앙주다. 아버지인 제프리가 항상 투구에 금작화 가지를 꽂고 다녀 그의 아들 헨리 2세가 시작한 왕조는 흔히 플랜태저넷 왕조로 불린다. 잉글랜드를 정복한 노르만과 프랑스 유력 귀족가문의 결혼으로 맺어진 이 왕조는 1399년까지 241년간 잉글랜드를 통치했다. 헨리 2세재위 1154~1189는 잉글랜드와 프랑스 서부 영토까지 다스린 왕으로 중앙집권적 권한을 더 강화했다. 당시 헨리 2세는 프랑스 왕보다 5배 이상의 영토를 보유한 '땅 부자'였다.

그는 1178년 항구적인 재판정인 국왕 법정Court of King's Bench을

헨리 2세와 그의 자식들
왼쪽에서 세 번째 인물이 사자왕 리처드, 맨 오른쪽 인물이 결지왕 존이다.

열었다. 5명의 재판관이 웨스트민스터에 상주했다. 이들은 앵글로
색슨법과 노르만법을 주로 활용하고 로마법과 교회법을 빌려 그
시대에 맞는 새로운 관행을 만들어냈다. 이런 관행이 영국민들의
관습으로 인정을 받았으며, 법정 판결에서 많은 판례가 나와 점차
법의 원칙이 확립되었다. 이게 바로 보통법, 혹은 관습법Common
Law이다. 각 주 법정에서 인정되는 여러 관습 대신 왕국에 공통적
으로 적용된다는 의미에서 이렇게 불리게 되었다. 독일이나 프랑
스가 흔히 로마법 전통을 따르는 것과 다르게 잉글랜드는 보통법
이나. 12세기 중반부터 백 년 정도에 걸쳐 이 법체계가 잉글랜드에
확립되었다. 19세기 영국이 대제국을 운영하면서 세계 각지로 보
통법 체계가 퍼져나갔다. 호주와 뉴질랜드 등 과거 대영제국에 속
했던 나라들이 현재 이 법체계를 따르고 있다.

그는 또 백성의 재산권 보호에도 신경을 썼고, 배심제도를 적극
활용했다. 배심원단은 12명으로 이루어져 피고의 유무죄를 판단했

다. 판사는 배심원의 판단을 들은 후 보통법에 따라 형량을 내렸다. 이 배심원 제도는 미국과 영국에서 여전히 활용되고 있다. 억울하게 재산을 빼앗긴 백성들이 국왕 법정을 이용할 수 있게 허락했고 배심원이 분쟁 해결에 관여했다. 이전에 백성들은 영주 법정에서만 판결을 받을 수 있었다. 왕은 이들이 일정 금액을 내면 영주 법정을 거치지 않고도 국왕 법정에 소송을 제기할 수 있게 했다. 또 국왕 법정은 영주 법정의 판결을 번복할 수 있었다. 이렇게 되자 지방 영주가 소귀족과 하층 계급의 기사들, 그리고 일반시민과 농노들에 행사해오던 사법권이 크게 약해졌다. 대신 왕의 권한이 커졌다.

순교자 토마스 베케트

당시 교회는 왕의 통제를 벗어나 있었다. 교황이 주교와 수도원장을 임명하는 것은 물론이고 성직자의 범죄는 아예 국가가 다룰 수도 없었다. 또 종교재판소는 계약과 채무 사건도 맡을 정도로 관할권을 확대중이었다.

헨리 2세는 왕권을 다시 확립하기 위해 심복이던 토머스 베케트Thomas Becket를 1162년에 캔터베리 대주교로 임명했다. 베케트는 원래 왕의 비서로 일하던 사람이었다. 하지만 대주교가 된 뒤 돌연 교황의 권위를 인정하고 성직자의 독립을 지지하는 종교인으로 돌변했다. 주교가 되기 전 충성으로 모셨던 왕과는 갈등이 깊어져 갔다.

이에 왕은 1164년 법령을 공포해 교회와 국가 사이의 관례를 명시했다. 이에 따르면 성직자 추천권과 채무 관련 소송은 세속법정에서 다루어야 하고, 범죄를 저지른 성직자도 세속인과 같이 처벌되어야 한다는 것이다. 이를테면 살인죄로 고발된 한 신자의 재판 관할권을 두고 종교재판소냐, 세속법정이냐를 두고 논란이 커졌다. 이 와중에 주교가 왕을 파문하겠다고 위협하고, 왕이 맞대응하면서 갈등은 돌이킬 수 없이 확대됐다. 왕과 대주교는 계속해서 이런 문제로 대립각을 세웠고, 베케트는 대성당 안에서 왕의 대리인들에게 죽임을 당했다. 이후 교황은 베케트를 성자로 시성했으며 신자들은 대성당에 묻힌 그의 무덤으로 순례를 가게 되었다.

교황이 성인으로 시성한 후 헨리 2세는 공적으로 자신의 잘못을 고백한다. 베케트를 기리는 순례자들이 캔터베리로 몰려들었다. 이런 성지순례자들을 등장시킨 소설이 바로 『캔터베리 이야기』다.

존 왕이 귀족에게 항복한 문서
대헌장 마그나 카르타

실정을 거듭한 존 왕은 1215년 봉건 귀족들의 권리를 확인한 대헌장에 서명할 수밖에 없었다. 마그나 카르타는 17세기 두 차례의 혁명에서 왕권을 제한하는 근거로 사용되었다.

반역을 일으켰지만 생존해 땅을 뺏긴 존 왕

헨리 2세의 둘째 아들 리처드는 사자왕Richard the Lionheart, 재위 1189~1199이라 불린다. 이슬람에게 빼앗긴 예루살렘을 되찾자는 3차 십자군 전쟁(1189~1192, 프랑스와 신성로마제국도 여기에 참전)에 참전해 용맹을 떨쳤으나 귀국 도중 신성로마제국에 체포되는 우여곡절을 겪었고 전쟁 중에 사망했다. 그의 동생 존은 아버지가 생존했을 때 영지를 물려주지 않아 '영지 없는 존'John Lackland 재위 1199~1216이라 불렸다. 영지 없는 존은 치세 중에도 무능했다. 형이 부재중일 때는 프랑스 왕과 작당해 반역을 일으켰으나 리처드는 동생을 살려주고 왕위를 물려줬다.

하지만 존은 프랑스 필리프 왕과의 영토 전쟁에서 크게 패배했다. 존은 이미 프랑스 귀족과 약혼한 부유한 상속녀와 결혼했는데, 약혼 당사자였던 프랑스 귀족이 필리프 왕에게 억울함을 호소했다. 프랑스 왕은 존에게 재판에 출두해 소명할 것을 요구했으나 거부당했다. 이후 전쟁이 잇따랐고 존은 앙주 땅의 대부분을 잃게 된다. 영지 없는 존이 이제는 왕국의 땅마저 빼앗겨 실지왕失地王이 되었다.

의적으로 유명한 전설의 로빈후드Robin Hood도 당시에 활약한 것으로 그려진다. 그는 잉글랜드 중동부 노팅엄 주의 셔우드 숲Sherwood Forest에 살면서 부자들의 재물을 털어 가난한 사람을 도와주었다. 그만큼 존 왕의 가혹한 통치는 백성들의 원성을 샀다.

귀족에게 굴복한 항복 문서 대헌장

존은 자주 전쟁을 일으켰기에 많은 자금이 필요했다. 전쟁에 동원할 외국인 용병을 사는 데 필요하다며 방패세scutage(병역 의무를 면제받으려면 납부해야 했기에 면역세라고도 불림)를 수시로 올려 귀족들에게 부과했다. 또 잉글랜드 항구를 통과하는 모든 상품에 대해 15분의 1세와 재산세를 부과했다. 프랑스와의 전쟁에서 패배하고 세금이 계속해서 오르자 귀족들이 들고 일어났다.

1215년 초 대영주들이 무장을 한 채 런던으로 향했다. 이 행렬에 중소 귀족과 교회, 도시도 힙류했다. 그민큼 윙에 대한 불민이 누적되었고 이를 해소하려는 귀족들이 지지를 받았다. 왕은 그해 6월 15일 템스 강변의 러니미드Runnymede 평원을 찾아 귀족 대표의 요구사항을 담은 문서에 서명했다. 이 문서가 대헌장, 마그나 카르타Magna Carta, Great Charter다. 왕과 귀족 모두 군대를 데려오지 못하게 평원 중간에서 양측이 만났다.

존 왕이 귀족들이 지켜보는 가운데 대헌장에 서명중이다

대헌장은 봉건 귀족의 권리를 보장받기 위한 문서다. 상속세를 제한하고 봉건제에서 허용된 세금 이외의 다른 세금, 방패세와 각종 세금을 부과하려면 자문회의의 동의를 얻어야 한다고 규정되었다. 이외에 주목할 만한 내용은 교회의 여러 권리와 도시의 특권을 보장한 것이다. 그리고 아버지 헨리 2세 때 이루어진 법적 개혁을 다시 확인했다. 국왕이라고 정당한 재판을 거부하거나 지연해서는 안 되고, 보통법 법정을 원래의 고정된 장소에서 열 것이며, 자유민은 같은 신분의 사람들에 의한 합법적인 판결이나 법원의 판결에 따르지 않는 한 임의로 투옥되거나 재산을 몰수당하거나 추방될 수 없다고 명시했다. 이밖에 영주로 구성되는 25인 위원회가 설치되어 왕이 법을 어기지 못하게 감시하는 기능을 맡게 되었다.

대헌장은 중세에 강력해진 왕권을 제한하여 귀족과 성직자의 권리를 신장했고 왕권이라도 함부로 자의적으로 행사되어서는 안 된다는 점을 명시했다. 처음에는 라틴어로 작성되었으며 이후 귀족들이 주로 쓰던 프랑스어로 번역되었다. 마지막으로 3등 언어였던 영어로도 옮겨졌다.

이후 영국 역사에서 왕과 의회의 갈등이 있을 때 이 헌장은 왕권을 제한하는 근거로 사용되었다. 17세기에 있던 두 차례의 혁명 — 청교도혁명과 명예혁명 — 에서 의회파는 이 문서를 근거로 왕권을 제한하려 했다. 대헌장 63개 조항 가운데 현재에도 유효한 것은 3개다. 교회의 제 권리 보장, 런던 시와 다른 도시의 특권을 인정하는 조항, 그리고 자유민의 권리를 보장한 조항이다. 대헌장 원문 4부는 아직까지 남아 있다. 이 가운데 2부는 대영 도서관, 나머지는 링컨성당과 솔즈베리 성당에 각각 1부씩 보관되어 있다.

2015년은 대헌장 800주년이었다. 영국과 여러 나라에서 이를 기념하는 행사가 열렸다. 엘리자베스 2세와 여러 인사들이 참석한 기념식이 그해 6월 15일, 헌장이 서명된 러니미드 평원에서 열려 그 의미를 되새겼다.

왕의 전횡이
의회를 제도화하다

대헌장을 무시하는 왕에게 귀족들이 옥스퍼드 조례를 수용하게 했고 이게
의회의 기초가 되었다. 1339년 백년전쟁 초기에 귀족원인 상원과 평민원
하원이 설치되었다. 영국은 유럽에서 최초로 의회를 운영하는 나라가 되었다.

영국 최초의 성문법, 옥스퍼드 조례

존 왕이 죽은 후 왕위를 계승한 헨리 3세재위 1216~1272는 대헌장을 지키지 않고 또 다시 전횡을 일삼았다. 국고를 늘리기 위해 방패세를 중복으로 거두었다. 나이가 들어 군복무를 할 수 없거나 세금을 낼 여력이 없는 가난한 백성들이 땅을 빼앗겼다. 세금을 부과하려면 귀족들로 이루어진 자문회의의 동의를 얻어야 한다는 대헌장 조항을 모조리 무시했다. 또 왕비의 친척인 프랑스인들을 불러들여 요직에 등용했다. 결국 귀족들의 불만이 누적되자 왕의 매제 시몽 드 몽포르Simon de Montfort가 총대를 메었다.

1258년 여름 드 몽포르의 지도 아래 귀족들은 24명으로 구성된 (왕과 영주가 각각 절반씩 임명) 대자문회의 설치를 왕에게 요구했다. 이들 자문회의 위원들은 무장을 한 채 옥스퍼드에 모여 왕에게 옥스퍼드 조례The Provisions of Oxford 승인을 압박했다. 계속해서 흉년이 들고 경제 상황이 매우 좋지 않은데 왕이 세금을 더 올리자 귀족들

의 분노가 폭발했다. 전횡을 일삼던 왕도 귀족들이 힘을 규합하자 요구를 들어줄 수밖에 없었다.

옥스퍼드 조례는 크게 네 가지 핵심 내용을 담고 있다. 1) 주로 영주로 구성된 15인 회의를 둔다. 2) 왕은 국정을 할 때 이들의 권고를 따른다. 3) 모든 세입은 왕의 내실이 아니라 국고인 회계청에 납부한다. 4) 의회Parliament라 불리게 된 대자문회의를 일 년에 세 차례 열어야 한다. 조례는 대자문회의의 국정 참여와 정기 소집을 명문화해 왕권을 크게 제한했다. 조례는 영국 최초의 성문법으로 여겨진다. 영어 발달사에서도 이 문서는 중요하다. 조례는 라틴어와 프랑스어, 그리고 영어로 작성되어 각 주 장관에게 보내졌다. 지배층의 언어였던 라틴어, 프랑스어와 함께 공식문서에서 영어가 동등하게 사용되었다.

'시몽 드 몽포르 의회'와 모범 의회 그리고 상하 양원

그러나 헨리 3세는 약속을 지키지 않고 1262년 조례를 취소했다. 이에 격분한 귀족들은 1264년 시몽 드 몽포르를 중심으로 반란을 일으켜 왕을 격파했다. 이후 귀족들이 연합하여 잉글랜드를 통치하는 시대가 이어졌다.

이듬해 1월 드 몽포르는 대헌장과 옥스퍼드 조례에 따라 국사를 논의할 의회를 런던에서 소집했다. 이 의회를 역사가들은 '시몽 드 몽포르 의회'라 부른다. 120명의 성직자와 23명의 귀족 대표, 그리고 각 주에서 선출된 2명의 기사 대표와 각 도시와 성읍borough에서 선출된 시민대표 2명이 이 의회에 참여했다. 여기에서 기사 대표와 시민대표는 평민이다.

13세기~14세기 영국 의회의 발달

옥스퍼드 조례 Provisions of Oxford 1258년	— 주로 영주로 구성된 15인 회의 설치. 왕은 국정을 할 때 이들의 권고를 따름 — 모든 세입은 왕의 내실이 아니라 국고인 회계청에 납부 — 의회Parliament라 불리게 된 대자문회의를 일 년에 세 차례 연다(의회의 모체). — 왕권을 크게 제한
시몽 드 몽포르 의회 1265년 1월	— 120명의 성직자와 23명의 귀족 대표, 각 주에서 선출된 2명의 기사 대표와 각 도시와 성읍borough에서 선출된 시민 대표 2명이 이 의회에 참여 — 1265년 1월 런던에서 최초 소집
모범의회 Model Parliament 1295년 11월	— 1295년 11월 에드워드 1세가 소집 — 드 몽포르의 의회 구성을 그대로 따름 — 프랑스와 스코틀랜드, 웨일스와 전쟁을 하는 데 필요한 세금 부과에 의회 승인이 필요 — 의회의 권한으로 입법과 조세권이 행사됨
귀족원과 평민원 1339년	— 에드워드 3세(1327~1377) 50년 통치 때 48회 소집됨 백년 — 전쟁 당시 군비 지출에 더 많은 조세 부과가 필요

하지만 귀족들 간의 권력투쟁이 벌어지고 또 내란이 발생했다. 이 와중에 귀족과의 전쟁에서 생포돼 투옥 중이던 헨리 3세의 아들 에드워드가 탈출한 뒤 군을 끌어 모아 내란을 종결지었다. 이렇게 왕위에 오른 에드워드 1세재위 1272~1307는 귀족들에게 어느 정도 권리를 양보해 내란을 끝낼 수 있었다. 이후 차차 왕권을 강화한 그

는 의회를 인정하게 되었다.

1295년 11월 에드워드 1세는 의회를 소집했다. 프랑스와 스코틀랜드, 웨일스와 전쟁을 벌여야 하는 데 막대한 자금이 필요했기 때문이었다. 소집된 의회는 '시몽 드 몽포르 의회'의 구성을 그대로 따랐고, 이후 영국 의회를 짜는데 모범이 되었다. 그래서 모범의회Model Parliament라 불린다. 중세 왕권이 매우 막강하던 시기에 몇 차례의 내란을 거쳐 마침내 귀족들이 중심이 되어 왕권을 제한하는 데 성공했다. 유럽에서는 처음으로 영국에서 의회가 탄생했다. 의회는 법을 만들고, 세금을 징수하려는 국왕은 반드시 의회의 동의를 얻어야만 했다.

14세기 중반부터 시작된 프랑스와의 백년전쟁 당시 에드워드 3세재위 1327~1377는 전쟁 비용을 조달하기 위해 귀족과 기사, 시민들의 지지가 필요했다. 그가 통치하는 50년간 모범의회의 구성을 그대로 따르는 의회가 48회 열렸다. 일 년에 거의 한 번씩 열린 셈이다. 여기에서 귀족과 고위 성직자들이 따로 모인 귀족원상원, House of Lords과 기사와 시민 중심의 평민들이 모이는 평민원하원, House of Commons이 분리되었다. 이때가 1339년이다.

현대 영어로 의회는 parliament다. 두 사람 간의 협의를 뜻하는 라틴어 parliamentum가 프랑스어에서 '말하다, 이야기하다'라는 의미인 parler의 명사형인 parlement이 되었고, 이것이 중세 영어에서 현대 영어와 철자가 같은 parliament로 변화했다. 영국 하원의원은 MP(member of parliament)라 불린다.

성직자 교육 기관으로 출발한 옥스브리지

옥스퍼드와 케임브리지 대학교는 13세기 초에 설립되었다. 성직자들이 주로 후원했고 성직자 양성이 목표였지만 정치와 교회 권력으로부터 어느 정도 자율성을 유지했다.

대학의 기원은 조합(길드)

중세에는 성당에서 세운 학교가 교육을 독점했다. 그러다 도시와 상업이 발달하자 더 큰 교육기관이 필요했다. 원래 대학의 시작은 학생과 교수들의 이익을 도모하는 조합(길드)이다. 교수와 학생이 대표를 뽑아 교육 과정과 학위 수여 규칙 등을 논의했다. 12세기에 이탈리아의 볼로냐 대학(설립은 1088년, 왕의 특허장을 받은 것은 1158년)과 프랑스의 파리소르본 대학(특허장 1257년), 영국의 옥스퍼드 대학이 처음 등장했다. 이 대학은 왕이나 도시 통치자로부터 특허장을 받아 구성원에 대한 재판권을 행사하고 자율성을 누렸다.

성직자 교육 기관 옥스브리지

옥스브리지란 옥스퍼드 대학과 케임브리지 대학을 함께 부르는 명칭이다. 지도를 보면 영국 런던에서 왼쪽 위에 옥스퍼드, 거의 같은 거리로 오른쪽 위에 케임브리지가 있다. 기차를 타면 두 대학까지 각각 1시간 정도 걸린다.

옥스퍼드 대학교 자리에 교육 기관이 있었음이 기록으로 확인된 것은 1096년이다. 1209년 이곳에서 수십 명의 학생과 교수들이 인근 레딩Reading과 케임브리지로 이주했다. 당시 옥스퍼드에서 교수 두 명이 여성을 살해한 혐의로 시에 의해 사형을 당했다. 교수는 성직자여서 교황이 개입해 처형을 저지할 수 있었을 터인데 그렇지 못했다. 실지왕 존과 교황이 갈등을 겪고 있어서 이런 사태가 일어났다. 원래대로라면 시가 아니라 학교가 이들을 재판해야 했다. 이에 크게 실망한 교수와 학자들이 레딩과 케임브리지로 갔다. 레딩으로 떠났던 학생과 교수들은 머지않아 옥스퍼드로 돌아갔지만 케임브리지로 간 사람들은 그대로 정착했다.

저지대의 샛강 캠Cam이 흐르는 케임브리지는 잉글랜드 동북부의 교통요지로 데인로 지역에 있었다. 20킬로미터 떨어진 자그마한 도시 일리Ely에 대주교가 있어 교황의 보호를 기대할 수도 있었다. 학생과 교수들은 처음에 건물이 없어 어려움을 겪었다. 시민들도 이들에게 턱없이 비싼 음식과 숙박비를 요구했다. 헨리 3세재위 1216~1272는 1231년에 이들에게 대학 허가장을 주었나. 반면 옥스퍼드는 1248년에 이를 받았다. 공식 기록으로 치면 케임브리지 대학교 설립이 앞선다. 케임브리지대학은 1233년 교황 그레고리우스 9세로부터 "기독교 국가 어디서나 가르칠 수 있는 권리"를 받았다.

영국뿐 아니라 이웃 나라에서도 옥스브리지를 찾아와 입학했다. 학생의 상당수는 도시의 상인, 부유한 수공업자와 법관, 의사의 자식이었다. 이들은 대학에서 공부해 성직자가 되면 어느 정도 성공했다고 여겨졌다. 성직자가 아니라 법관이 되어도 돈을 벌면 귀족이 될 수 있는 기회가 생겼다. 귀족의 자제들은 대학에서 공부를 하지 않아도 기득권을 누릴 수 있었기에 구태여 대학교에서 공부할 필요가 없었다.

주교나 귀족들이 단과대학 칼리지의 설립을 후원했다. 옥스퍼드의 단과대학인 유니버시티 컬리지University College는 1249년에 설립되었다. 노르망디 지역에서 주교로 근무하고 잉글랜드로 돌아와 사제로 일했던 더램의 윌리엄William of Durham이 거액의 유산을 남겼고 그의 유지를 받들어 이 컬리지가 설립되었다. 14세기 말에는 872년 앨프레드 대왕이 이곳으로 와서 몇 명의 신부들과 며칠간 토론을 벌인 후 여기에 대학을 설립했다는 전설도 생겨났다. 케임브리지 최초의 대학인 피터하우스Peterhouse는 일리의 대주교 발샴의 휴Hugh de Balsham가 성직자를 가르치기 위해 1280년에 세웠다. 이처럼 초기 옥스브리지는 성직자가 세운 경우가 많았고 성직자를 양성하는 게 주요 목표였다. 19세기 중반 산업혁명 절정기에 이르러 제조업 분야의 인력양성이 필요해질 때까지 목표는 변경되지 않았다.

옥스브리지는 기숙학교가 원칙이었다. 튜더라는 교수가 이들을 가르쳤다. 교과과정은 문법과 수사, 논리학의 3학에 산수·음악·기하학·천문학의 4학이 합해진 자유7학으로 구성되었다. 이게 기초교양과목이었고 맨 위에 신학이 있었다. 14세기 중반까지 옥스브리지 학생들은 라틴어로 교육을 받았다.

대학교는 상당한 자치권을 누렸다. 대학교 총장이 교회법원의 역할을 위임받아 잘못을 저지른 교수나 학생을 재판했다. 보통 일반 시민에 비해 형벌이 가벼웠다. 옥스브리지 초기에 시민에게 중상을 입힌 일부 학생들이 아주 가벼운 처벌을 받아 이에 항의해 도시민들이 종종 들고 일어나곤 했다. 성직자를 양성하고 교황의 보호를 받고 있는 대학교였지만 종종 교황과 갈등을 빚기도 했다. 종교개혁의 샛별 존 위클리프의 모교인 옥스퍼드 대학교는 왕과 교황의 요구를 거부하고 보호하다 마지막 순간에 그를 추방했다.

대학은 라틴어로 유니베르시타스*universitas*다. 보편성(총체성)과 우주(세계), 결사(단체)를 뜻한다. 원래는 *universitas magistrorum et scholarium*으로 표기되었다. 교사와 학생들의 공동체라는 의미다. 흔히 대학을 학문공동체로 표현하는 것이 여기에서 유래한 듯하다.

영토와 왕위계승권을 건 백년전쟁(1337~1453)

잉글랜드는 프랑스와 영토 및 왕위계승권을 두고 백년전쟁을 벌였다. 이 전쟁은 봉건제를 약화시켰고 중앙집권적인 국가로 발전하는 디딤돌이 되었다.

영토 다툼과 왕위계승권에서 시작된 전쟁

남서 프랑스 가스코뉴Gascony 지역은 잉글랜드 왕이 다스리는 영토였다. 프랑스 왕은 계속해서 이 땅에 눈독을 들였다. 1337년 프랑스의 필리프 6세재위 1328~1350가 이 땅을 강탈했다. 원래 정복자 윌리엄이 프랑스 왕의 봉신이었기에 이 땅을 소유했었다. 이에 분노한 잉글랜드의 에드워드 3세재위 1327~1377는 전쟁을 선포했다. 에드워드 3세는 1328년 사망한 프랑스 카페 왕조의 마지막 왕 샤를 4세의 친척이었다. 그는 이 일이 일어나기 전부터 프랑스 왕위계승권을 주장하며 프랑스와 외교전을 펼쳐왔었다. 이에 맞서 필리프 6세는 잉글랜드 왕과 전쟁 중이던 스코틀랜드에 기사를 보내 도와주었다.

이윽고 외교전이 전쟁으로 치닫게 되었다. 1453년까지 계속될 백년전쟁의 시작이다. 전쟁이 끝난 게 1453년이지만 14세기 말에 20년 정도 휴전 기간이 있었다. 이 전쟁은 길고 긴 두 왕국의 자존심을 건 싸움으로 크게 4단계로 나눌 수 있다.

전쟁 1막에서는 영국이 완승을 거두었다. 1막의 마지막을 장식한 이는 필리프의 아들, 프랑스의 장 2세재위 1350~1364였다. 그는 1356년 프랑스 푸아티에 전투에서 영국의 에드워드 3세에게 대패를 당해 사로잡혔다. 런던으로 압송된 장 2세는

백년전쟁 1막의 격전지 크레시Crecy 전투 장면
1346년, 오른쪽이 긴활을 쓰는 잉글랜드군, 왼쪽은 석궁을 쓴 프랑스군, 깃발은 왕가를 상징.

1360년 영국과 브레티니 조약에 서명했다. 장 2세는 거액의 몸값을 지불해야만 했다. 에드워드 3세는 아키텐 공작령Aquitaine (중심 도시는 현재 포도주가 많이 생산되는 보르도다)과 함께 가스코뉴 및 앙주, 노르망디, 브르타뉴에 대한 지배를 확립했다. 현재 프랑스 땅의 3분의 1 정도 되는 넓은 땅이다. 여기에 영국왕은 프랑스 왕위계승권까지 확보했고 포로가 된 프랑스 왕은 자국 영토 내 모든 권리를 포기했다. 당연히 프랑스는 복수의 칼날을 갈 수밖에 없었다.

이 전쟁에는 경제적 이익도 따랐다. 잉글랜드의 에드워드는 플랑드르 지방 모직물 제조업자들의 지지를 얻었다. 현재 프랑스 북서부와 벨기에 지역을 포함하는 플랑드르는 당시 대서양 연안과 발트해 일대를 무대로 하는 상업의 중심지였다. 브뤼헤와 헨트, 릴 등이 이때 번창한 도시로 항구에서 그리 멀지 않은 곳에 위치해 있

다. 또 이 도시들에는 수로가 있어 이를 통해 내륙운송에 유리한 지리적 이점을 갖추었다. 이 지역의 토양은 염분이 많아 양을 키우기가 어려워 원료인 양모를 영국에서 수입했다. 따라서 이곳의 상인들은 경제적 이익을 지키기 위해 주원료 공급지인 영국을 지지했다. 이 점을 알고 있던 프랑스는 이들을 억압했다.

양군 사이에는 무기 차이가 컸다. 영국군에는 기사 이외에 긴 활Longbow, 長弓을 쏘는 보병이 있었다. 활 길이가 1.8미터 정도여서 1미터 정도 길이의 화살을 쏠 수 있었다. 이 활은 200미터 떨어진 거리에서 2.5센티미터 두께의 나무나 기사의 갑옷을 뚫을 수 있을 정도로 막강했다. 영국군은 수많은 훈련으로 이 활을 잘 다루어 전쟁에서 승기를 잡을 수 있었다. 반면 프랑스는 중무장한 기사 중심으로 전력을 운용했다.

이 전쟁 2막에서는 프랑스가 영국 땅이었던 가스코뉴 공작령 일부를 점령했다. 두 나라는 1396년 20년간 휴전에 합의했다.

전쟁 3막은 영국의 헨리 5세재위 1413~1422가 주도했다. 당시 프랑스에서는 국왕의 사촌인 부르고뉴 가와 국왕의 동생인 오를레앙 가의 권력투쟁이 내전으로 번졌다. 헨리 5세는 이 틈을 노려 도버 해협을 건너 칼레에서 프랑스군을 선제공격해 압승을 거두었다. 1420년 트루아 조약의 결과 영국 왕 헨리 5세는 프랑스의 샤를 6세재위 1380~1422의 딸과 결혼해 프랑스 왕위의 계승을 기정사실로 만들었다. 그러나 불과 2년 뒤인 1422년 헨리 5세는 갑작스럽게 사망하고, 왕위계승권은 태어난 지 1년도 채 안 된 어린 아들 헨리 6세에게로 돌아간다.

마지막 4막에서는 프랑스를 구한 성녀 잔 다르크Jeanne d'Arc, 1412~1431가 출현한다. 그는 프랑스군을 도와 오를레앙의 포위를 뚫었고 계속해서 승리를 거둔다. 그러나 프랑스 내 파벌싸움의 희생양이 되어 영국군과 제휴했던 부르고뉴파에 붙잡혀 영국군에 넘겨졌다. 영국군은 그를 1431년 마녀라는 죄목으로 화형에 처했다. 잔 다르크 덕분에 전세를 역전한 프랑스의 샤를 7세재위 1422~1461는 부르고뉴파와 화해를 하여 1452년 보르도 전투에서 영국을 물리쳤다. 헨리 6세재위 1422~1461는 결국 칼레와 주변 지역을 제외한 프랑스 내 거대한 영토를 잃고 다시 영국으로 물러나야만 했다. 도버해협을 건너는 영국 여객선이 정박하는 곳이 칼레다. 칼레는 이미 600여 년 전 잉글랜드군이 프랑스를 점령하고자 했을 때 교두보가 된 항구도시다. 에드워드 3세가 1347년 영국 땅으로 만든 후 1558년에서야 프랑스가 되찾았다.

봉건제를 살리려는 전투가 봉건제 붕괴의 기폭제로

프랑스계 왕조인 플랜태저넷 가문의 왕들이 백년전쟁의 대부분 기간 동안 잉글랜드의 왕이었다. 랭키스터 가문은 14세기 말인 헨리 4세재위 1399~1413부터 시작되었다. 프랑스의 귀족 가문들이 영토와 왕위계승권을 둘러싸고 서로 백 년이 넘는 전쟁을 벌였다.

오랫동안 전쟁을 하려면 거액의 돈이 필요했다. 잉글랜드와 프랑스 왕 모두 많은 세금을 거두어야 했으며 군사조직을 좀 더 체계적으로 관리해야 했다. 왕을 중심으로 하는 재정과 군사조직이 전쟁을 거치면서 차차 정비되었다.

왕가의 싸움이 점차 국가 대 국가가 싸우는 양상으로 변하면서 일종의 국민의식이 성장했다. 특히 대부분의 전투는 프랑스 땅에서 벌어졌다. 영국인들은 조그마한 섬이 외적의 침입을 받지 않은 철통같은 요새라는 자부심을 느꼈다. 이 전쟁은 왕권을 점차 강화하는 계기가 되었고 중앙집권적 국민국가로 발전하는 디딤돌 역할을 했다. 반대로 봉건제도의 수혜자였던 지방영주와 기사는 그 세력이 크게 약화되었다. 백년전쟁 중에 대포도 사용되었고, 장궁은 기사를 잡는데 효과적이었다. 중무장하고 말에 탄 기사들에게는 매우 불리한 환경이었다. 여기에 영주와 기사들은 때때로 십자군 전쟁에 참전해야 했기에 그 세력은 더 약해졌다. 또 전쟁의 와중에 인구의 거의 절반이 숨진 흑사병이 창궐하고 농민반란까지 일어나 사회경제적 기반이 크게 변했다.

머스킷 총과 대포에 밀려 장궁의 설자리는 점점 좁아져갔다. 고지를 점령한 장궁병은 대포의 표적이 되기 쉬웠고, 머스킷은 짧은 훈련으로도 높은 성과를 얻을 수 있었기 때문이다.

종교개혁의 '샛별'
존 위클리프

14세기 옥스퍼드의 신학자 존 위클리프는 교회의 타락을 비판하며 성경에 기초한 신앙을 강조했다. 그의 신학은 보헤미아 왕국의 얀 후스에게 계승되었고 16세기 초 마틴 루터가 시작한 종교개혁의 밑거름이 되었다.

종교개혁의 샛별

14세기 말 잉글랜드에서 교회의 타락상을 비판하며 성서에 기초한 신앙을 강조한 선구자가 존 위클리프John Wycliffe, 1320~1384다. 독일의 마틴 루터가 1517년 95개조 반박문을 붙이면서 촉발한 종교개혁보다 거의 140년 먼저 유사한 사상이 영국에서 나왔다. 이 때문에 종교개혁의 역사에서 위클리프는 '샛별'이라고 불린다. 당시 잉글랜드의 교회는 막강했다. 전체 인구의 2퍼센트 정도인 약 6만 명이 성직자였고 이들이 국내 토지 중 3분의 1을 소유했다. 교황이 잉글랜드의 주교 등 주요 성직자를 임명했다. 마침내 고위 성직자들은 탐욕스럽고 오만해 부패했다.

위클리프는 옥스퍼드 대학교 베일리얼 컬리지Balliol College에서 신학을 공부했고 1372년 신학박사가 되었다. 당시 로마 가톨릭은 '분열' 시기로 교황권은 프랑스가 내세운 클레멘스 7세와 로마가 대항마로 세운 우르바노 6세가 대립했다. 로마의 교황은 프랑스에 반대하는 지지자들을 확대하기 위해 영국에게 프랑스와 대항하여 싸울 것을 요구했으나 위클리프는 거부했다. 대신 교황 제도를 신랄하게 비판하는 『교황권론』1379을 저술했다. 그는 교황의 세속 권력을 비판하며 교황 제도는 성서에 없으며 교황이 바로 그리스도의 적이라 주장했다.

그는 참된 교회와 그렇지 않은 로마 가톨릭 교회를 구분했다. 교황과 주교, 교회 조직이 우리를 구원할 수 있는 게 아니라 성경에 따른 신의 은총이 무엇보다도 중요하다고 가르쳤다. 마찬가지로 그는 신에 의해서 선택받은 자는 자신이 한 일work에 의해 구원이 예정되어 있다고 보았다. 당시 교회가 일상적으로 하던 고해와 성상 등을 세우고 교인과 하느님을 중개하던 역할을 부정했다. 성직자는 성서를 집전하는 게 아니라 하나님의 말씀을 설교하고 가르치는 것이라 규정했다. 같은 맥락에서 그는 성직자가 잘못한 경우 세속 지배자인 왕이 그의 권한을 박탈할 수 있다고 여겼다.

이런 급진적인 주장을 한 신학자를 교회가 그냥 놓아둘 리가 만무했다. 1376년 캔터베리 대주교가 그를 이단 혐의로 소환했으나 런던 시민들이 샛별을 지지했고 대귀족 가문이었던 랭커스터의 개입으로 석방되었다. 이후 그는 화체설化體說, 즉 미사에서 제공되는 빵과 포도주가 예수의 살과 피로 바뀐다는 가톨릭의 핵심 교리까지 부인했다. 성서를 중시한 위클리프는 여기에 그치지 않고 1381년부터 성서를 영어로 번역하기 시작했다. 그의 노력으로 1383년 영어 성경이 첫 출간되어 서민들도 하느님의 말씀을 읽을 수 있게 되었다. 이전의 성서는 라틴어로 되어 있어 서민들은 읽을 수 없었다. 성경을 강조한 위클리프에게 서민들이 읽을 수 있는 성서는 무엇보다도 필요했다. 위클리프는 '믿음만으로,' '은총만으로,' '성서만으로'를 핵심으로 하는 루터의 종교개혁을 상당부분 앞서 주장한 선구자다. 당시 옥스퍼드 대학교는 교황과 영국 주교들의 파문 요청에도 불구하고 보호하던 그를 1382년 대학에서 추방했다.

위클리프 사상의 보급자 떠돌이 설교자 롤러드

위클리프는 교회의 탄압을 받았으나 그의 사상은 많은 시민들의 지지를 받았다. 그의 사상을 시민들에게 쉽게 전파하려는 떠돌이 설교자들도 나왔다. 이들은 네덜란드어 '중얼거리다'는 말에서 유래한 말인 롤러드Lollards라고 불렸다. 전국을 순회하며 하급 성직자와 젠트리, 상인과 장인, 대학생들 사이에 동조자를 얻었다. 롤러드는 고위 성직자들의 부와 탐욕을 비판하며 소박하면서 청빈한 삶을 강조했다. 1381년 농민전쟁 당시 반란군은 캔터베리 성당을 급습해 투옥됐던 존 볼John Ball을 풀어줬는데 그가 유명한 롤러드 중 한 사람이다. 반란군은 떠돌이 설교자의 선교에 감동했고 자신들과 한편으로 봤다.

하지만 랭커스터 가문이 이들을 경계하자 왕도 1401년 이들을 이단자로 규정하는 법을 제정했다. 많은 롤러드들이 지하로 숨어들었다. 1407년에는 영어 성경도 보급이 금지되었다. 이들의 사상은 가난한 시민들 사이에 계속해서 퍼졌다. 16세기 초반 마틴 루터의 종교개혁이 영국에서 쉽게 수용될 수 있었던 점도 이런 사상적 토양이 다져졌기 때문이었다.

위클리프의 사상은 유럽의 다른 나라에도 전파되었다. 보헤미아 왕국(현재 체코공화국)의 얀 후스Jan Hus, 1370~1415는 교회의 타락을 강력하게 비판하며 위클리프의 사상을 지지했다. 결국 그는 1415년 신성로마제국의 콘스탄츠공회에서 이단 혐의로 화형을 당했다. 교황청은 1428년 위클리프의 시체를 꺼내어 불태우기에 이르렀다. 그의 사상이 지닌 파급력을 얼마나 두려워했는지를 가늠할 수 있다. 후스는 장작더미 위에서 화형을 당하기 전에 형 집행인에게 "거위를 불태우려 한다. 백 년이 지나면 굽거나 끓일

위클리프의 고향 요크셔에 있는 위클리프의 명판
"성서를 영어로 번역하다"라 적혀 있다

수 없는 백조를 갖게 될 것이다"라 말했다고 전해진다. 후스는 보헤미아 말로 거위를 뜻한다. 그의 사후 102년이 되는 1517년 마틴 루터가 종교개혁을 시작했다. 존 위클리프와 얀 후스의 뒤를 이은 셈이다. 루터는 신학자로 후스의 저서를 읽고 영향을 받았다. 그리고 후스가 언급한 백조가 자신임을 자처했다.

> 젠트리는 지대 수입만으로 살아갈 수 있는 대지주였다. 귀족처럼 가문의 문장(coat of arms)을 사용할 수 있었다. 그러나 세습할 수 있는 귀족과 달리 젠트리는 세습이 불가능했다.

봉건제 붕괴를 촉진한 흑사병과 농민봉기

백년전쟁의 초기에 흑사병이 잉글랜드를 강타해 인구가 크게 줄었다. 또 1381년에 농민봉기가 일어나 봉건제 폐지를 요구했다. 사회경제적 변화로 봉건제가 서서히 무너졌다.

인구 절반을 죽음에 이르게 한 흑사병

봉건제 붕괴를 가속화한 것은 1347년 이탈리아에서 시작되어 유럽 전역에 퍼진 흑사병이었다. 흑사병은 검은 쥐에 기생하는 벼룩에 물려 전염되었다. 칼레에서 잉글랜드로 온 피란민들에 의해 1348년 8월 잉글랜드에도 몹쓸 병이 옮겨졌다. 이 병은 1361년, 1368년, 1375년에 걸쳐 모두 4차례나 잉글랜드 전역을 강타했다. 1300년에 약 400만 명 정도였던 잉글랜드 인구가 1380년에는 거의 절반으로 줄어든 것으로 추정된다. 당시 유럽에서 흑사병으로 약 2천5백만 명 정도가 숨졌다.

급격한 인구 감소가 농촌 경제기반을 서서히 흔들었다. 노동력이 갑자기 줄어들자 장원이 직격탄을 맞았다. 인구가 많았던 13세기에는 식량도 그만큼 더 필요해 농민들을 사실상 장원에 얽매이게 할 수 있었다. 농민들이 다른 곳으로 옮길 수도 없었거니와 설령 어렵게 옮긴다 해도 별다른 이득이 없었다. 그러나 노동력이 부족해지자 농민들의 몸값이 올랐다. 반면 곡물 수요는 줄어들어 물가는 하락했다. 영주들은 점차 농민들을 장원에 예속시키기 어려워졌다. 농민들은 다른 곳에서도 얼마든지 일자리와 토지를 쉽게 구할 수 있었다. 마침 백년 전쟁으로 영주들의 세력도 약해졌다.

농민의 계층 분화도 일어났다. 일부 농민은 백년전쟁 때 죽은 사람들의 토지를 차지했다. 이에 따라 몇몇 영주들은 농민에게 토지를 임대해주는 지주가 되었고 지대도 이전의 노역봉사가 아니라 화폐로 받게 되었다. 지대를 화폐로 납부하면서 토지의 매매가 가능해져 토지를 소유한 부유한 농민이 생겨났고, 임금을 받아 생활하는 영세농이나 농업 노동자 계층도 있었다.

최초의 임금 억제법, 노동자법

농민의 지위가 크게 향상되자 귀족들이 가만히 있을 리가 만무했다. 1351년에 공포된 노동자법Statue of Labourers 은 임금 억제법이다. 흑사병이 발생하기 전인 1330년대 초의 임금보다 더 높은 임금을 주면 불법으로 규정했다. 치안판사justice of peace가 이런 법집행을 감독했다. 이들은 원래 각 주에 거주하는 귀족 4명으로 구성되어 처음에는 백년전쟁에서 돌아온 군인들이 사회에 적응하지 못해 행패 부리는 것을 저지했다. 임금 억제법이 시행되자 치안판사의 권한은 이전보다 더 강해졌다. 치안판사는 관할중인 각 주에서 최고 임금을 정하고, 이 이상을 요구하는 노동자에게 임금을 지급하는 사용자를 처벌할 수 있었다. 또 일하지 않고 떠돌아다니는 건장한 남녀를 농업에서 일하도록 강제할 수 있었다. 이밖에 거지를 돕지 못하게 했다. 전쟁과 흑사병 때문에 농민들의 몸값이 너무 귀하게 되자 지배층은 이 법을 제정해 이들을 통제하려 했다. 그러나 변하는 경제적 현실을 법이 다 해결할 수는 없었다. 이 법이 시행된 1351년 후에도 농업 노동자의 임금은 계속해서 인상돼 1400년에 임금은 백 년 전보다 두 배나 올랐다.

런던까지 점령한 1381년의 농민봉기

1381년 5월 잉글랜드 동부의 에식스와 켄트에서 와트 타일러Wat Tyler가 주도한 봉기가 일어났다. 타일러에 관한 상세한 자료는 없으나 아마도 백년전쟁에 참전한 군인으로 추정되며 제대 후 수공업자로 일한 것으로 전해진다. 반란에는 농민뿐 아니라 일부 도시민과 기사들도 가담했다. 1380년부터 부과된 인두세가 반란의 직접적인 원인이다. 귀족이나 가난한 사람이나 15살 이상의 남녀 모두는 1실링을 납부해야 했다. 당시 농민의 임금은 물가보다 더 빠르게 올라갔고 생활수준이 전반적으로 개선되고 있었다. 그럼에도 농민들은 계속되는 억압적 농노제에 반감을 지녔고, 평등을 주장하며 교회의 부패를 비판하는 떠돌이 설교자 롤러드의 영향도 받았다. 여기에 인두세가 방아쇠 역할을 했다.

타일러가 주도하는 반란군은 장원과 교회를 공격했고 자신들을 괴롭히던 영주와 수도원장을 살해했다. 떠돌이 신부로 반란군에 의해 석방된 존 볼은 이들과 함께 런던으로 진군했다. 볼 신부

말에 탄 존 볼 신부가 와트 타일러(왼쪽 맨 앞줄의 인물)와 농민군에게 설교중이다

는 "아담이 밭을 갈고 이브가 길쌈하던 시대에 그 누가 귀족이었

는가?"라는 설교를 하며 이들과 함께했다. 6월 중순 농민군은 런던

에서 리처드 2세재위 1377~1397와 재무관 등을 만나 청원서를 제출했

다. 농노제의 폐지와 부역 노동의 화폐 지불 허용, 원하는 영주와의

자유로운 근로계약의 허용, 반란에 가담했거나 인두세를 지불하지

않아 투옥된 농민들의 대사면을 요구했다.

왕과의 면담 과정에서 와트 타일러가 죽임을 당하면서 런던의

반란은 힘없이 진압되었다. 잉글랜드 동부의 이스트앵글리아에서

는 이후에도 격렬한 반란이 있었으나 6월 말까지 잉글랜드의 거의

모든 지역에서 가혹한 진압이 이루어졌다. 리처드 2세는 반란군의

요구사항을 들어주겠다고 약속했으나 지키지 않았다. 결국 농민봉

기는 상인이나 지방의 젠트리와 같은 유사한 불만을 지녔던 계층과 함께하지 못해 실패했다. 반면 이들이 요구한 농노제는 백 년이 지난 1485년에야 사실상 없어졌다. 농민 임금의 상승, 부역 노동의 감소, 농산물 가격과 지대의 하락이라는 추세가 계속되면서 영주들이 농노들에게 계속해서 부담을 강요할 수 없었기 때문이다.

봉건제 붕괴 촉진 과정

14세기 중후반, 잉글랜드에 4차례 흑사병 강타, 인구의 절반 정도가 사망, 백년전쟁과 장미전쟁의 지속

— 노동력 급감, 농민의 '몸값'(임금) 귀해져 농민계층 분화
— 곡물수요 감소로 물가 하락
— 농민계층 분화(부유농, 영세농, 농민 노동자)

— 장원이 큰 타격을 받음
— 농민을 장원에 예속시키기 어려워져 화폐 경제 발달
— 일부 영주는 임대 지주가 되기도
— 1351년 노동자법 제정(1330년대 초 이상의 임금 지급을 불법화)
— 백년전쟁과 장미전쟁으로 영주와 기사의 세력 계속하여 약화

『데카메론』은 흑사병을 피해 피렌체의 교외 별장으로 피란 온 사람들이 풀어내는 10일간의 이야기다. 조반니 보카치오의 작품으로, 훗날 『캔터베리 이야기』에 영향을 주었다.

귀족 가문 간의 왕위 쟁탈전
장미전쟁(1455~1485년)

백년전쟁이 끝나면서 귀족들의 힘이 막강해졌다. 유력 가문인 랭커스터(붉은 장미를 문장으로 사용)와 요크(흰 장미)가 왕위를 두고 30년 간 내전을 벌였다. 랭커스터의 헨리 튜더가 전쟁에서 승리하고 원수 가문의 딸과 결혼해 튜더 왕조를 열었다.

붉은 장미 랭커스터와 흰 장미 요크

백년전쟁이 계속되면서 잉글랜드는 혼란에 휩싸였다. 전쟁터에서 귀국한 기사들이 불만을 품고 폭력을 저지르기 일쑤였고 굶주린 제대병들이 일자리를 찾아 방황했다. 1399년, 전쟁 중 세력을 확대한 귀족들이 들고 일어나 랭커스터가의 헨리 4세재위 1399~1413를 왕으로 추대했다. 프랑스계 플랜태저넷 왕조가 끝나고 잉글랜드 귀족 가문이 뒤를 이었다. 백년전쟁이 종결되면서 귀족의 힘은 더 막강해졌다. 사병을 양성하고 의회를 무시하기 일쑤였다. 이런 혼돈의 도가니에서 헨리 6세재위 1422~1461는 유약한 통치자였다.

이 틈을 놓칠 리 없는 요크 가문이 왕위를 차지했다. 이를 반대하는 랭커스터 가문과 요크 가는 수시로 전투를 벌였지만 최후의 승자는 랭커스터 가의 헨리 튜더Henry Tudor다. 전투는 20명밖에 안 되는 대귀족과 그들의 친지와 신하, 그리고 용병들이 참전했다. 일반 시민들은 참전하지 않았다. 두 가문 모두 일반 시민들을 잘못 건드려 어느 한 편에 가담하게 만들면 자칫 전투에 불리하게 된다고 여겼기 때문이다. 19세기 작가 월터 스콧Walter Scott은 귀족 가문 간의 이 왕위 쟁탈전을 '장미전쟁'이라

요크 공이 가문의 상징인 흰장미를
헨리 6세에게 던지는 모습

고 불렀다. 랭커스터 가의 문장은 붉은 장미, 요크 가의 문장은 흰 장미를 사용했기 때문이다.

헨리 6세는 1453년에 정신이상 증세를 나타내 기억을 상실하고 걷지도 못했다. 왕이 어렸을 때 섭정을 맡았던 요크 공은 다른 귀족의 지지를 얻어 왕위계승권을 주장했다. 그러자 왕후 마거릿은 프랑스의 도움을 얻어 요크 공과 전쟁을 벌여 승리한 후 요크 공과 지지자들을 무자비하게 살육했다. 요크 공의 아들은 다시 귀족을 끌어 모아 전투에서 이겨 에드워드 4세재위 1461~1483로 즉위했다. 에드워드 4세는 20년이 넘는 통치기간 중 랭커스터 가문에 자비를 베풀었고 중상주의 정책을 펼쳐 경제발전을 이룩했다. 그러나 그의 사망 후 다시 왕위계승 다툼이 이어졌다.

원수의 딸과 결혼한 헨리 튜더, 튜더 왕조를 열다

에드워드 4세의 아들 둘을 살해한 후 왕이 된 글로스터 공이 리처드 3세재위 1483~1485다. 어린 조카 둘을 살해하고 잇따른 실정으로 리처드의 통치 기반이 흔들리자 랭커스터 가의 생존자 헨리 튜더가 움직였다. 그는 당시 프랑스의 노르망디로 피신해 있었다. 헨리 튜더는 1485년 8월에 영국 피난민과 프랑스 내 지지자들을 규합해 2,000명의 군사를 거느리고 웨일스의 해안 밀퍼드헤이븐Milford Haven에 상륙했다. 웨일스 사람들은 튜더가 같은 웨일스인라며 그를 환영했다. 이어진 전투에서 리처드 3세의 절친한 친구였던 랭커셔의 영주 스탠리Stanley가 결정적인 순간에 튜더 지지로 돌아섰다. 전쟁에서 승리한 헨리 튜더는 에드워드 4세의 장녀 엘리자베스와 결혼했다. 원수와의 결혼으로 가문 간 화해가 이루어지고, 1485년 튜더왕조가 시작되었다.

튜더왕조를 연 헨리 7세재위 1485~1509는 집권 초기 잇따른 반란에 시달렸다. 요크파들이 기회가 되는대로 왕위를 노리며 반란을 일으켰다. 튜더 왕은 진압하고 관용을 베풀었다. 30년간의 장미전쟁은 귀족에게 자살골과 마찬가지였다. 계속된 전쟁으로 남작 이상의 귀족 65명이 목숨을 잃었고 이들을 따랐던 많은 봉건 영주들도 숨졌다. 귀족의 세력이 크게 약화되었기에 헨리 7세는 왕권을 강화할 수 있었다. 그는 또 요크파를 음으로 양으로 지원하는 프랑스와의 싸움을 최대한 피하며 교역을 확대하는 외교정책을 펴서 새 왕조의 기틀을 다졌다.

14~15세기 랭커스터와 요크가의 왕
(괄호는 재위 기간)

랭커스터가	요크가
헨리 4세(1399~1413)	에드워드 4세(1461~1470)
헨리 5세(1413~1422)	에드워드 4세(1471~1483)
헨리 6세(1422~1461)	에드워드 5세(1483)
헨리 6세(1470~1471)	리처드 3세(1483~1485)

헨리 7세는 장남의 이름을 아서로 지었다. 아서는 15세의 나이로 아라곤의 캐서린과 결혼하지만 이듬해 병으로 사망하고 만다. 캐서린은 이후 아서의 동생인 헨리 8세와 재혼했다. 이 사건이 불러온 역사의 파란은 다음 장에서 다뤄질 것이다.

영국사	세계사

- 1492년 —— 콜럼버스, 서인도 제도 도착

1500년

- 1517년 —— 독일 마틴 루터 종교개혁 시작

헨리 8세, 잉글랜드 국교회 수립 —— 1534년

- 1543년 —— 코페르니쿠스 지동설 발표

엘리자베스 1세 여왕 즉위 —— 1558년

잉글랜드, 스페인의 무적함대 격파 —— 1588년

- 1592년 —— 임진왜란

동인도 회사 설립 —— 1600년 **1600년**
스코틀랜드 왕 제임스 6세, —— 1603년
잉글랜드 왕 제임스 1세로 즉위

- 1618~ —— 30년 전쟁
- 1648년 .

찰스 1세 즉위 —— 1625년

- 1627년 —— 정묘호란,

- 1637년 —— 병자호란

청교도 혁명 시작 (왕당파와 의회파의 내전) —— 1642년

- 1643년 —— 프랑스 루이 14세 즉위

의회파 승리, 찰스 1세 처형, 군주정 폐지 —— 1649년
잉글랜드공화국 시대 —— 1649~
1660년

올리버 크롬웰 사망 —— 1658년
군주정과 국교회 다시 도입(왕정복고) —— 1660년

제임스 2세 즉위 —— 1685년
명예혁명 —— 1688년
권리장전 —— 1689년

1700년 1701년 —— 프로이센 왕국 성립
1701~ —— 스페인 왕위계승전쟁
1714년

잉글랜드와 스코틀랜드 통합, —— 1707년
연합왕국United Kingdom 성립

앤 여왕 사망, 스튜어트 왕조 단절 —— 1714년

제3장

튜더 시대와
스튜어트 시대:
절대왕정과 두 번의 혁명

2백 년이 넘는 튜더 왕조와 스튜어트 왕조 시대에 영국은 큰 정치적·경제적 변화를 겪었다. 국교회가 성립돼 종교에서 대륙과 다른 길을 걷는다.

헨리 8세는 아들을 얻으려 이혼하려 했지만 교황이 거부했다. 이 때문에 영국은 로마 교황청과 결별하고 왕이 교회의 우두머리가 되어 성직자를 임명하는 종교개혁을 이루었다. 종교개혁으로 영국은 대륙과 상이한 길을 걸었다. 이후 영국에서는 17세기 두 번의 혁명을 비롯해 정치적 격변이 빈번했다. 이런 큰 변화에 종교적 갈등이 들어 있었다.

엘리자베스 1세 시대는 흔히 영국의 르네상스 시기라 불린다. 당시 대제국을 거느린 스페인에 대항해 해적을 사령관으로 임명했고 스페인 무적함대를 물리쳐 제국의 기초를 닦았다. 모직산업이 크게 번창하면서 공유지에 울타리를 쳐서 양을 키우는 인클로저 운동이 일어났다. 양이 사람보다 귀한 대접을 받아 농민이 고향을 떠나 유랑하거나 저렴한 임금 노동자로 도시로 흘러가게 됐다.

17세기 청교도혁명과 명예혁명으로 영국은 의회가 왕권을 통제하는 입헌군주제로 접어들게 됐다. 당시 대륙 대부분의 나라는 여전히 절대왕정 치하에 있었다. 청교도 혁명 당시 의회 권한을 중시하는 올리버 크롬웰이 의회파를 이끌어 승리했다. 혁명 후 크롬웰은 영국 역사상 최초로 공화국의 수장이 되었으나 사후 다시 왕정복고가 이뤄졌다.

1707년 경제적 후진성을 탈퇴하기 위해 스코틀랜드가 통합을 원해 연합왕국United Kingdom이 성립됐다. 연합왕국은 잉글랜드와 웨일스, 스코틀랜드로 이루어졌다.

헨리 8세, 교황과 결별하고 영국 국교회 수장이 되다

헨리 8세는 이혼 문제로 로마 교황청으로부터 독립해 영국 국교회의 수장이 되었다. 그는 강력한 왕권을 바탕으로 해군을 창설했다. 그의 치세 때 웨일스는 잉글랜드에 통합되었다.

인구 약 12만 명의 자그마한 대학도시 케임브리지에는 매년 7백만 명이 넘는 관광객들이 찾아온다(2017년 기준). 주요 단과대학 컬리지가 몰려 있는 킹스퍼레이드King's Parade 거리와 트리니티Trinity 거리는 여름 내내 이곳을 구경하러 온 사람들 때문에 발 디딜 틈이 없을 정도다.

트리니티 거리에 들어서자마자 트리니티컬리지의 웅장한 건축물이 방문객을 압도한다. 돌로 지은 거대한 정문은 여러 가지 조각물로 장식되어 있다. 문 바로 위에 컬리지 문장이 있고, 이 문장 위 약간 들어간 틈 사이에 설립자 헨리 8세재위 1509~1547의 자그마한 동상이 방문객을 맞는다. 크기 약 1미터 정도의 동상에서 왕은 뚱뚱한 모습으로 표현되어 있다. 오른손에는 의자 다리를, 왼손에는 황금색의 원형 위에 십자가가 있는 지구본을 들고 서 있다. 38년 치세 동안 헨리 8세는 영국 사회 곳곳에 여러 흔적을 남겼다. 트리니티컬리지도 그가 남긴 자취 중 하나다.

이혼 때문에 시작된 교황으로부터의 독립

헨리 8세의 아버지 헨리 7세는 당시 유럽의 강대국 중 하나였던 통일 왕국 스페인 왕의 딸(캐서린)을 며느리로 두어 이를 정치에 적극 활용했다. 그런데 장남인 아서가 결혼 후 얼마 되지 않아 숨을 거두자 차남인 헨리 8세는 아버지의 강요에 따라 형수 캐서린과 결혼했다.

헨리 8세와 캐서린은 처음 몇 년간 행복한 결혼생활을 누렸지만 자식 복이 없었다. 왕비가 낳은 자녀 가운데 아들들은 유산되거나 어린아이였을 때 숨을 거두고 딸 메리만이 생존했다. 튜더 왕조에 아들이 필요하다고 믿은 그는 캐서린과 이혼하고 대신 유명한 귀족가문의 앤 블린과 결혼하려 했다. 그러나 이혼에는 교황의 허가가 필요했고, 설상가상으로 1527년에는 스페인 군대가 이탈리아를 침입해 교황인 클레멘트 7세를 교황청에 감금했다. 이런 상황에서 교황은 감히 스페인이라는 호랑이의 코털을 건드릴 수 없었다. 당시 스페인의 카를로스 1세(신성로마제국의 황제도 겸임, 카를 5세)는 캐서린 왕비의 조카였기 때문이다. 결국 왕의 비서관이던 토머스 크롬웰Thomas Cromwell이 묘안을 짜냈다.

그는 1534년 의회로 하여금 국왕지상법수장령, Act of Supremacy을 비준하게 했다. 영국 교회를 교황으로부터 독립시켜 잉글랜드 교회Church of England, Anglican Church, 성공회를 설립하고 왕을 교회의 우두머리(수장)로 만드는 게 이 법의 핵심이다. 이제 영국 왕이 교회의 대주교와 주교 등 모든 성직자들을 임명할 수 있었다. 교황은 더 이상 영국 교회 내 성직자 임명에 관여할 수 없게 되었다. 의회

케임브리지 트리니티컬리지 정문 위에 있는 헨리8세의 동상
(필자 촬영)

는 또 수도원 해산도 결정해 왕은 수많은 수도원 재산을 몰수했다. 1539년 말까지 영국에 있던 수도원 550개가 폐쇄되었고 연 수입 13만2천 파운드의 토지가 왕실 소유가 되었다. 왕의 재산 가운데 약 6분의 1 정도가 수도원 몰수에서 나왔다. 수도원의 연 수입은 현재 가치로 약 636억 원 정도다.

　글 첫머리에 소개된 트리니티컬리지도 이 당시에 설립되었다. 창립자 헨리 8세로부터 많은 재산을 물려받았기에 이 컬리지가 이후 가장 부유한 단과대학이 될 수 있었다. 이처럼 영국이 교황으로부터 떨어져 나온 이유는 헨리 8세가 재혼하기 위해서였다. 지극히 개인적인 이유 때문에 영국에서 종교개혁이 이루어진 셈이었다. 당시 하원은 왕과 교황의 싸움에 그다지 관심이 없었다. 왕과 교황의 싸움은 흔한 일이었고, 이번에도 그럭저럭 무마되리라 생각했지, 이처럼 완전한 결별을 예상한 사람은 드물었다.

「종교개혁의 샛별 위클리프」편에서 설명했듯이 영국에서는 14세기 말부터 교회의 타락과 부패를 비판하는 정서가 강했고 반교황 흐름이 면면이 이어져 왔다. 마틴 루터의 종교개혁은 1520년대에 잉글랜드에 전해져 지지를 얻었다. 종교개혁 후 캔터베리 대주교가 된 토머스 크랜머Thomas Cranmer는 루터를 지지했다. 크롬웰의 감독 하에 영국에서도 1539년 영어 성경이 발간되었다. 이 성경이 성공회 예배에서 사용되었다.

중앙집권화와 해군의 창설

헨리 8세는 절대왕권을 확립하기 위해 추밀원Privy Council의 기능을 확립했다. 핵심 대신을 포함해 15~20명 정도의 위원들로 구성된 이 기구는 정기적으로 모여 중앙행정 전반을 통제하고 지방행정도 감독했다. 이전에 왕실의 일부 관리들이 맡았던 중앙행정은 집행 관리직secretary of state을 만들어 이들이 업무의 이행을 점검했다. 집행 관리직은 현대 내각제에서 장관이다. 종교개혁으로 교회법정이 폐지되어 잉글랜드의 모든 분야에 보통법이 적용되었다. 이 역시 중앙집권화를 촉진했다.

그는 또 해군부를 창설하고1546년 함대를 최신식 무기로 무장하게 했다. 즉위 기간 중 선박 수가 4배로 늘어났고 스페인보다 사정거리가 길고 기동력이 뛰어난 함포를 함대에 장착했다. 이런 토대가 마련되었기에 차후 엘리자베스 1세가 당시 최강국이던 스페인과 전쟁을 치를 수 있었다.

그의 치세 때 웨일스는 잉글랜드와 통합되었다. 1536년 튜더 연합법The Tudor Acts of Union을 제정해 웨일스 의회를 잉글랜드 의회에 통합했다. 이에 따라 웨일스 지역은 12개 주로 나뉘어졌고 하원 의석 24석을 배당받았다. 이곳에 잉글랜드 법이 시행되었고 영어를 공용어로 쓰게 만들었다.

헨리 8세는 6명의 왕비 가운데 2명을 처형했고, 심복이었던 토머스 크롬웰과 같은 대신을 처형하는 것도 주저하지 않은 잔혹한 군주였다. 『유토피아』로 유명한 인문주의자이자 대법원장을 지낸 토머스 모어Thomas More도 왕이 잉글랜드 교회의 수장임을 인정하지 않았다는 이유로 참형을 당했다. 몇몇 옥스브리지 학자와 학생들, 그리고 일반 백성들도 왕의 종교개혁을 비판하다 죽임을 당했다. 훗날 찰스 디킨스는 그를 "스캔들 메이커," "도저히 참아줄 수 없는 악당"이라고 혹평했다. 19세기 산업혁명의 절정기, 가난한 사람의 친구였던 디킨스가 보기에 왕은 수많은 백성을 무고하게 죽인 악당이었다.

그래도 헨리 8세는 당시 스페인과 프랑스라는 강대국의 틈바구니에서 잉글랜드의 위상을 확립했다. 또 강력한 왕권의 기틀을 마련했고 해군부를 창설하고 함대를 현대화했다. 헨리 8세의 업적과 잘못의 비중을 얼마로 잡을 수 있을까?

종교적으로는 파란을 겪었지만, 튜더 왕조 시기는 영국 역사에서 왕의 권력이 의회를 넘어섰던 처음이자 유일무이한 시대였다.

대제국의 기초를 닦은 여걸
엘리자베스 1세

엘리자베스 1세 시대는 흔히 영국의 르네상스 시기라 불린다. 인도와도 바꾸지 않겠다는 대문호 셰익스피어가 활동했고, 스페인 무적함대를 물리쳐 대제국의 기초를 닦았다.

헨리 8세는 종교개혁과 철권통치로 영국 사회를 뒤흔들어 놓았다. 그의 사후 잉글랜드는 혼란에 휩싸였다. 어린 아들 에드워드가 즉위했으나 6년 만에 숨졌고 첫째 왕비 캐서린이 낳은 메리재위 1553~1558가 왕이 되었다. 가톨릭 신자였던 메리는 스페인의 왕자와 결혼했고 신교도를 대대적으로 탄압했다. 4년 남짓한 치세 동안 약 300여 명의 신교도들이 이단으로 죽임을 당했다. '피의 메리'Bloody Mary라는 별명이 생겨나게 된 이유다. 또 프랑스와 스페인의 전쟁에 개입하여 프랑스에 남아 있던 잉글랜드의 마지막 땅 칼레마저 빼앗겨 버렸다(1558년). 이복동생인 엘리자베스에게 모반 혐의를 씌워 런던탑에 가두기도 했지만, 결국 죽기 전 자신의 후계자로 엘리자베스를 지목한다. 엘리자베스는 겨우 목숨을 부지해 1558년 왕위에 올랐다.

국교회 재확립, 청교도의 대두

엘리자베스 1세1533~1603, 재위 1558~1603는 25살의 나이로 백성의 열렬한 환호성을 받으며 왕이 되었다. '피의 메리'에 지친 백성은 종교적 갈등을 해결하고 국가 기틀을 확립할 왕을 원했다.

즉위 다음해 1559년 그는 국교회의 기본 원칙을 다시 확립했다. 국교로서 국교회를 재확인했고 칼뱅주의의 예정설(하느님이 자비로 인간을 구원한다. 인간이 노력해서 구원을 받은 게 아니라는 16세기 종교개혁가 장 칼뱅의 교리)을 교리로 결정했다. 반면 가톨릭식의 주교와 교회 조직은 그대로 두었다. 성직자의 결혼이 허용되었고 영어 기도서와 영어 예배도 허용되었다. 그 뒤 1572년 프랑스에서 4~5만 명의 신교도가 학살된 성 바르톨로메오 대학살(8월 23일부터 이틀간 발생)이 발생하기 전까지는 영국의 가톨릭 신자도 비교적 종교적 관용을 인정받았다. 그러나 이 사건 후에는 사정이 달라졌다. 너무나 큰 충격을 받은 당시 영국 신교도들이 가톨릭을 규탄했기 때문이다. 청교도라 불리는 퓨리턴puritan도 이 때 등장했다. 이들은 국교회에서 가톨릭의 모든 것을 일소(정화)해 버리려 했다. 정화한다는 단어purify에서 퓨리턴이 나왔다. 성찬식이나 교회예술을

엘리자베스 1세의 초상화

부정하고 성경 읽기와 신과 개인의 관계, 도덕과 설교를 중시했다. 하지만 엘리자베스 여왕은 극단적 가톨릭과 극단적 신교도 모두를 배격했다. 퓨리턴은 할 수 없이 지하로 숨어들었고 17세기 중반 청교도 혁명 때 다시 주역으로 등장한다.

해적을 사령관으로 임명하고 스페인 무적함대를 물리치다

1588년 여왕이 즉위했을 때 부채가 눈덩이처럼 쌓였다. 재정적 어려움을 타개하기 위해 세수 증대를 요청했으나 청교도가 점차 세력을 확대중인 의회는 이를 거부했다. 할 수 없이 여왕은 임시방편으로 왕이 소유한 땅을 팔아 일부 정부 재정을 조달했다.

다른 방편도 있었다. 여왕은 해적들에게 면허증**Letter of Marque, 사략허가증**을 주고 이들이 스페인으로부터 약탈한 금품을 일부 나누어 가졌다. 당시 최강대국이던 스페인과 정면충돌을 피하면서 수익을 올리는 묘안이었다. 국가 공인 해적 중 일부는 영국 해군의 사령관이 되어 1588년 스페인 무적함대를 물리치는데 일등 공신이 되었다.

16세기에 스페인은 남아메리카에 식민지를 개척했고 이곳의 황금을 약탈해 강대국으로 군림했다. 당시 세계 은의 3분의 1을 스페인이 보유했다. 허가를 받은 해적들은 금은을 싣고 오는 스페인 선박을 공격했다. 해적들이 스페인 군에게 잡힐 경우 이들을 포로로 대우하게끔 했고, 미리 계약을 맺어 약탈한 금은을 정부와 분배하는 확실한 유인책을 제공했다.

서더크에 있는 드레이크의 기함, 골든하이드 호의 복원 모형

당시 크게 이름을 떨쳤던 해적이 존 호킨스John Hawkins와 그의 사촌인 프랜시스 드레이크Francis Drake다. 여왕은 스페인 선단을 공격해 약탈로 유명한 호킨스를 해군사령관으로 임명하고 해군력을 증강했다. 1572년 드레이크는 사령관이 내준 군함 두 척과 경험이 풍부한 선원 73명을 이끌고 카리브 해안을 급습했다. 과감한 기습공격으로 드레이크는 5만 파운드 정도의 스페인 금은을 빼앗을 수 있었다. 3년 후 그는 마젤란 해협을 건너 태평양에 이르는 길을 새로 개척하고 이 해로에서 수많은 성과를 거두었다. 이 때 모두 150만 파운드의 스페인 금은보화를 약탈했는데 이는 당시 영국 왕실의 3년치 수입액 정도였다. 여왕은 드레이크가 들어온 플리머스 항을 친히 찾아가서 그에게 기사 작위를 내리고 해군 사령관으로

임명했다.

　강대국의 체면이 크게 손상된 스페인은 영국과 일전을 벼르고 있었다. 스페인에 반란을 일으킨 네덜란드(당시 네덜란드는 독립 전으로 통합네덜란드지역United Dutch Province이었음)를 영국이 지원한 것도 강대국의 심기를 건드렸다. 스페인은 신대륙에서 약탈해오는 금은보화 운송로를 보호하기 위해 무적함대를 양성해 운용 중이었다. 1588년 7월 스페인은 100여 척의 대형군함으로 이루어진 무적함대를 영국으로 보냈다. 이 중 60척은 대형 선박으로 2천여 문의 대포가 실렸다. 정예 병사 2만 3천여 명을 포함해 약 3만여 명이 이 함대에 속해 있었다. 반면 영국은 대형과 소형 선박을 포함해 140여 척, 병사와 선원은 고작 9천 명에 불과했다. 전투는 7월 28일 무적함대가 정박한 프랑스의 칼레 항에서 시작되었다. 영국군은 무기와 전략, 리더십에서 스페인을 압도해 대승을 거두었다.

　영국 군함은 스페인에 비해 훨씬 작았지만 속도가 빨랐고 대포의 사정거리도 길었다. 대포도 갑판뿐 아니라 선체 각 층에 설치돼 있어 발포가 매우 쉬웠다. 스페인 군함은 배의 머리와 꼬리에만 대포가 장착돼 있어 적 군함과 마주 볼 때에만 발사가 가능했다. 영국 해군은 이런 이점을 바탕으로 치고 빠지는 전술을 아낌없이 발휘했다. 자연도 영국을 도왔다. 전투 8일째 되던 날 강한 편서풍이 불자 드레이크 사령관은 낡은 상선에 화약을 싣고 스페인 대형 군함에 가까이가게 했고 멀리서 이 군함에 실려 있는 화약에 불화살을 쏘았다. 이 화공 작전으로 스페인 함대의 진형은 와해되었고, 이날에만 5척의 군함을 잃었다. 스페인 함대는 아일랜드 쪽으로 돌아서 두 달 만에 가까스로 귀환할 수 있었다. 43척의 배를 잃고 병사의 절반이 전사한 뼈아픈 회군이었다.

영국 해군에게는 스페인 근해와 서인도 제도 바다까지 진출해 스페인 해상 교통로를 차단할 수 있는 기회가 열린 셈이었다. 영국의 해상권 장악은 이때부터 시작되었다.

상공업과 농업의 발달

돈을 모은 직물업자가 새로운 공업기술을 도입했다. 에섹스 주 콜체스터 시에서 만든 신직물은 기존 것보다 더 가볍고 결이 고와 인기가 있었다. 네덜란드에서 종교적 박해를 피해온 신교도 위그노Huguenot들이 이런 기술을 전수해주었다. 석탄산업도 이때 발달했다. 소금을 만드는 제염이나 당을 만드는 제당, 그리고 유리제조업에서 석탄을 연료로 사용하게 되었다. 런던 시민들도 숲이 사라지면서 나무 땔감 사용이 어려워지자 석탄을 쓰게 됐다. 관련된 제철업과 금속공업도 발달하게 되어 여왕 말기에 수출용 대포를 많이 생산했다. 상인들의 신항로 탐험도 잇따라 계속되었다. 16세기 중반에 아프리카 해안에 진출해 금과 후추, 노예무역까지 종사한 상인들이 등장했다. 16세기 말에는 발트 해로 진출해 교역이 가능해졌다. 1600년, 최초의 주식회사이자 훗날 19세기에 인도를 식민지로 만드는 데 결정적인 역할을 하게 되는 동인도회사가 이때 설립되었다. 이 회사는 인도와 중국 등 아시아와의 무역을 독점하는 허가를 여왕으로부터 받았다.

농업도 생산력이 높아졌다. 농민들은 거름을 주는 횟수를 늘려 토지를 효율적으로 이용했다. 16세기에 급증하는 인구를 먹여 살릴 수 있었던 것도 농업 생산성이 크게 향상되었기 때문이다. 13세기에는 1에이커(약 3천 여 평 정도)에 평균 6~12부셸(1부셸은 약 27.2킬로그램)의 밀이 생산되었다. 엘리자베스 1세 시대에는 평균 16~20부셸로 생산량이 2.5배 이상 늘어났다.

셰익스피어가 맹활약한 글로브 극장

엘리자베스 여왕이 45년간 영국을 통치하는 동안 문화도 융성했다. 이탈리아에서 시작된 문예부흥(르네상스)은 여왕 통치 기간에 영국에서 꽃을 피웠다. 대영제국의 진주라 불리는 식민지 인도와 바꾸지 않겠다고 언급된 윌리엄 셰익스피어William Shakespeare, 1564~1616도 이때 활동했다. 그는 템스 강 남쪽의 서더크Southwark 강변에 소재한 글로브Globe 극장에서 그의 작품을 상연했다.

셰익스피어는 1564년 잉글랜드 중부의 자그마한 동네 스트래트포단 에이븐Stratford-upon-Avon에서 태어났다. 21살에 런던에 간 뒤 극단에서 헤드레일을 하면서 연극 작품을 쓰기 시작했다. 1591년 사극 『헨리 6세』로 선풍적인 인기를 끌었고, 이후 『로미오와 줄리엣』 등 37편이 넘는 연극과 시(소네트, Sonnet) 154수를 남겼다.

원래 극장은 런던 밖에서만 설립할 수 있었다. 하지만 여왕이 런던 시내에서 극장 설립을 허용하자 시내 곳곳에 극장이 들어섰다. 잉글랜드의 국력이 커지고 경제가 발전하면서 극장을 이용하는 시민이 적지 않았다. 공공 극장은 관객 2천 명 정도를 수용할 수 있었고, 개인 극장은 왕실과 귀족이 주로 이용했는데, 오늘날로 치면 클럽과 유사했다. 규모는 작았지만 내부 시설은 훨씬 고급스러웠다. 셰익스피어가 활동한 글로브 극장은 1599년 세워졌으나 1644년 철거되었다. 1997년 원래 극장의 모습을 충실히 재현하여 바로 그 장소에 다시 같은 이름의 극장이 완공되었다. 세계 각국에서 해마다 수십만 명의 팬들이 이 극장으로 와서 대문호의 작품을 관람한다. 이 극장에서 도보로 10분 정도 강가를 따라 내려가면 드레이크가 태평양 항해에 이용했던 기함, 골든하인드 호의 복원 모형을 볼 수 있다.

가톨릭 국가의 대표이자 최강대국이었던 스페인의 펠리페 2세, 스웨덴 왕, 프랑스 왕자 등 처녀왕 엘리자베스에게는 수많은 청혼이 들어왔지만 엘리자베스는 결혼을 정치 이상의 것으로 보지 않았다. 국민과 의회의 요청에는 "짐은 국가와 결혼했다"고 응수했다.

"양이 사람을 잡아먹고 있다"
인클로저 운동과 사회경제적 토대 변화

공유지에 울타리를 쳐서 양을 키운 인클로저 운동은 농촌 공동체를 파괴하고
수많은 빈민을 양산했다. 그러나 역설적으로 이 운동은 농업 생산력을 높이고,
돈을 모은 영주와 귀족을 자본가로 탈바꿈하게 해주었다.

사람보다 양이 더 대접받은 인클로저 운동

"그렇게 흔히 볼 수 있는 유순하고 귀엽던 양들이 너무 탐욕스럽고 사
나워서 사람들을 잡아먹고 있다고 들었네. 양들이 들판과 집, 그리고 도
시를 황폐하게하고 사람을 떠나게 하네. 어떤 땅에서라도 양은 가장 멋
지고 비싼 양모를 생산하네. 귀족과 젠트리, 대개 성스러운 몇몇 수도원
장까지도 땅에서 나온 지대에 만족하지 않네. 이들은 사회에 선을 행하
지 않고 게으르고 화려하게 사는 것에도 더 이상 만족하지 않네. 이들은
긍정적인 나쁜 짓을 저질러야만 하네. 이 사람들은 어떤 땅도 가만두지
않네. 1에이커의 땅이라도 목초지를 만들려고 울타리를 치지. 집과 도시
를 파괴하고 교회와 양우리만 남기네."

George M. Logan and Robert M. Adams, eds, *Utopia*,
Cambridge University Press, 1989, 15쪽.

1516년 발간된 토머스 모어의 『유토피아』에 나오는 구절이다. 선원으로 표류하던 중 이상향, 지구상에 존재하지 않는다는 뜻을 지닌 유토피아에서 살다 온 라파엘 히드로다에우스는 당시 영국 현실과 이상향을 대비하면서 설명한다. 이 첫 문장을 간단하게 요약해 흔히 "양이 사람을 잡아먹고 있다"고 표현한다. 어떻게 양이 사람을 게걸스럽게 잡아먹게 되었을까?

15세기부터 17세기까지 계속된 1차 울타리 치기 운동인클로저, en-closure에서 그 답을 찾아야 한다. 영어로 인클로즈enclose는 울타리를 친다는 의미다(명사는 인클로저enclosure). 당시 영국 농촌의 토지는 영주 직영지와 농민 보유지 사이에 울타리가 없는 개방경지였다. 보통 1천 헥타르(약 3천여 평) 정도 되는 장원의 땅이지만 울타리나 길로 명확하게 구분되지 않았기에 밭 갈기나 수확, 소를 놓아기르는 방목을 촌락 거주민들이 함께하고 소작료를 낸 후 수확물을 배분했다. 관례에 따라 각 농가가 재배하는 곡물의 종류까지도 정해진 경우가 많았다.

그러나 1492년 콜럼버스의 신대륙 발견 후 양모 수요가 급증했다. 농사를 짓는 것보다 양을 길러 털을 뽑아 파는 게 훨씬 더 많은 돈을 벌 수 있었다. 양치기 몇 명만 있으면 됐기에 인건비도 적게 들었다. 귀족들은 소유한 농지는 물론이고 숲과 들판, 소택지 등 장원의 공유지에 살던 농민을 내쫓고 이런 곳에 울타리를 쳤다. 농민들은 하루아침에 정든 땅을 떠나야 했다. 이들은 가재도구도 헐값에 팔아버리고 다른 고장을 떠돌며 유랑 생활에 나섰다. 거지, 혹은 값싼 임금을 받는 농업 노동자로 전락하는 경우도 많았다. 헨리

7세가 튜더가를 연 15세기 말부터 인클로저 금지령과 법을 공포했으나 귀족 그리고 신진세력으로 부상한 젠트리들의 강력한 반대에 부딪쳐 현실은 나아지지 않았다.

젠트리들의 부상은 15세기 말 장미전쟁과 관련이 있다. 이때 많은 귀족들이 사망했기 때문이다. 젠트리들은 사망한 귀족의 토지를 매입해 부를 쌓았고, 의회에도 진출해 기득권을 지키기 위해 목소리를 높였다. 1549년 6월, 농민들이 인클로저에 반대해 반란을 일으켰으나 무자비하게 진압되었다.

인클로저 초기에 정부는 귀족이나 젠트리 등 가진 자의 편에 섰다. 헨리 8세는 '걸인과 부랑자 처벌법'을 제정했다. 나이가 들었거나 장애 등으로 노동을 할 수 없는 사람은 등록을 해야 구걸을 허용했다. 노동할 수 있거나 나태한 사람은 체포해 매로 때린 뒤 고향으로 추방했다. 심지어 세 번 체포되면 사형에 처하는 매우 잔인한 조항도 있었다.

엘리자베스 1세 시대인 1601년, 구빈법Poor Law이 시행되었다. 이 법에 따라 노동능력을 상실한 빈민 구제는 교구가 맡았다. 1500개 정도의 교구마다 두 명의 빈곤 감독관이 있어 지주로부터 빈곤세를 거두어 이 돈을 썼다. 신체가 건강한 빈민은 구빈원에서 일을 해야 했고, 장애 때문에 일이 어려운 사람은 도움을 받았다. 이 구빈법은 산업혁명이 한창 진행 중이던 1834년 개정될 때까지 영국의 기초적인 복지정책 중 하나였다.

인구급증과 인플레이션, 계속된 인클로저 운동

인클로저 운동과 거의 비슷한 시기에 인구가 크게 늘어났고, 신대륙의 발견으로 인플레이션이 일어났다. 사회경제적 토대도 이전과는 조금씩 달라졌다. 흑사병이 창궐한 직후인 1377년 200만여 명 정도였던 잉글랜드 인구는 1540년에 300만 명, 엘리자베스 1세가 사망한 1603년에는 410만 명으로 폭증했다. 명예혁명이 끝난 1688년에는 490만 명 정도로 증가했다. 16세기는 잉글랜드 안에서 전쟁이 없던 시기였고, 경제도 발전하면서 영양 상태와 주거환경이 개선되었다. 이외에 결혼연령이 낮아진 점도 인구증가에 기여했다. 농업생산성이 크게 향상된 점도 인구증가를 도왔다.

물가는 1540년 이후에 크게 올랐다. 스페인이 남미로부터 많은 금은을 들여와 이게 유럽 각국에 퍼졌다. 그 당시에는 지폐가 없었고 금이나 은으로 발행한 주화가 돈이었다. 시중에 나도는 주화가 많아지니까 화폐 가치가 낮아졌다. 여기에 헨리 8세는 사치스러운 궁정생활을 유지하고 군비를 마련하기 위해 더 많은 화폐를 찍어내 물가상승을 부추겼다. 시중에 도는 주화는 많아지는데, 상품을 살 인구도 급증하다 보니 물가가 크게 올랐다. 16세기 후반에는 약 60퍼센트 증가했다. 이런 상황에서 목초지용 토지를 구입하자면 귀족들은 지대를 더 많이 요구할 수밖에 없었다. 그만큼 농민의 생활은 더 어려워졌다. 1549년 반란은 이런 상황에서 발생했다.

2차 인클로저 운동은 18~19세기에 훨씬 더 큰 규모로 일어났다. 2차 인클로저는 비공식적으로 많은 폭력을 수반했던 1차 때와는 다르게 전개되었다. 의회가 관련법을 통과시키는 합법적인 과정을 거쳤다. 1720~1750년 100개의 관련 법안이 비준되었고, 1760~1790년에 900개, 1793~1815년에 약 2천 개의 법이 만들어졌다. 1830년대에는 영국 내 거의 모든 토지에 울타리가 쳐졌다. 약 4~5만 개의 소규모 농경지가 사라졌고, 이런 공유지에 의존해 살아오던 소규모 자영농은 아무런 보상을 받지 못했다. 이들은 농업 노동자나 공장 노동자가 될 수밖에 없었다.

인클로저 운동은 영국의 자본주의 발달에 큰 영향을 끼쳤다. 일부 영주나 귀족은 큰돈을 모아 자본가가 될 수 있었다. 농촌에 거주하던 농민들이 도시로 대거 이동해 산업혁명에 필요한 값싼 노동력을 제공했다. 1750년 영국의 도시 인구는 전체의 21퍼센트를 차지했으나 백 년이 지난 뒤에는 52퍼센트로 늘어났다.

『국부론』을 쓴 애덤 스미스(Adam Smith)는 일부 부지런한 노동자가 돈을 벌어 덜 부지런한 노동자를 고용하는 것을 원시적 자본축적으로 이해했다. 반면 마르크스는 귀족이나 영주들이 폭력으로 농민을 몰아내고 큰돈을 벌어 자본가가 되었다고 본다. 그의 『자본론』 1권은 1차 인클로저 운동의 잔혹성을 비판하면서 이게 원시적 자본축적 과정의 하나였음을 밝힌다.

왕과 의회의 피 흘린 싸움
청교도혁명 1642~1649

찰스 1세는 멋대로 세금을 부과했고 절대왕권을 휘두르면서 의회와 충돌했다.
의회 권한을 중시하는 올리버 크롬웰이 의회파를 이끌며 왕을 지지하는
왕당파와 내란을 벌였다. 의회파의 다수를 차지한 청교도가 핵심 역할을
수행해 승리했다. 이것이 청교도 혁명이다.

스튜어트 왕조 열리다

엘리자베스 Ⅰ 세는 1603년 3월에 숨을 거두었다. 그는 숨
지면서 스코틀랜드의 제임스 6세를 왕위계승권자로 지정했다. 이
해에 스코틀랜드는 잉글랜드에 합병되었으나 의회와 군대는 그
대로 유지했다. 그가 잉글랜드로 와서 제임스 1세1603~1625가 되었
고 스튜어트 왕조를 열었다. 그는 여왕과 사촌지간인 메리 스튜어
트의 아들이다. 1542~1567년 스코틀랜드 여왕으로 재직하다 쫓겨
서 잉글랜드로 온 메리는 잉글랜드에서 구교도와 힘을 합쳐 몇 차
례나 엘리자베스를 살해하려는 역모에 가담했다. 구교도 가톨릭의
대국이던 스페인도 이 역모를 비밀리에 지원했다. 스페인의 펠리
페 2세가 무적함대를 보내 영국을 '손보려 한 것'도 영국이 자국의
식민지를 넘보는 것과 함께 종교 간 갈등이 한몫했다. 제임스 1세
는 친스페인과 친가톨릭 정책을 실행해 의회와 종종 갈등했다. 그
의 친가톨릭 정책 때문에 1620년 102명의 청교도들이 신앙의 자

유를 찾아 미국으로 가서 뉴잉글랜드에 최초의 식민지를 건설했다. 그의 아들 찰스 1세재위 1625~1649와 의회와의 갈등은 결국 내란으로 번졌다.

왕당파와 의회파의 내전, 청교도혁명

찰스 1세는 구교도 국가인 프랑스의 공주 앙리에타 마리와 결혼했다. 아버지와 마찬가지로 왕권신수설(왕의 권한은 신이 부여했고 절대적이라는 주장)을 신봉한 그는 왕실의 상품 독점권을 고집했고 돈을 받고 관직을 파는 행위도 서슴지 않았다. 이에 1628년 소집된 의회는 왕의 자의적인 권한 행사를 제한하는 권리청원Petition of Rights을 제시했다. 의회의 승인을 받지 않은 과세, 민가에서 군인의 숙영, 재판 없는 구금, 계엄령 금지가 주요 내용이다. 권리청원은 1215년 대헌장이 규정한 과세권을 재확인하고 당시 상황에 맞는 다른 권리도 추가했다. 귀족이 모인 상원도 의회의 권한을 주장해 상하 양원 모두 왕에게 승인을 요구했다. 의회의 압력 때문에 왕은 임시방편으로 이 청원을 받아들였으나 계속해서 비판자들을 멋대로 체포했다. 의회가 이미 거부했던 세금도 거두었다. 원래 선박세ship money는 전쟁 때 항구도시의 배를 국가가 징발하거나 징발 대신 세금을 납부하게 하는 제도다. 오직 국가 비상시에만 의회의 동의 없이 징수할 수 있는 왕의 특권으로 인정됐다. 그러나 왕은 이 세금을 내륙에 있는 도시까지 의회의 동의 없이 부과했다. 곤궁해진 왕실 재정을 메꾸기 위해서였다.

찰스 1세의 처형 모습

　여기에 기름을 부은 게 종교상의 갈등이다. 그는 가톨릭 성향의 주교를 임명해 성찬식을 강조하고 새로운 기도서를 배포하는 등 일부 가톨릭 전통을 복원해 유지하려 했다. 잉글랜드뿐 아니라 장로교가 강했던 스코틀랜드에서도 반발이 커졌다. 1637년 스코틀랜드에서 왕의 종교 강요에 반발하는 봉기가 일어난 후 전쟁 발발 위협이 커졌다. 전쟁 준비로 돈이 필요해진 왕은 마지못해 1640년 의회를 소집했다. 11년 만에 소집된 의회는 왕이 권리청원을 지키지 않았음을 강력하게 비판하고 대 스코틀랜드 정책을 논의했다. 그러나 왕은 3주 만에 의회를 해산하고 외교정책이 자신의 특권이라며 반대파 지도자 5명을 체포하려 했다. 결국 이게 도화선이 되어 1642년 내전이 일어났다. 바로 잉글랜드 내전이다.

당시 의회는 젠트리가 주도했다. 백년전쟁과 장미전쟁으로 세습 귀족이 많이 죽으면서 귀족들의 세력이 점차 줄어들었다. 또 헨리 8세가 종교개혁을 단행하면서 수도원 토지를 몰수하자 일부 젠트리가 이를 사들였다. 이렇게 부를 쌓은 젠트리가 당시 의회에서 다수를 차지했다. 젠트리 가운데 일부는 왕을 지지하는 왕당파가 되었고 일부는 의회의 권한을 지지하는 의회파가 되었다. 이 두 파가 주축이 되어 내전이 6년 넘게 지속되었다. 경제적으로 낙후된 지역이었던 잉글랜드 북서부에는 왕당파가, 경제적으로 발달했던 동남부에서는 의회파가 우세했다. 옥스퍼드 대학교는 왕당파의 중심지이었다. 여기에는 1642~1646 동안 찰스 1세가 이끄는 왕당파의 본부가 있었고 대학교는 불가피하게 왕당파 지지자들이 많았다. 반면 케임브리지 대학교는 의회파의 중심지가 되었다.

내전 초기에는 정규군이 중심이 된 왕당파가 우세했다. 그러나 의회파를 이끌던 올리버 크롬웰Oliver Cromwell, 1599~1658이 청교도를 중심으로 철기군(Ironsides. 갑옷을 입어 철기군으로 불렸다. 차후 신형군New Model Army으로 개칭했다)을 조직한 뒤에는 상황이 역전되었다. 기병인 이들은 엄격한 규율 하에 종교적 신념을 지녔고 갑옷으로 무장해 전투에서 크게 승리했다. 크롬웰은 케임브리지 인근 헌팅던Hungtingdon 출신의 젠트리로 케임브리지 대학교에서 공부하던 중 청교도가 되었다. 그리고 1649년 1월, 찰스 1세의 사형을 끝으로 내전은 종식을 맞이한다.

청교도가 중심이 된 이 내전은 흔히 청교도혁명으로 불린다. 왕
당파와 의회파 모두 지주층으로 사회경제적 배경에는 별다른 차이
가 없었다. 그러나 종교상의 갈등, 왕과 의회와의 갈등과 같은 여러
가지 요인이 복합적으로 작용해 찰스 1세는 단두대의 이슬로 사라
졌다.

1640년 봄 찰스 1세는 전쟁준비를 위해 11년 만에 의회를 소집했으나 의회가 왕의 과
세요구를 강력하게 비판하자 3주 만에 의회를 해산했다. 단기간에 의회가 존속해 단기
의회(Short Parliament)라 불린다. 그해 가을에 다시 의회가 소집되어 1660년 봄까지
존속했다. 이는 장기의회(Long Parliament)다. 크롬웰이 내전에서 승리를 거둔 후 찰
스 1세의 처형을 지지하는 독립파 의원들만 남게 되었다. 군이 의회를 습격해 처형을
주저하는 의원들을 쫓아냈기 때문이다. 일부 의원들만 남게 되어서 잔부의회(Rump
Parliament)라 불린다.

올리버 크롬웰
왕의 시해자인가 의회파 영웅인가?

청교도 혁명을 지휘해 승리를 이끈 올리버 크롬웰이 공화국을 선포했다.
호국경에 취임한 그는 프랑스 덩케르크Dunkerque를 스페인으로부터 빼앗아
대륙에 교두보를 확보했다. 크롬웰의 엄격한 청교도 통치에 영국인들은
지쳐갔고, 그의 사후 왕정복고가 이루어졌다.

11년간 유지된 잉글랜드 공화국Commonwealth of England

내전에서 승리한 크롬웰은 1649년 5월 19일 공화국 출범을 선포했다. 그러나 아일랜드 및 스코틀랜드와의 전쟁은 한동안 계속되었다.

많은 왕당파 인사들이 아일랜드로 도주해 아일랜드인과 손잡고 잉글랜드에 다시 왕정을 세우려는 계획을 짰다. 1만2천여 명의 왕당파가 집결하자, 크롬웰은 공화국이 출범하자마자 대규모 함대를 이끌고 아일랜드 원정에 나섰다. 1652년, 3년간의 전쟁 끝에 크롬웰은 아일랜드를 복속시켰다. 이 전쟁으로 아일랜드 사람 3분의 1이 목숨을 잃었고 1만 헥타르의 땅이 황무지로 변했다. 정복된 아일랜드에는 잉글랜드인이 대거 이주했다. 저항한 아일랜드인의 토지는 몰수되어 이곳에 정착한 잉글랜드 개신교에게 분배되었다. 아일랜드 토지의 3분의 2 정도가 이들 차지였다. 개신교 이주민들은 아일랜드 각 분야에서 지배층으로 군림했다. 이런 가혹한 정책

은 구교가 대부분이었던 아일랜드 원주민에게 뼈에 사무친 증오심을 남겨 주었다. 크롬웰은 또 1650년 스코틀랜드로도 출병해 2년 만에 스코틀랜드군을 격파했다.

막강해진 크롬웰은 부패한 의회 해산과 새로운 의회 소집을 요구하는 군대와, 이에 반대하는 의회 간 중재를 시도했다. 그러나 의회가 해산을 거부하고 새로운 선거법을 의결하자 의회를 해산하기에 이르렀다. 1653년 12월 크롬웰은 잉글랜드와 스코틀랜드, 아일랜드를 통치하는 호국경Lord Protector이 되었다. 내정과 외교, 군사, 입법권까지 장악한 독재자의 탄생이었다. 1658년 그의 사망 후 아들 리처드가 호국경으로 취임했으나 유약한 성격에 군대를 장악할 수 없어 1659년에 사임했다. 찰스 1세의 장남이 도피 중이던 프랑스에서 1660년 귀국해 다시 왕정이 복구될 때까지 영국은 11년간 공화국이었다. 2천 년이 넘는 영국 역사에서 유일한 공화국 시기였다. 왕당파들은 이 시기를 왕이 없었다고 해서 공위空位 기간interregnum이라 부른다.

성공적인 외교, 억압적이던 국내정치

호국경은 공세적인 대외정책을 시행했다. 1651년 공포된 항해법Navigation Act에 따르면 유럽의 상품을 잉글랜드로 수입할 때는 잉글랜드 선박이나 상품 생산국의 선박을 사용해야 한다. 그 외 지역(비유럽지역)의 물품을 잉글랜드나 잉글랜드 식민지에 운송할 때에는 잉글랜드 배나 잉글랜드인 소유의 선박만을 이용해야 했다.

영국 해운업 진흥을 목표로 한 이 법은 해상무역을 장악했던 네덜란드에 큰 타격을 주었다. 결국 이듬해 네덜란드와 일전을 벌어졌고, 영국이 승리해 이 법은 시행되었다. 1658년에는 스페인이 차지한 프랑스의 덩케르크Dunkerque를 획득했다. '피의 메리'가 백 년 전에 칼레마저 빼앗긴 이래 영국은 유럽 대륙에 교두보가 없었다. 백 년 만에 덩케르크를 차지해 대륙의 교두보를 마련했다.

내정에서는 강압정치가 유지되었다. 호국경 크롬웰은 1655년 왕당파의 반란을 진압한 후 잉글랜드를 11개의 군사 지역으로 나누어 직접 통치했다. 사회 전반에는 극단적인 청교도 정책을 시행했다. 도박과 연극을 못하게 했고, 술집의 문을 닫게 했으며 경마와 투계 등의 놀이도 금지했다. 순찰병이 각 지역을 순회하며 감시했다.

카리스마 넘치던 크롬웰이 사망한 뒤, 그의 아들 리처드의 치세는 9개월에 불과했다. 시민들은 크롬웰이 강요하던 엄격한 청교도식 생활방식에 지쳐 있었다. 군대 지휘관들도 지휘관인 크롬웰이 죽자 갈등이 커졌다.

청교도혁명부터 공화국의 종말까지 20여 년의 경험은 잉글랜드 사회에 여러 유산을 남겨 놓았다. 이 기간 중 종교상의 갈등이 빈번했는데 비국교회인 청교도(퓨리터니즘)가 뿌리를 내려, 종교의 자유가 점차 확립되는 계기가 되었다. 또 절대왕권을 견제하는 제도로써 의회의 기능이 인정되었다. 공화국이 끝나고 왕정을 다시 도입할 때조차 먼저 의회가 결의한 후 왕을 불러 들일 정도였다.

올리버 크롬웰에 대한 후세의 평가는 극과 극을 달린다. 2002년 BBC가 실시한 위대한 영국인 10인 조사에서 크롬웰은 10위를 차지했다. 몇몇 역사학자들은 크롬 웰이 스코틀랜드와 아일랜드의 가 톨릭교도를 무자비하게 탄압했고, 의회를 냉대한 점을 들어 그를 독 재자 혹은 '왕의 살해자'라 비판했 다. 그러나 후세의 시민들은 결과 적으로 의회의 권한 강화에 기여 했고 청교도혁명을 주도한 크롬웰 을 다소 긍정적으로 평가한다. 혹 자는 그를 '의회파의 영웅'으로 평

런던 의사당 바깥에 있는
올리버 크롬웰 동상

가한다. 크롬웰은 네덜란드와의 전쟁에서 승리해 잉글랜드를 유럽 의 강대국으로 만들었다. 왕정복고 후 방탕했던 찰스 2세와 비교하 면 호국경이 위대하다는 게 일부 학자의 평가다.

왕정복고 후 1661년, 크롬웰은 부관참시된 뒤 가묘 상태로 이곳 저곳에 흩어져 매장되었다. 1960년 케임브리지 대학교 시드니서 섹스컬리지 부속 예배당 인근에 유골이 매장되었다고 케임브리지 대학교 안내문에 공지되어 있으나, 정확한 매장 위치는 아직까지 비밀이다. 이는 크롬웰이 여전히 논란 속의 인물임을 보여준다.

크롬웰이 세운 잉글랜드 공화국은 영국 역사상 유일한 공화국이었다.

명예혁명은 정말
피를 흘리지 않았는가?

가톨릭 신자 제임스 2세는 즉위 후 가톨릭 신자를 주요 요직에 등용해 의회와 갈등을 빚었다. 의회가 제임스 2세의 딸 메리 공주 및 그와 결혼한 네덜란드의 오렌지공에게 침략을 부탁해 명예혁명이 이루어졌다. 제임스 2세와 함께 싸운 아일랜드는 오렌지공에 의해 무자비하게 진압되었다.

왕정복고와 찰스 2세의 친프랑스(친가톨릭) 정책

왕정복고가 이루어진 1660년에는 내전 이전과 많은 것이 달라졌다. 의회선거가 치러졌고 왕당파가 다수를 차지했다. 새로 선출된 의회는 정부의 구성원을 왕과 상하원 양원이라 결의하고, 왕을 불러오기로 결정했다. 의회가 모셔오는 합법적인 과정을 거쳐 왕을 즉위시킨 셈이다. 이에 따라 프랑스에 피신해 있던 찰스 1세의 장남이 귀국해 찰스 2세로 등극했다. 호국경의 금욕적인 생활에 지쳐 있던 시민들은 찰스 2세를 열렬하게 환호했다.

새 왕 찰스 2세는 현실감각이 있는 사람이었다. 그는 청교도혁명 이전에 스튜어트 왕조를 반대한 사람을 사면했다. 반대로 아버지를 단두대로 보낸 인사 가운데 생존해 있는 26명은 처형했다. 1661년에는 크롬웰의 무덤을 파내 시체를 쇠사슬에 묶어 목을 쳤다. 1662년에는 획일법Act of Uniformity을 제정해 국교회를 다시 인정했다. 모든 성직자들은 국교회 기도서와 교리가 쓰인 39개 조항을 수용해야만 했다. 이 기도서는 20세기 후반까지 사용되었으나 청교도들의 요구는 반영하지 않았다. 왕정복고 시기의 종교정책이 청교도를 인정하긴 했지만, 비국교도로서 여러 가지 불이익을 감수해야만 했다.

프랑스에서 11년간 피신해 있으며 프랑스 왕실의 도움을 받았던 찰스 2세는 프랑스의 태양왕 루이 14세를 존경했다. 찰스는 태양왕에게 자신은 물론이고 잉글랜드를 가톨릭으로 개종하겠다고 비밀리에 약속했으나 발각되면서 의회와 충돌했다. 의회는 가톨릭 신자와 비국교도는 정부 관리와 군대 지휘관이 될 수 없다는 심사법Test Act, 1673년으로 대항했다.

왕과 의회의 갈등이 계속되면서 1679년 의회가 해산되고 그해 선거가 열렸다. 이 선거에서 왕에게 충성하는 사람들은 궁정당Court party, 왕의 친가톨릭 정책을 반대하는 사람은 지방당Country party으로 나뉘어져 경쟁했다. 선거 결과 지방당이 크게 승리하면서 왕의 동생 제임스의 왕위계승배제법안을 계속 추진했다. 찰스에게는 18명의 서자가 있었으나 적자는 없었기 때문에 가톨릭교도인 동생 제임스를 후계자로 만들려 했다. 그러나 지방당이 장악한 의회가 반대하면서 1681년까지 세 차례나 의회 선거가 시행되었다. 이 과정에서 초보적 정당 형태인 토리Tory와 휘그Whig가 형성되었다. 궁정당은 토리로 불리게 되었고 지방당은 휘그라는 이름을 얻었다.

원래 토리는 아일랜드의 가톨릭 도적떼를, 휘그는 스코틀랜드의 장로파 폭도를 가리키는 경멸조의 단어였다. 서로가 상대편을 조롱하면서 쓴 말이 정당의 별명이 된 셈이다. 토리는 왕과 국교회를 지지했고, 반면 휘그는 왕권의 제한과 종교의 자유(비국교도 인정)를 대표했다. 토리는 국교회를 지지했으나 왕권도 존중했기에 당시 가톨릭이던 제임스의 왕위 계승을 찬성했다.

가톨릭 신자 제임스 2세와 명예혁명

제임스 2세재위 1685~1688는 가톨릭교도를 정부 요직과 군 지휘관으로 임명해 의회와 충돌하기 시작했다. 그의 두 번째 처가 1688년 아들을 낳자 가톨릭신자가 또 다시 왕이 될 것이 분명해졌다. 왕이 지나치게 가톨릭으로 기울자 국민정서도 반대하는 기류가 강해졌다. 토리파는 제임스를 지지했지만, 개중에는 국교회 신자도 있었다. 그러나 제임스가 이들을 무시하자 토리파조차 반대파로 돌아섰다. 결국 의회의 토리파와 휘그파, 종교 지도자들이 힘을 합쳐 왕을 몰아내자고 결정했다.

1677년 제임스의 딸 메리는 네덜란드 총독이던 오렌지공 윌리엄(네덜란드어로 오라네 빌렘Oranje Willem)과 결혼했다. 오라네 가문은 네덜란드가 스페인으로부터 독립하기 위해 전쟁을 벌였을 때 공을 세운 유명한 가문이었다. 의회 지도자들은 윌리엄에게 밀사를 보내 침략을 요청했다. 당시 프랑스의 루이 14세가 라인 강 상류의 팔츠 공격에 정신이 팔린 틈을 타서 윌리엄은 1688년 11월 1만5천여 명의 병력을 이끌고 영국에 상륙했다. 영국군 상당수는 귀족들이 이미 윌리엄 편으로 돌아선 것을 보고 정부를 위해 싸우려 들지 않았다. 이 덕분에 오렌지공 윌리엄은 전투도 없이 승리했다. 하지만 장인이 프랑스로 도망가는 것은 눈감아 주었다. 윌리엄이 처 메리와 공동 통치를 요구했기에 이들은 윌리엄 3세1689~1702와 메리 2세로 등극했다.

영국 해안에 도착한 윌리엄 공

이 사건은 피를 흘리지 않고 이루어졌다 해서 명예혁명Glorious Revolution으로 불린다. 명예혁명 후 1689년 소집된 의회는 권리장전Bill of Rights을 발표했다. 원래 정식 명칭은 신하의 권리와 시민적 제 권리를 선언하고 왕의 계승을 정하는 법이다. 모두 13개 항목으로 구성됐으며 주로 왕의 권한을 대폭 제한했다. 그만큼 의회의 권한은 커졌다. 의회의 동의가 없는 법률의 적용 유보나 효력 정지를 금지했고, 과세도 금지했다. 자유로운 의회선거의 실시와 의회 내 토론의 자유를 보장했다. 평화시에 상비군도 보유할 수 없었다. 반란법이 통과된 경우에만 군대를 1년씩만 보유할 수 있었다. 과세도 1년에 한 번씩 의회의 허가를 받아야 했기 때문에 이때부터 의회가 최소한 1년에 한 번은 소집되어야 했다.

왕권신수설은 왕의 권한을 절대적이라고 여겼다. 그러나 권리장전 이후부터는 의회가 왕권을 통제할 수 있었다. 당시 프랑스, 오스트리아, 러시아, 프로이센과 같은 유럽 대륙의 나라는 절대왕정이 지배했다. 반면 영국은 17세기에 두 차례의 혁명으로 의회가 왕권을 제한할 수 있음을 권리로 확보했다. 권리장전은 절대왕정에서 입헌군주정으로 가는 기틀을 마련했다. 영국의 의회 민주주의가 대륙의 다른 나라와 비교해 한 발 앞선 셈이다. 1776년 미국의 독립선언은 의회의 승인 없는 과세가 부당함을 지적했다. 이때 여러 권리를 언급했는데 이런 비판의 근거도 권리장전에서 나왔다. 권리장전은 1789년 프랑스혁명 당시 발표된 인권선언에 영향을 미쳤다.

피로 물들인 아일랜드

잉글랜드에서는 피를 흘리지 않고 혁명을 완수했지만, 정작 피를 흘리는 전쟁은 제임스 2세가 도망친 아일랜드에서 일어났다. 아일랜드인들은 가톨릭 교도였기 때문에 같은 교파인 제임스 2세를 지지했고 호국경 크롬웰이 빼앗아간 땅을 되찾으려 했다. 이들은 잉글랜드의 혼란을 틈타 이주민이 가로챘던 땅을 몰수했다. 1689년, 제임스 2세는 가톨릭이던 프랑스 루이 14세의 지원을 받아 다시 잉글랜드의 왕이 되고자 했다. 그러나 1690년 7월 아일랜드의 중부 보인 강Boyne 인근에서 벌어진 전투에서 윌리엄 3세에게 대패를 당했다. 당시 제임스의 군은 약 2만3천여 명, 윌리엄이 이끈 잉글랜드군은 3만6천 명이 넘었다. 이 전투에서 2천여 명이 숨을 거두었다. 싸움에서 진 아일랜드는 사실상 잉글랜드의 노예가 되었다.

인구의 5분의 4를 차지한 가톨릭교도가 소유한 토지는 잉글랜드 이주민에게 다시 돌아가 이전의 7분의 1로 줄어들었다. 가톨릭교도는 모든 공직에서 배제되었다. 명예혁명이 피를 흘리지 않았다는 것은 잉글랜드 안에서만 사실이다. 아일랜드에서는 너무 많은 피를 흘렸다.

절대군주를 상징하는 "짐이 곧 국가다"라는 말은 태양왕 루이 14세가 한 것으로 유명하지만 실제로 이 말을 한 이는 루이 11세였다.

절대군주나 국민이나, 주권은 어디에
토머스 홉스와 존 로크

철학자 토머스 홉스는 모든 사람을 서로 싸우게 하는 전쟁상태에서 벗어나
백성을 보호해주는 절대 통치자를 지지했다. 반면 존 로크는 통치자와
피통치자의 계약으로 국가가 성립한다고 봤다.

17세기 두 차례의 혁명은 이를 분석하고 해석하는 철학자를 낳았다. 토머스 홉스Thomas Hobbes, 1588~1679와 존 로크John Locke, 1632~1704가 이 시대를 대표하는 정치철학자다. 홉스는 왕을 살해한 청교도 혁명을 비판했다. 반면 로크는 명예혁명 후 출간된 책에서 이 정치적 격변을 이론적으로 해석할 수 있는 기초를 제공했다. 두 사람은 자연상태 및 사회계약과 같은 중요한 개념을 서로 다르게 봤다.

리바이어던Leviathan은 성경 욥기와 이사야 등에 나오는 거대한 뱀 모양의 바다 괴물이다. 홉스는 1651년 출간한 같은 이름의 책에서 절대군주를 이 괴물에 비유했다. 사회나 국가가 출현하기 이전의 자연상태state of nature, natural state에서 모든 사람은 평등하지만 자신의 자유를 보존하고 타인을 지배하려 한다. 자기보존이 본성이기 때문에 자연상태는 "악의적이고 폭력적이며 수명이 짧다. 모든 사람들이 모든 사람들과 전쟁을 벌이게 된다". 이 전쟁에서

는 무력과 사기가 미덕이다. 이런 만인의 만인에 대한 전쟁에서 탈퇴하기 위해 사람들은 공동체를 만들어 최고 통치자(리바이어던)와 계약을 맺는다. 그리고 최고 통치자이자 절대군주인 리바이어던이 생명과 재산을 포함한 온갖 권리를 전적으로 통제한다. 이런 사회계약은 파기할 수 없다. 자연상태와 같은 무정부상태보다는 최악의 독재자 통치가 더 낫다고 그는 봤다. 그는 의회와 왕이 권한을 공유하는 것을 용인할 수 없었다. 1640년대 청교도혁명은 왕과 의회가 권력을 나누어가졌기 때문에 발생했다는 게 그의 해석이다. 옥스퍼드 대학교에서 공부를 마친 후 홉스는 유명한 귀족의 가정교사로 근무했다. 왕당파였던 홉스는 내란이 발생했을 때 프랑스로 도주했다가 『리바이어던』을 발간한 그해 런던으로 돌아왔다. 살아남기 위해 호국경에게 충성을 맹세하고는 정치적 활동에서 은퇴했다. 1660년 왕정복고 후에는 찰스 2세와 왕당파가 좋아하는 철학자가 되었으나 무신론자로 몰려 영국에서 책을 출간할 수 없었다.

존 로크의 인생은 홉스와 비교해 화려했다. 그는 옥스퍼드 대학교를 마치고 저명한 정치인 밑에서 일했다. 1670년대에 휘그파였던 샤프츠베리 백작을 위해 일하다가 1683년에 네덜란드로 도피했다. 명예혁명 후 귀국해『정부론*Two Treaties on Government*』(1689)을 냈다. 이 책에서 그는 왕권신수설을 주장한 로버트 필머 경*Sir Robert Filmer*의 논리를 조목조목 비판하면서 명예혁명의 당위성을 설파한다. 후반부에서는 홉스의 사회계약론의 문제점을 지적한다. 필머는 『가부장제 — 왕의 당연한 권리*Patriarcha, or the Natural Power of Kings*』

라는 책에서 왕을 가부장제도하의 아버지로 여겼다. 아버지에게 복종하는 게 당연하듯 왕에게 절대복종해야 한다는 것이다. 이 책은 원래 홉스의 『리바이어던』 출간보다 이른 1648년쯤 저술되었으나 출간은 21년 뒤에 이루어졌다.

홉스의 사회계약론에 대한 로크의 비판은 이렇다. 로크가 보기에 자연상태에서 인간은 기본적으로 이성을 사용해서 공동선을 추구한다. 그러나 모든 사람들이 자연법을 준수하는 것은 아니기 때문에 공동선 보장을 더 확실하게 하기 위해 통치자와 계약을 맺는다. 주권은 국민(당시 용어는 신민)에게 있지만 이 권리를 통치자에게 위임할 뿐이다. 따라서 국민에게 위임받은 국민의 자유와 생명, 재산과 같은 권리를 통치자가 보장하지 못할 때 국민은 새 통치자를 뽑을 자유를 누린다. 동양 사상에서 맹자의 역성혁명과 유사하다. 그의 정치철학은 1776년 미국의 독립선언서, 1789년 프랑스혁명 당시의 인권선언에 크게 영향을 끼쳤다.

하지만 이 휘그 사상가의 주장은 민주주의 이론과는 약간 괴리가 있다. 그에 따르면 시민사회는 이를 구성하는 개인의 행복을 위해 존재한다. 당시 상원은 세습 귀족이, 하원은 일정 규모의 재산을 소유한 사람들이 될 수 있었기 때문에 로크가 말하는 사회 구성원도 국민 모두가 아니라 이들 시민에게만 한정된 개념이다. 로크는 민주주의 이론에 필요한 기초 개념을 제시했지만 시민의 자격을 재산 소유자로만 한정했기 때문에 자유주의 이론의 토대를 제공했다. 아울러 그는 영국 경험주의 철학자로 인간의 지식은 경험에서 유래하고 우리가 보고 느끼는 감각적 지각이 경험의 기초라 보았다. 아래 표는 홉스와 로크의 자연상태, 사회계약, 두 사람의 인생 궤적을 간략하게 비교했다.

홉스와 로크의 정치철학 비교

주요 내용	토머스 홉스 (1588~1679)	존 로크 (1632~1704)
자연상태	— 모든 사람이 평등 — 자기 보존과 타인 지배 욕구가 우선함 — 만인의 만인에 대한 전쟁	— 모든 사람이 평등 — 이성을 사용해 자연법을 준수
사회계약	— 사람들은 여러 권리를 최고 통치자(리바이어던)에게 넘겨준다. — 리바이어던은 이런 권리를 완전하게 통제. — 계약을 파기할 수 없다. — 독재자가 무정부(자연상태)보다 더 낫다	— 공공선을 더 확실하게 보장받기 위해 통치자와 계약을 체결 — 통치자는 생명과 자유, 재산과 같은 여러 권리를 보장해야 함. — 통치자가 이런 권리를 보장하지 못할 경우 시민이 통치자를 교체할 수 있음 (동양의 역성혁명 사상과 유사)
당시 정치 상황과의 관련	— 청교도 혁명을 강력 비판	— 명예혁명을 적절하게 분석 — 휘그적(자유주의적) 역사 해석의 틀을 제공

『구약성경』「욥기」에 등장하는 리바이어던은 날 때부터 두려움을 모르며 모든 권력자와 왕의 위에 군림하는 괴물같은 존재로 묘사된다.

연합왕국 그레이트브리튼의 탄생 1707

프랑스를 상대로 하는 전쟁이 계속되면서 영국은 안정적으로 전비를 조달하기 위해 잉글랜드은행을 설립하고 국채도 발행했다. 앤 여왕 시기 1707년 스코틀랜드를 합병해 연합왕국 그레이트브리튼이 탄생했다.

반프랑스 동맹에 앞장선 영국, '제2의 백년전쟁' 시작

윌리엄 3세의 즉위부터 1815년 나폴레옹과의 전쟁(이하 나폴레옹 전쟁)까지 영국은 주로 프랑스와 전쟁을 자주 치렀다. 프랑스는 구교 국가였다. 그래서 명예혁명이 끝난 뒤에도 잉글랜드에서 쫓겨난 가톨릭계 왕들이 프랑스의 지원을 받아 잉글랜드를 공격하곤 했다. 18세기에 들어서는 신성로마제국과 스페인, 프랑스, 오스트리아, 러시아 등 강대국들이 힘을 겨루는 상황에서 프랑스의 강대국화를 저지하기 위해 전투가 치열했다. 유럽에서 어느 한 나라가 막강한 강대국이 되면 이웃 나라들이 안보의 위협을 느낀다. 따라서 18세기부터 유럽정치에서 세력균형 정책이 작동했다. 윌리엄 3세의 즉위부터 영국이 1815년 오스트리아와 러시아, 프로이센 등과 힘을 합쳐 나폴레옹전쟁을 승리로 이끌 때까지, 영국과 프랑스 간 종종 벌어진 전쟁을 '제2의 백년전쟁'이라 부르기도 한다.

시작은 9년 전쟁이었다. 윌리엄 3세는 1689년 프랑스가 제임스

2세에게 병력과 자금을 지원해 아일랜드에서 전쟁을 벌이도록 했기에 프랑스와 간접적으로 싸우는 셈이 됐다. 그는 또 이 해 아우구스부르크 동맹League of Augsburg에 가담했다. 오스트리아와 스페인, 스웨덴, 독일의 바이에른 왕국 등 유럽 여러 나라들은 3년 전 프랑스의 세력 확장을 저지하러 이 동맹을 결성했다. 영국도 이 동맹에 가입해 프랑스와 전쟁을 시작했다. 1690년 비치헤드 해전에서 영국군과 네덜란드 해군이 크게 패배해 프랑스군이 도버 해협을 장악해 영국이 침입 위기에 놓이기도 했다. 1692년에는 영국군이 노르망디 해안에서 대승을 거두었다. 아우구스부르크 동맹군이 대륙에서도 승리했다. 결국 프랑스의 루이 14세는 1697년 윌리엄 3세를 영국 왕으로 인정했다. 9년간 전쟁이 계속되면서 영국은 안정적인 재정확보가 무엇보다도 필요해졌다. 이 때 국채제도가 도입되고 잉글랜드 은행Bank of England이 설립된다.

1701년부터 13년간 스페인 왕위계승전쟁이 지속되었다. 1702년 윌리엄 3세와 메리 2세 사후 왕위를 계승한 앤 여왕1702~1714이 바통을 이어받아 프랑스에 대항하는 전쟁을 지속했다. 1700년, 스페인의 카를로스 2세(찰스 2세, 샤를 2세)는 자손이 없이 사망했다. 그는 스페인 합스부르크 왕가의 마지막 왕이었지만 프랑스 루이 14세의 손자인 필립을 유언에서 후계자로 지명했다. 그가 바로 필립 5세다. 그러자 합스부르크 왕가였던 오스트리아가 반기를 들었고 네덜란드와 영국이 여기에 합류했다. 프랑스와 오스트리아의 왕위계승권 전쟁에 영국이 가담한 것은 프랑스가 제임스 2세의 아들을 영국왕 제임스 3세로 인정했기 때문이다. 또 프랑스의 부르봉 왕가가 스페인 왕가까지 통합한다면 위협에 큰 위협이 될 것으로 판단되었기 때문이다. 이 왕위계승전쟁에서 윈스턴 처칠의 조상인 존 처칠(이후 말버러 Marlborough공이 됨)이 큰 공을 거둬 여왕으로부터 블레넘Blenheim(독일어 발음은 블렌하임) 궁전을 하사 받았다. 대승을 거둔 독일 바이에른 지역의 이름을 딴 궁전이다. 1713년 위트레히트 조약으로 왕위계승전쟁은 종결되었다. 영국은 스페인으로부터 지중해의 관문 지브롤터와 미노르카 섬을 얻어 냈고 프랑스로부터는 신대륙의 땅을 빼앗았다. 프랑스는 현재 미국의 메인주 바로 위에 있는 노바 스코시아, 뉴펀들랜드와 허드슨만 지역을 영국에 넘겨 주었다.

잉글랜드은행 설립, 1694년

1689년 윌리엄 3세와 메리가 등극했을 때 연 600만 파운드가 경비로 지출되었다. 경비의 3분의 2 정도는 의회가 승인해준 세금으로 충당했지만 나머지는 정부가 빌려와야 했다. 이전의 왕들은 왕실 수입으로 갚겠다는 약속을 하고 부유한 개인으로부터 돈을 차입했다. 이를 제도화한 게 국채다. 의회가 세입으로 장기간에 걸쳐 고정된 이자 지급을 보증해 여유가 있는 사람들이 안정적인 투자 수단으로 국채를 매입했다. 1690년대에는 국채를 산 사람에게 지급하는 이자인 금리가 연 10퍼센트 정도였는데 1700년대에 들어서 더 떨어졌다. 투자자들이 국채를 안전하게 여겨 매입하는 사람이 늘어났기 때문이다. 윌리엄 그리고 그 뒤를 이은 앤 여왕은 프랑스와 전쟁을 벌일 때 군비 자금 조달을 걱정할 필요가 없었다. 당시 번창하던 상공업자와 세속 귀족들이 안전자산인 국채에 계속해서 투자했기 때문이었다.

영국 최초의 중앙은행인 잉글랜드은행은 윌리엄 3세가 집권한지 5년이 지난 1694년에 설립되었다. 한 해 전에는 연금 형식의 국채제도가 도입되었다. 정부는 전쟁 때 차입한 돈을 갚기 위해 당시 평생연금을 판매했다. 정부가 꾼 돈을 갚지 않고 평생 일정액의 이자를 지급하는 것으로 일종의 국채다. 의회는 물품세 수입으로 이 연금의 이자를 갚도록 허용해주었다. 이듬해 잉글랜드은행이 출범했다. 영국에서 처음으로 설립된 주식회사 형태의 은행이다. 초기 자본금은 120만 파운드로, 전액을 정부에 장기적으로 빌려주었고 정부는 해마다 8퍼센트 정도의 이자를 지불했다. 은행은 예금수신과 대출, 은행권 발행 권한을 얻었다. 당시 프랑스와의 전쟁에서 계속해서 정부 지출이 늘어났지만, 영국은 BoE, 즉 잉글랜드은행을 설립하고 국채를 발행해 비교적 저렴한 비용으로 군비를 조달할 수 있었다. 이런 안정적인 제도 운영은 대외전쟁과 식민지 개척의 기초가 되었다. 당시에는 네덜란드가 상업의 중심지였다. 윌리엄 3세는 네덜란드가 이미 도입한 국채와 은행을 영국에 들여왔다. 이런 제도는 차후 영국이 상업과 공업의 중심지로 부상하는 데 토대가 되었다.

스페인 왕위계승전쟁
(1701~1714)

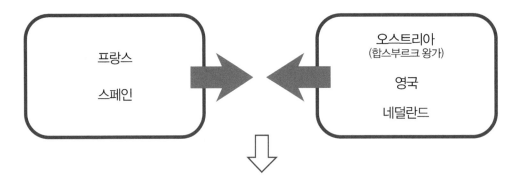

발발 원인

스페인 카를로스 2세(스페인계 합스부르크 왕가 마지막 왕) 자식 없이 사망하면서
유언에서 프랑스 루이14세 손자 필립에게 왕위 계승
프랑스, 제임스 2세 아들을 제임스 3세로 영국 왕으로 인정

프랑스		오스트리아 (합스부르크 왕가)
스페인		영국
		네덜란드

결과

1714년 위트레히트 조약
필립이 스페인 왕으로 인정받았지만 프랑스 왕위계승권 포기
프랑스, 제임스 2세의 아들을 제임스 3세로 인정하지 않고 프랑스에서 추방
영국, 프랑스로부터 지브롤터 및 노바 스코시아 등의 아메리카 땅 얻어 냄

스코틀랜드가 원해서 이루어진 연합왕국

스튜어트 왕조를 연 제임스 1세는 1603년 잉글랜드 왕이 되면서 스코틀랜드를 합병했다. 그렇지만 스코틀랜드의 의회와 군대는 그대로 유지했다. 하지만 청교도혁명 때 찰스 1세를 지지하면서 크롬웰의 군에 크게 패배했다. 앤 여왕 치세 당시 스코틀랜드의 경제 상황은 열악했다. 국민 한 사람이 가진 재산도 잉글랜드의 20퍼센트에 불과했다. 난국을 타개하기 위해 파나마 인근에 식민지도

개척해봤으나 크게 실패했다. 스코틀랜드 지도층의 생각에, 유일한 해법은 잉글랜드와의 자유로운 교역이었다. 할 수 없이 스코틀랜드 의회가 묘안을 짜냈다. 1703년 의회가 법을 제정해 앤 여왕이 사망할 경우 의회가 왕위 계승자를 선택할 수 있다고 규정했다. 최악의 경우 잉글랜드와 다른 왕이 스코틀랜드를 다스릴 수 있다는 내용인데 잉글랜드에 통합해달라며 압박을 한 셈이다. 여왕은 1706년 양국 의회의 동의를 얻은 통합 위원을 임명해 이 문제를 논의하게 했다. 결국 이듬해 1707년 통합법Act of Union이 승인되었다.

오랫동안 갈등 관계에 있었던 두 왕국이 하나의 왕 밑에 한 의회를 갖는 그레이트브리튼 연합(통합)왕국The United Kingdom of Great Britain으로 재탄생했다. 스코틀랜드는 45명의 하원의원과 16명을 상원의원으로 보낼 수 있었다. 정치적 독립은 잃었지만 잉글랜드의 보통법과 다른 고유의 법체계와 장로교회는 그대로 유지할 수 있었다. 통상과 종교적 자유 등을 정치적 독립과 맞바꾼 셈이다. 통합왕국이 출범한 후 스코틀랜드는 잉글랜드 및 그 식민지들과 자유롭게 교역을 할 수 있었고, 18세기를 지나면서 경제적으로 점차 번창했다. 글래스고Glasgow는 주요 항구도시가 되었고 여기를 흐르는 클라이드Clyde 강은 런던의 템스 강에 비견될 만큼 선박이 빈번하게 왕래했다.

농업과 상공업의 발달

농업 생산량은 중세 말인 1400년부터 근대 초기인 1700년 사이

동인도회사 최초로 항해에 사용된 레드드래곤 호

에 다섯 배 정도 증가했다. 이 시기에 곡물과 목초 수확량은 네 배 정도 늘어났고, 양과 소는 이보다 더 크게 늘었다. 1670년부터 영국은 곡물을 수출했다. 1700년 영국 인구는 약 500만 명 정도로 추정된다. 이 많은 사람들이 먹고도 식량이 남아 다른 유럽 국가에 수출했다. 엘리자베스 1세 시대인 1560년부터 1720년(당시 조지 1세 재위) 사이에 획기적인 농업 생산성 증가가 이뤄졌다. 이전에는 땅의 한 부분은 경작을 하지 않고 돌아가면서 쉬게 하는(휴경) 2포제, 3포제 방식을 썼다. 2포제는 땅을 둘로 나누어 한 부분에 작물을 재배하고 다른 하나에는 가축을 방목해 배설물로 지력을 회복하게 했다. 이를 좀 더 개량한 곡초교대농법穀草交代農法, convertible husbandry이 도입되었다. 몇 년 간격으로 곡물 재배와 목축을 번갈아 해서 토지 생산성을 유지했다. 순무와 클로버가 도입되었기에 겨울 동안 가축을 사육할 수 있어 가축이 크게 늘어날 수 있었다. 급증한 가축은 거름을 대량으로 만들어냈고 이는 토양을 거름지게 하여 곡물 생산성을 크게 높였다.

농업 부문에서 생산력이 획기적으로 늘어나면서 많은 자영농이 젠트리로 신분 상승을 했고 소규모 제조업에 투자가 가능해졌다.

17세기 말 영국에서는 모직물 공업이 주류였다. 주로 소규모 가내 공업에 의해 이루어졌다. 인클로저 초기에 양모를 수출하다가 정부가 이를 금지해 양털을 가공한 모직물 완제품을 수출하게 했다. 이를 중개하는 상업도 번창했다.

1640년대 런던의 인구는 50만 명이 넘어 유럽 최대 규모를 자랑했다. 1600년 설립된 동인도회사에서 들여온 차, 북아메리식민지에서 온 비버 가죽과 담배, 북아프리카 레반트산의 커피와 면화 등이 템스 강을 따라 런던으로 들어왔다. 모직물과 곡물, 석탄 등 영국산 물품은 식민지로 흘러 나갔다. 농업의 급속한 생산성 향상과 제조업, 상업의 발달은 사회계층 간 이동을 원활하게 해주었다. 지주들은 상인과 결혼하는 것을 꺼려하지 않았다. 대륙의 귀족들이 혈통의 순수성을 따져 같은 신분끼리 결혼하던 것과 다르게 영국에서는 돈을 번다는 실용적인 목적을 공유했다. 돈만 있으면 계층에 상관없이 투자할 수 있었다. 1688년에 잉글랜드에는 15개의 주식회사가 있었다. 1696년이 되자 100개가 넘어갔다. 동인도회사를 비롯해 허드슨만회사, 잉글랜드은행 등 규모가 큰 주식회사뿐 아니라 화약, 칼을 만드는 소규모 회사도 즐비했다. 영국이 프랑스와의 계속되는 전쟁에서 안정적으로 값싸게 군비를 조달할 수 있었던 것도 번창한 상공업과 주식회사의 성장 덕분이었다.

지브롤터 반도는 지중해로 들어가는 좁은 관문인 지브롤터 해협에 있는 전략적 요충지다. 지리상으로는 스페인과 모로코와 가깝지만, 스페인 왕위계승전쟁 이후 영국이 계속해서 점령하고 있다.

국교회, 종교의 갈등으로 살펴보는 영국

헨리 8세는 1534년 수장령으로 국교회의 수장이 되었다. 교황이 아니라 왕이 교회의 우두머리가 됐고, 자국의 성직자들을 임명했다. 대신 교황청과의 관계는 끊어졌다. 로마 교황이 파견한 아우구스티누스와 선교사들이 잉글랜드의 켄트 왕국에 도착한 것이 597년이다. 영국이 기독교를 받아들인 후 거의 950년 만에 영국과 교황청, 그리고 대륙의 가톨릭과 관계가 단절됐다. 프랑스와 스페인은 대륙에서 대표적인 가톨릭 국가로 영국과 자주 전쟁을 벌였다. 전쟁에서도 종교가 한몫을 했다.

이후 150년이 넘는 기간 동안 영국의 중요한 정치적 격변에서 종교적 균열이 크게 작용했다. 헨리 8세의 뒤를 이어 왕이 된 '피의 메리'는 가톨릭으로 국교도를 탄압해 300여 명이 숨졌다. 엘리자베스 1세는 국교도를 재확립했고 이 시기에 청교도가 등장했다.

왕당파와 의회파가 전쟁을 벌인 청교도혁명도 종교적 갈등이 한 원인이었다. 찰스 1세가 멋대로 정치를 하면서 가톨릭 성향의 주교를 임명해 성찬식을 강조했다. 국교도, 특히 청교도들이 이런 친가톨릭 정책에 반대했고 의회파의 핵심을 이루었다.

명예혁명도 가톨릭 신자 제임스 2세와 의회 간의 충돌로 시작됐다. 그는 가톨릭교도를 정부 요직과 군지휘관으로 임명했고, 제임스 2세의 아들도 가톨릭 신자가 될 것이 분명했다. 이 때문에 그를 지지했던 토리파 일부가 종교적 자유를 주장한 휘그파, 종교 지도자들과 힘을 합쳐 왕을 몰아냈다.

영국에서 쫓겨난 가톨릭 왕들은 주로 프랑스로 망명을 갔다. 이들은 프랑스의 지원으로 본토를 침략했고 이 과정에서 가톨릭을 믿는 아일랜드가 종종 여기에 합류했다. 명예혁명 후 프랑스로 쫓겨간 제임스 2세가 프랑스의 지원을 받아 아일랜드로 와서 이곳 가톨릭의 지지를 등에 업고 잉글랜드를 침략했다. 1701~1714년 스페인 왕위계승전쟁에서 영국은 오스트리아, 네덜란드와 동맹을 맺어 프랑스와 스페인에 대항했다. 프랑스가 제임스 2세의 아들을 제임스 3세로 인정해 계속해서 영국을 자극했기 때문이다.

영국사	세계사

1700년

하노버 가의 조지 1세 즉위 ——— 1714년

남해 주식회사 거품 붕괴(스캔들) ——— 1720년
로버트 월폴 총리 등용 ——— 1721년

오스트리아 왕위계승전쟁 ——— 1740~
1748년

1751년 ——— 영조, 균역법 실시

7년 전쟁 ——— 1756~
1763년

대영박물관 개관 ——— 1759년
조지 3세의 60년간 통치 시작 ——— 1760년

하그리브스의 방적기 발명 ——— 1767년
제임스 와트가 개선한 증기기관 시판 ——— 1769년

애덤 스미스 『국부론』 발간 ——— 1776년

1776년 ——— 정조, 규장각 설치
미국 독립선언

1783년 ——— 미국 독립 쟁취

1789년 ——— 프랑스대혁명 발발

나폴레옹 전쟁 시작 ——— 1792년
매카트니 경, 청 건륭제에 통상확대 요청 ——— 1793년
아일랜드 합병 ——— 1800년

1800년

넬슨제독, 트라팔가 해전에서 승리 ——— 1805년
노예무역 폐지 ——— 1807년

1805년 ——— 세도정치 시작
1806년 ——— 나폴레옹 대륙봉쇄령

1812년 ——— 나폴레옹 러시아원정 패배

암허스트 백작 중국에 다시 통상확대 요청 ——— 1816년

1815년 ——— 워털루 전투, 나폴레옹, 영국-프로이센 연합군에 패배
나폴레옹 몰락과 빈회의

대영제국 내 노예제도 폐지 ——— 1833년

제4장

제국의 성립과 나폴레옹전쟁

18세기에 영국과 프랑스는 또 다른 '백년전쟁'을 벌였다. 이 전쟁은 미국 독립, 그리고 프랑스대혁명과도 연계됐다.

18세기의 세계대전이라 불리는 7년전쟁(1756~1763)은 두 나라가 식민지로 거느렸던 아메리카와 인도, 아프리카 일대에서 벌어졌다. 영국은 이 전쟁에서 승리했지만 국고를 소진해 식민지 북아메리카(미국)에 새로운 세금을 부과했다. 이게 식민지 미국의 독립전쟁을 초래했다. 프랑스가 미국에 대규모로 군을 파견하면서 식민지는 힘겨운 전쟁에서 승리했다. 하지만 프랑스도 이 전쟁에 너무나 많은 돈을 썼다. 부족한 정부 재정을 채우려 소집된 삼부회가 프랑스혁명의 도화선이 됐다.

프랑스대혁명이 진행 중이던 1793년부터 1815년까지 영국은 나폴레옹에 맞서 20년 넘게 전쟁을 벌였다. 영국은 대륙의 여러 국가들과 상황에 맞게 동맹을 결성하고 이 동맹에서 핵심 역할을 수행해 최종 승자가 됐다.

산업혁명이 시작된 건 18세기 후반부터다. 증기기관을 혁신적으로 개량해 널리 보급한 제임스 와트, 수력방적기를 도입해 근대식 공장을 운영한 리처드 아크라이트가 산업혁명 초기의 대표 인물이다. 농업사회가 제조업 중심의 사회로 변화하면서 생활방식과 사고도 변화했다.

애덤 스미스는 산업혁명 초기 자본주의 사회의 작동방식을 체계적으로 분석했다. 보이지 않는 손에 의해 개인의 이기심이 사회 전체의 이익과 조화를 이룬다고 봤다. 스미스는 자본가들의 탐욕, 그리고 국가가 수입을 규제하는 중상주의 정책을 비판했다.

노예무역은 산업혁명의 종자돈이 되었다. 17세기 중엽부터 150여 년간 영국은 아프리카 노예를 아메리카 식민지로 팔고 이곳에서 설탕과 담배 등을 사왔다. 약 250만~310만 명의 흑인이 노예로 팔려간 것으로 추정된다. 아프리카의 여러 나라들은 황폐해졌고 19세기에 들어서는 영국과 프랑스 등 제국주의 세력의 각축장이 됐다.

독일 하노버 왕조와 최초의 정경유착 스캔들

스튜어트 왕조의 뒤를 이어 독일 하노버 가문이 영국으로 왔다. 하노버 가의 조지 1세는 영국의 관습을 잘 몰랐고 영어도 서툴러 총리가 점차 국정을 운영하게 되었다. 1720년 가을 남해 주식회사의 투자 거품이 터져 수많은 투자자들이 피해를 입었다.

가톨릭 배제로 독일 하노버 가문이 영국 왕으로 즉위

1702년에 즉위한 앤 여왕은 즉위 전까지 여러 명의 자식을 낳았지만 모두 유년기를 넘기지 못하고 숨졌다. 의회는 여왕의 자식이 왕위를 잇기 어렵다고 판단해, 즉위 한 해 전인 1701년에 왕위계승법을 제정했다. 가톨릭 신자는 왕이 될 수 없고, 의회의 동의 없이 나라를 떠날 수 없다는 내용으로, 앤 여왕 사후 뒤를 이을 유력한 후계자인 제임스 3세의 계승을 막기 위한 법이었다. 제임스 3세는 제임스 2세의 아들로 앤 여왕의 이복동생이며, 누이인 앤 여왕과 달리 아버지와 같은 가톨릭 신자였다. 그리고 자신이야말로 적법한 잉글랜드 왕위 계승자라고 프랑스에서 주장하고 있었다.

왕위계승법에 따르면 스튜어트 왕가의 가장 가까운 혈통이자 신교도인 독일 하노버Hanover 가의 여 선제후 소피아(제임스 1세의 손녀)가 왕위를 물려받기에 가장 적합한 사람이었다. 의회 내에서도 토리파는 제임스 2세의 아들인 제임스 3세가 왕이 되기를 원했지만 제임스 3세는 끝까지 가톨릭을 포기하지 않았고, 의회는 종교적 분쟁을 우려했다. 결국 독일의 하노버 왕조가 영국에서도 왕위를 계승하게 된 것이다.

하지만 왕위 계승자였던 소피아가 왕위를 잇기 전 사망하자 장자인 조지 1세1714~1728가 잉글랜드와 스코틀랜드의 왕이 되었다. 그는 영어를 잘 못했고 잉글랜드 관습에도 관심이 없었다. 이 때문에 대신(장관)들이 주로 업무를 맡았다. 즉위 다음 해에는 프랑스에 있던 제임스 3세가 스코틀랜드로 건너와 반란을 일으켰으나 진압되었다. 당시 반란에는 토리파의 일부가 가담했고, 반란 진압 후 의회는 휘그파가 장악했다. 조지 1세는 1717년 이후 거의 내각회의에 참석하지 않았다. 이때부터 하원에서 다수를 차지한 정파가 국정을 운영하는 내각제의 기초가 확립되기 시작했다.

최초의 정경유착 스캔들, 남해거품사건

주식투자와 펀드 매입, 파생상품 거래로 일어나는 경제 위기인 거품 붕괴, 혹은 거품 경제는 오늘날 우리에게 익숙한 단어다. 그런데 300년 전 영국, 조지 1세의 치하에서도 이러한 거품 붕괴가 일어났다. 1720년 가을에 터진 남해주식회사South Sea Company 스캔들, 이른바 남해거품사건이다.

스페인 왕위계승전쟁1701~1713이 10년 넘게 지속되면서 영국 정부의 부채도 늘어났다. 이 전쟁으로 앤 여왕은 아프리카 노예를 스페인령 식민지에 판매할 수 있는 권리를 얻었다. 여왕은 왕실 부채를 줄이려고 이 권리를 남해주식회사에 넘겨줬고, 회사는 노예 판매 권리를 담보로 주식 발행과 판매를 허가받았다.

1711년 9월에 남해주식회사는 9,471,325파운드의 정부 부채를 주식으로 전환하도록 허락받았다. 당시 스페인 식민지였던 남아메리카와 인근의 여러 섬을 남해South Sea라 불렀는데 여기에서 회사 이름이 나왔다. 이 회사는 정부에 돈을 빌려주었던 채권자에게 주식을 발행해주었다. 또 신규 주주도 모집했다.

당시 사람들에게 남해주식회사의 주식은 매력적인 우량주처럼 보였다. 이 주식은 타인에게 양도 가능했을 뿐 아니라, 개인이 이 주식을 담보로 돈을 빌릴 수 있었고 그 빌린 돈으로 더 많은 주식을 매입할 수도 있었다. 왕실이 필요해서 허가해준 이 회사는 상당한 특권을 지녔다. 더구나 정부 인사들이 이사로 재직했다.

회사는 정부에 돈을 빌려준 대가로 담배, 식초 같은 수입품에 대한 관세의 일부를 정부로부터 받기로 했으니, 안정되고 규칙적인 이자 수입을 확보한 셈이었다. 스페인령 아메리카 부근의 해역에 이르는 항로와 무역 독점권도 소유했다. 잉글랜드 은행과 같은 채권기관이면서도 동인도회사처럼 교역에서의 수익을 추구하는 이중의 특혜도 받고 있었다.

회사의 수익도 괜찮다고 여겨졌다. 왕위계승 전쟁에서 승리하면 노예무역으로 큰돈을 벌 수 있다고 봤다. 하지만 실상은 그렇지 않았다. 스페인은 노예 판매에 세금을 부과했고 무역선도 일 년에 한 척만 허가했다.

초창기에는 투자자에게 해마다 6퍼센트의 이자 지급을 보증했

남해 거품 스캔들을 풍자한 호가스의 그림
오른쪽 문에 "이곳에서 복권 추첨으로 남편 고르기"라는 문구가 있다

다. 1718년 조지 1세가 회장이 되었고, 이후 회사는 수익이 많이 나지 않았음에도 투자자에게 일 년에 100퍼센트 이자를 지급해주겠다고 약속했다. 당연히 수지맞는 장사라고 생각한 귀족과 상인들은 물론이고 작가부터 하인에 이르기까지 수많은 사람들이 '묻지마 투자'를 감행했다. 왕이 회장인 회사가 망하리라고 누가 생각이나 했겠는가? 1720년 이 회사는 의회의 승인을 받아 정부 부채를 추가 인수했다. 그 해 1월 한 주당 128파운드 정도였던 주가가 8월에는 1,064파운드로 급상승했다. 그런데 6월에 의회가 공포한 버블법**Bubble Act**이 주가 하락을 부채질했다. 허가 없이 주식회사를 설

립하거나 정부의 허가 이상으로 영업을 확대하지 못하게 하는 게 이 법의 핵심이었다. 남해주식회사에 투자한 상당수의 투자자들이 신용거래로 주식을 구입했는데 이 법에 불안함을 느껴 주식을 일시에 팔기 시작했다. 9월의 주가는 1월보다 더 하락했고 투자자들은 큰 손해를 봤다.

결국 하원에서 설치한 진상조사위원회의 조사로 최소한 3명의 장관이 뇌물을 받았고 투기에 참여했음이 밝혀졌다. 토리파의 일부 의원이 여기에 투자했다. 이를 해소하고 정부의 신뢰를 회복하고자 등장한 인물이 영국사에서 최초의 총리라 평가받는 로버트 월폴Robert Walpole이다. 그는 스캔들 관련자 처벌을 약속했으나 정부 내 관련자가 너무 많아 일부만 법의 심판을 받게 했다.

"어떤 사람들이 공중에 성을 짓는 동안 이사들은 바다에 성을 지었고, 투자자들은 거기서 성을 보았다. 바보들은 현자가 원하는 대로 볼 것이니." (신경숙, 2012:14)

남해회사의 이사들은 바다에 성을 지었고 현자는 바보들을 끌어들였다. 바보들은 공중에 성(사상누각)을 짓는 사람들이다. 이들은 일확천금을 누리고 허황된 꿈을 쫓았다. 『걸리버 여행기』로 유명한 풍자작가 조나단 스위프트Jonathan Swift도 투자했다가 피해를 봤다. 그는 1720년 「거품Bubble」이라는 민요풍의 시를 발표했다.

1721년 풍자화가 윌리엄 호가스William Hogarth는 이 희대의 사건을 그림으로 표현했다. 중앙의 회전목마 위에는 염소가 보인다. 악마 혹은 탐욕을 상징한다. 그 밑에 회전목마를 타고 있는 사람은 매춘여성, 구두닦이 소년, 노인, 귀족, 성인 등 각계각층이다. 남해에 투자한 사람들은 이처럼 다양했다.

그림 밑에는 '운명의 바퀴' 위에 벌거벗은 남성이 손과 발을 묶인 채 누워 있다. 알몸인 이 남자는 '정직'을, 그 옆에서 '정직'을 채찍으로 때리고 형벌을 가하고 있는 사람은 '혼자 돈 벌려는 욕망'을 비유적으로 표현한다.

1720년 말 프랑스에서도 영국의 '남해'와 같은 방식의 거품이 터졌다. 스코틀랜드 출신의 경제학자이자 사기꾼 존 로(John Law)가 설립한 미시시피 주식회사의 거품 붕괴다(Mississippi Bubble). 북아메리카와 서인도제도에 있는 프랑스 식민지와의 무역을 독점한 회사였는데 '묻지마' 투자와 주식 고공행진, 주가 곤두박질 등 전형적인 금융 버블 붕괴 과정을 거쳤다.

로빈크라시와 프랑스와의
잠정 휴전

'남해' 거품 붕괴 스캔들을 청산하기 위해 로버트 월폴이 1721년에 집권했다.
그가 총리로 집권한 21년 동안 영국은 스페인, 프랑스와 전쟁을 벌였다.
프랑스와의 전쟁은 이후에도 계속되었다.

최초의 총리 로버트 월폴의 '로빈크라시'

영국 최초의 정경유착 스캔들인 남해거품사건을 일소하고자 월폴은 1721년 총리에 임명됐다. 1742년까지 21년간 총리를 역임해 흔히 그의 총리 재직 시기를 '로빈크라시Robincracy'라 부른다. 로버트의 애칭인 로빈Robin과 통치를 뜻하는 크라시cracy를 합친 단어다. 그는 조지 1세부터 조지 2세1727~1760 치세 거의 중반까지 총리로 재직했다. 총리는 당시 제1재무대신The First Lord of the Treasury으로 불렸다. 전쟁이 빈번한 시기, 국가 재정을 다루는 일이 매우 중요한 일이었기에 보통 6명의 위원으로 구성된 위원회가 있었다. 그 위원회의 우두머리가 바로 제1재무대신이다. 제1재무대신은 왕의 대신이어서 왕이 임명하고 왕에게만 책임을 졌다. 의회에 책임을 지지 않았고, 하원에서 다수당을 이끌지도 않았으며 내각을 구성하지도 않았다. 현재의 총리와 다른 점이다.

월폴은 사람을 쓰는 용인술과 처세술이 아주 뛰어났다. 총리가

관직을 나누어주는 후견제를 아낌없이 사용, 자신의 심복들을 요
직에 배치해 국정을 운영했다. 연금과 훈장 주기 등 당근을 주어
지지파를 규합하고 반대파도 회유했다. 아첨과 감언, 혹은 때때로
은근한 위협 등을 적절하게 구사해 21년간 총리직을 수행할 수 있
었다. 그는 임기 내내 휘그파가 계속해서 의회를 장악했기에 토리
파는 그를 견제하기가 어려웠다. 하지만 평화론자였던 그는 스페
인과의 전쟁 때문에 사임했다.

영국과 프랑스의 잠정 휴전
오스트리아 왕위계승전쟁(1740~1748)

1713년 위트레히트 조약에서 영국은 서인도제도의 스페인 식민
지와 교역권을 스페인으로부터 얻었다. 매년 500톤급 배 한 척씩
이라는 그렇게 유리하지는 않은 조건이었다. 영국 상인들은 욕심
을 부려 규정을 회피하는 편법을 부렸다. 500톤급 배는 항구에 정
박해놓고 다른 소규모 선박을 보내 더 많은 물량을 싣는 방법이었
다. 대규모로 이루어진 일종의 밀무역이었다. 스페인 해안경비대
는 조약 위반임을 들어 종종 영국 선박을 수색하고 선원들에게 상
해를 가하기도 했다. 월폴은 스페인과 협상으로 이 문제를 해결하
려 했다. 하지만 경제적 이권이 달려 있던 상인과 지주층이 강력하
게 전쟁을 요구했고 기회를 노리던 반대파들도 여기에 가세했다.
1739년 시작된 영국과 스페인 전쟁은 이듬해부터 8년간 계속된 오
스트리아 왕위계승전쟁으로 이어졌다. 영국이 다시 한 번 대륙의

주요 세력들과 동맹을 맺어 전
쟁을 벌이게 된 것이다.

오스트리아 왕위계승전쟁
은 표면적으로는 여성의 왕위
계승권 허용을 놓고 벌어진 전
쟁이다. 오스트리아의 황제 카
를 6세는 아들을 두지 못해 생
전에 딸을 상속자로 규정하는
칙서를 발표했다. 1640년, 카
를 6세가 승하하자 그의 딸 마
리아 테레지아Maria Theresia가
황제에 즉위했다. 영국과 프랑

최초의 총리 로버트 월폴

스, 러시아 등은 이를 인정했지만 슐리지엔Schlesien 지역을 탐내던
프로이센의 프리드리히 2세(프리드리히 대왕)가 오스트리아에 전쟁을
선포했다. 프랑스는 프로이센을 지원했고 영국 의회는 참전을 꺼
렸던 월폴을 압박해 오스트리아를 지지했다. 대륙에서 영국은 하
노버, 오스트리아, 네덜란드와 연합해 프랑스, 스페인, 프로이센 등
에 대항했다.

월폴의 경고대로 전쟁은 별다른 성과 없이 지루하게 계속되었다.
하노버 왕국의 통치자도 겸했던 조지 2세가 1743년 대륙으로 가서
군을 지휘해 프랑스군을 무찌르기도 했으나 어느 쪽도 압도적인
승리를 거두지 못했다.

유럽뿐 아니라 북아메리카 및 인도와 같은 식민지에서도 영국과

프랑스는 뺏고 뺏기는 전투를 계속했다. 북아메리카에서는 영국 식민지 주민들이 지원을 받아 프랑스 식민지 노바스코시아에 있는 루이스버그 요새를 뺏기도 했다. 반면 프랑스는 영국의 동인도회사가 점령한 인도의 마드라스Madras를 점령했다.

오스트리아 왕위계승전쟁
(1740~1748)

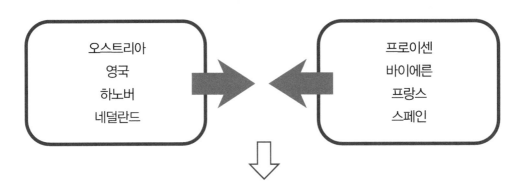

발발 원인
오스트리아 카를 6세 사망, 딸 마리아 테레지아가 승계
프로이센이 슐레지엔 땅을 탐내 왕위계승을 문제삼고 전쟁을 일으킴

오스트리아	프로이센
영국	바이에른
하노버	프랑스
네덜란드	스페인

결과
1748년 엑스라샤펠(아헨)조약
전쟁 전 상태의 회복과 유지
영국과 프랑스는 전쟁 중 얻은 땅을 서로 반환
프랑스, 하노버 왕조를 인정하고 자국 내 거주 영국 왕위계승자들을 추방
미해결된 문제는 7년전쟁(1756~1763)으로 해결됨

전쟁이 지루하게 계속되는 상황에서 제임스 2세의 손자이며 잉글랜드 왕임을 계속해 주장하던 찰스 에드워드가 1745년 여름, 프랑스를 떠나 스코틀랜드에 상륙했다. 그는 스튜어트 왕가를 지지하던 스코틀랜드인을 모아 에딘버러 시를 점령한 후 잉글랜드를 침입했다. 반란군은 일 년 뒤 전투에서 크게 졌고 그는 다시 프랑스로 도주했다.

영국과 프랑스는 1748년 엑스라샤펠Aix-la-Chapelle(독일어로 아헨 Aachen)에서 강화조약을 맺었다. 양측은 북아메리카와 인도에서 빼앗은 곳을 다시 반환했다. 프랑스는 또 잉글랜드의 하노버 왕조를 인정해 자국에 거주 중이며 잉글랜드 왕의 계승자임을 주장한 이들을 추방했다. 하지만 휴전은 잠시였다. 영국과 프랑스는 제해권과 식민지 문제에서 원상회복만 했을 뿐이다. 프로이센에 슐레지엔을 빼앗긴 오스트리아는 복수를 노렸고 프랑스도 이를 알고 있었다. 스페인 해군은 서인도제도의 식민지에서 영국 선박을 계속해 수색했다. 결국 18세기의 세계대전이라 할 수 있는 7년전쟁 (1756~1763)이 이런 교착상태를 타개했다. 영국이 프랑스를 물리치고 주요 식민지와 해상로를 장악했다. 이 전쟁으로 영국은 유럽의 강대국으로 부상했고 스페인 제국은 점차 쇠락의 길로 접어들었다.

영국 총리의 공관은 다우닝 가 10번지(10 Downing Street)라 불린다. 1682년 조지 다우닝이 개인 주택으로 처음 지었으나 후에 왕실 소유로 넘어갔고, 왕실은 1733년, 당시 제1재무대신이었던 월폴에게 이 집을 증여했다. 그러나 월폴은 이 집을 개인재산으로 삼는 대신 제1재무대신의 공관으로 등록했다. 지금도 문패에는 "제1재무대신(First Lord of the Treasury)"이라는 이름이 남아 있다.

18세기의 세계대전 7년전쟁(1756~1763)

18세기 중반 세계대전인 7년전쟁이 벌어졌다. 대 피트가 이 전쟁을 승리로 이끌면서 영국은 북아메리카와 인도에서 프랑스를 누르고 점차 제국을 확대할 수 있었다.

7년전쟁의 지도자 대 피트

오스트리아 왕위계승전쟁을 종결한 아헨조약은 영국과 프랑스에게 8년간의 휴전시간을 주었을 뿐이다. 1756년 유럽대륙과 인도 식민지, 북아메리카 식민지에서는 7년전쟁이 발발했다. 유럽과 아시아, 북아메리카, 아프리카 등 네 개 대륙에 걸쳐 영국과 프랑스를 대결축 삼아 유럽의 강대국, 그리고 현지 원주민들이 가담해 18세기의 세계대전이 펼쳐졌다.

대★ 피트William Pitt the Elder(18세기 말 총리를 역임한 아들은 소小 피트라 불림)는 이 전쟁에서 지도자 역할을 충실하게 수행했다. 그는 월폴의 평화정책을 비판하며 인기를 얻었고 1756년 내각에 들어왔다. 당시 총리는 데번셔 공작인 윌리엄 캐빈디시다. 피트는 전쟁을 전담한 외무장관secretary of state이었다. 해상과 식민지에서 프랑스 격퇴를 주장하며 북아메리카와 인도 식민지에서 프랑스 세력을 격퇴하는 게 그의 목표가 되었다.

그는 "나만이 이 나라를 구할 수 있다. 다른 누구도 그럴 수 없다" 며 애국심을 호소하는 연설로 군사의 사기를 북돋웠다. 헨리 8세가 만든 해군은 엘리자베스 1세 당시 스페인의 무적함대를 무찌를 정도로 막강해졌다. 육군은 18세기 초 스페인 왕위계승전쟁 때 육성되기 시작했다. 외무장관은 육해군 병력을 크게 증강했다. 또 전쟁에 필요한 모든 자원을 쏟아 부었다.

영국, 인도와 북아메리카 식민지에서 승리

오스트리아 왕위계승전쟁의 후속편이었지만 7년전쟁은 전투가 벌어진 지역이 네 개 대륙에 걸쳐 있었고 현지 원주민들도 가담해 그 규모와 이후 끼친 영향이 훨씬 더 컸다. 왕위계승전쟁 때와 유사하게 7년전쟁의 기본 구도도 영국과 프랑스의 대결이었다. 그러나 이번에는 영국이 프로이센을 지원했다. 영국은 프로이센의 프리드리히 대왕을 재정적으로 지원해 프랑스와 싸우도록 했다. 영국과 프로이센이 한편이 되고 반대편에 프랑스와 오스트리아가 있었다. 이전 전쟁과 다르게 7년전쟁에서는 영국의 동맹이 오스트리아에서 프로이센으로, 프랑스의 동맹도 프로이센에서 라이벌이던 오스트리아로 변경되었다. 당시 치열한 군사적 경쟁을 벌이던 영국과 프랑스가 세력 균형을 목표로 주요 동맹국을 변경해 외교적 혁명으로 불린다.

7년전쟁과 오스트리아 왕위계승전쟁 비교

	7년전쟁 (혹은 프랑스–인도 전쟁, 1756~1763)	오스트리아 왕위계승전쟁 (1740~1748)
발발 원인	— 오스트리아는 프로이센에게 빼앗긴 슐레지엔 탈환 원함 — 프랑스는 영국을 견제하고자 라이벌이던 오스트리아와 동맹	— 1739년 영국과 스페인의 서인도제도 교역권 전쟁이 이듬해 오스트리아 왕위계승전쟁으로 이어짐 — 마리아 테레지아가 황제에 즉위하자 슐레지엔 땅을 탐낸 프로이센이 오스트리아를 침공
주요 교전국	— 영국과 프로이센, 포르투갈 대 프랑스, 오스트리아, 스페인, 러시아	— 오스트리아와 영국, 네덜란드, 하노버 왕국 대 프랑스, 프로이센, 스페인
결과	— 영국, 북아메리카와 서인도제도, 아프리카, 지중해에서 제해권 확보, 인도 식민지 독점 경영. — 프랑스와의 식민지 전쟁에서 승리 — 영국, 군비 과다 지출로 북아메카 식민지에 더 많은 세금을 부과, 식민지 독립의 계기가 됨. — 프랑스는 북아메리카 식민지에 군사적 지원 제공.	— 영국과 프랑스, 1748년 엑스라샤펠(Aix–la–Chapelle, 독일어로 아헨 Aachen) 강화조약 체결. — 북아메리카와 인도 식민지 전쟁 이전 상태로 반환. — 프랑스, 잉글랜드의 하노버 왕조 인정, 프랑스에 거주 중이며 잉글랜드 왕의 계승자임을 주장한 이들을 추방. — 양국의 잠정 휴전에 불과. — 제해권과 식민지 문제에서 원상회복만 했을 뿐임. — 프로이센에 슐레지엔을 빼앗긴 오스트리아는 복수를 노림. 프랑스가 이를 알고 있음.

초창기 전황은 영국에게 크게 불리했다. 인도에서는 1756년 여름에 프랑스와 동맹을 맺은 벵골의 태수가 5만 대군을 이끌고 캘

커타로 밀고 들어와 영국군을 밀어냈다. 이 전투에서 백여 명의 영국군 포로가 좁은 감방에 갇혀 질식해 사망하기도 했다. 1689년 동인도회사는 무굴제국 영토이던 벵골만의 자그마한 항구 콜카타Kolkata Calcutta, 캘커타를 강제로 빼앗았고, 이듬해 이곳에 교역소를 설치했다. 콜카타는 인근에 쌀과 황마 등 물산이 풍부했고, 해상운송의 요지에 위치했다.

동인도회사는 인도에서 나오는 쌀과 공업원료는 물론이고 중국산 차와 비단, 도자기도 이곳을 중간 기지로 삼아 영국 본토로 보냈다. 1756년 벵골 태수가 영국군을 몰아낸 것도 영국이 이곳에서 밀무역을 하며 현지 경제에 큰 타격을 입혔기 때문이었다. 프랑스는 이를 알고 벵골 태수를 지원했다. 북아메리카에서도 프랑스군이 현지 원주민과 함께 캐나다 온타리오 호수 인근의 영국 해군 기지를 공격했다. 지중해에서도 프랑스는 영국이 장악중이던 미노르카 섬을 침략했다.

그러나 피트의 지휘 아래 전열을 가다듬은 영국에게 1759년부터 전황이 차차 유리하게 역전되기 시작했다. 먼저 인도에서 영국군이 다시 기선을 잡았다. 당시 영국군은 로버트 클라이브Robert Clive가 지휘했다. 인도군에 비해 수적으로 열세였으나 클라이브는 벵골 태수 휘하의 고위 인사를 매수했다. 1757년 클라이브는 다시 콜카타를 되찾았고 인근 플라시Plassey에서 인도군과 영국군 간의 혈투가 벌어졌다. 이 전투도 클라이브가 인도군을 매수해 병력의 열세에도 불구하고 승리했다. 북아메리카에서도 영국군은 퀘벡과 몬트리올을 점령해 프랑스는 평화협정을 제안할 수밖에 없었다.

7년전쟁과 영국, 프랑스의 주요 전선
-유럽대륙-

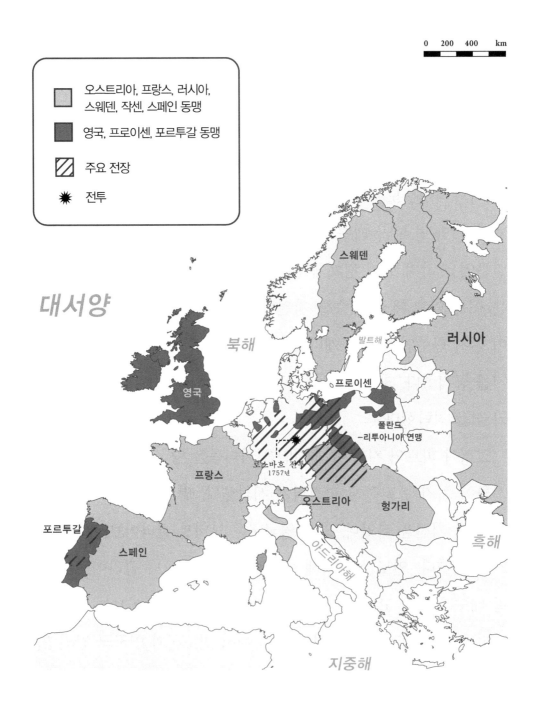

7년전쟁과 영국, 프랑스의 주요 전선
-북아메리카-

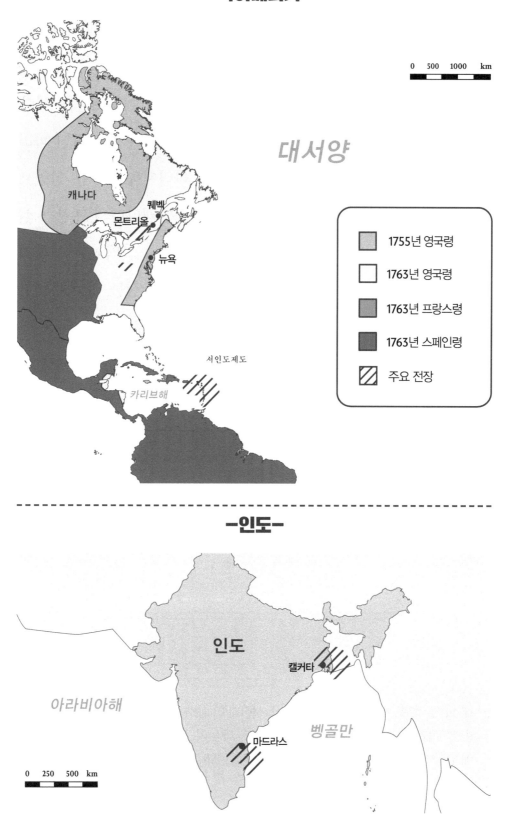

대서양

캐나다

퀘벡

몬트리올

뉴욕

서인도제도

카리브해

0   500   1000   km

1755년 영국령

1763년 영국령

1763년 프랑스령

1763년 스페인령

주요 전장

-인도-

인도

아라비아해

캘커타

벵골만

마드라스

0   250   500   km

피트의 실각과 1763년의 파리조약

프랑스가 스페인과 비밀협약을 체결해 영국의 해외 식민지를 공격한다는 사실을 알아낸 피트는 스페인을 공격하려 했다. 그러나 전쟁에 지친 귀족들과 상인들의 반대가 거세지고 전쟁의 조기 종결을 원한 조지 3세가 1760년 즉위했다. 피트는 이듬해 사임했다. 이후 영국 대 프랑스, 스페인 간의 전쟁이 계속되다가 1763년 파리조약으로 종결되었다. 영국은 북아메리카 식민지를 대부분 얻었으며 인도를 독점적으로 지배할 수 있게 되었다. 캐나다의 프랑스 식민지 전부와 케이프브레튼 섬, 알레게니Allegheny 산맥과 미시시피 강 사이의 전 지역, 그레나다 등 서인도의 여러 섬들. 노예무역항 아프리카의 세네갈, 지중해의 미노르카 등을 확보했다. 영국은 명예혁명 후 70년 넘게 벌여온 프랑스와의 전쟁에서 승리를 거둬 이제 거대한 제국으로 가는 길을 열기 시작했다. 그러나 긴 전쟁에서 많은 군비를 지출해 북아메리카 식민지에 더 많은 세금을 부과하게 되었고 이는 식민지와의 전쟁으로 이어졌다. 프랑스는 식민지를 군사적으로 지원해 독립을 돕게 된다.

대 피트는 1766년 총리로 임명되었으나, 식민지 아메리카에 대한 과도한 조세 정책에 반대하다가 사임했다. 아들인 소 피트는 총리 재임 기간 동안 영국 내 노예제도 폐지에 앞장섰으나, 그 결실은 그가 사망한 다음 해인 1807년에야 맺어졌다.

프랑스의 복수
영국은 식민지 미국을 잃다

식민지 미국이 영국으로부터 독립을 선언하고 전쟁을 벌였다. 프랑스는 미국에 대규모 군을 파견해 식민지가 독립을 쟁취하는 데 큰 기여를 했다. 그러나 프랑스는 이 참전으로 막대한 재정을 허비해 이게 대혁명의 도화선이 되었다.

"대표 없이 과세 없다"

7년전쟁에서 승리한 영국은 여러 대륙에 많은 식민지를 거느리게 되었지만 군비를 많이 지출하는 바람에 식민지 미국에 새로운 세금을 부과해야 했다. 1765년 인지법Stamp Act이 공포되었다. 모든 인쇄물에 인지를 붙이게 하여 세금을 거두려 했다. 13개 식민지는 "대표 없이 과세 없다"no taxation without representation는 헌정원칙을 내세워 맹렬한 철폐운동을 펼쳤다. 미국에서 영국 의회에 의원을 보내지도 못하는데, 정작 세금은 내야 하는 게 부당하다는 항의 표시였다. 이 법은 결국 철폐되었지만 2년 후에는 타운센드법Townshend Act이 생겨 차와 종이, 도료, 납 등에 과세하려 했다. 식민지가 거세게 반대하자 차에 부과한 세금만 남았다. 영국과 식민지 간 갈등이 깊어지는 가운데 증오의 상징이던 동인도회사의 차를 가득 실은 배가 보스턴 항구에 정박했다. 1773년 12월 식민지 시민들은 인디언으로 가장해 배에 난입해 차 상자를 바다로 다 집어던져 버렸다. 이것이 미국 독립전쟁의 도화선이 된 '보스턴차사건Boston Tea Party'이다. 영국은 보스턴 항구를 봉쇄하는 등 여러 가지 강압적인 조치를 취했다. 이듬해 식민지 대표들이 모여 영 의회가 식민지에 입법권을 보유하지 않고 있다며 본국과 통상을 단절할 것을 결의했다. 1775년 4월 보스턴 근교 렉싱턴Lexington에서 영국군과 식민지 민병대가 충돌하면서 독립전쟁의 서막이 올랐다.

영국의 헌정원칙을 그대로 수용한 미 독립선언서

1776년 7월 4일 미 필라델피아에서 식민지 대표들이 모여 독립선언서를 발표했다. 이 문서는 13개 식민지에게 영국으로부터의 분리 독립이 필요한 이유를 명시했다. 인간은 평등하게 태어났으며 생명과 자유, 행복추구권과 같은 창조주가 부여한 남에게 넘겨줄 수 없는(양도할 수 없는) 권리를 보유했다. 정부는 이런 권리를 보장하기 위해 피치자(국민)의 동의에 따라 설립되었다. 그런데 정부가 이런 권리를 파괴한다면 이를 보장할 수 있는 새로운 정부를 수립할 권리가 있다고 천명했다. 이어 선언서는 영국 왕이 식민지 의회의 정당한 권리 행사를 지속적으로 거부하여 손해와 찬탈을 자행했음을 열거하며 비판했다. 계속해 이를 시정해달라고 청원했지만 오히려 더 피해를 주었다며 13개 식민지에 자유롭고 독립된 국가가 될 권리가 있다고 선언했다. 이 선언서에는 영국의 대헌장과 권리장전에서 천명된 의회의 승인 없이, 즉 대표 없이 과세 없다는 조항이 그대로 적용되었다. 특히 독립선언서 초안을 쓴 토머스 제퍼슨은 존 로크의 사상 – 정부는 통치자와 피치자의 사회계약으로 이루어지며, 통치자가 이 계약을 위반할 경우 피치자가 정부를 변경(교체)할 권리를 보유한다 – 을 원용했다.

프랑스의 식민지 지원이 미국 독립에 결정적으로 기여

영국의 육해군은 당시 프랑스 및 스페인 등과 수십 년간 오랜 전쟁을 치른 세계 최정예군이었다. 반면 13개 식민지는 주로 민병대로 구성되어 정규 훈련을 받지 못한 사람이 상당수였다. 하지만 전쟁이 장기화하자 영국군은 군수품 보급에 어려움을 겪었다. 또 영국군이 친영파Loyalists가 많은 남부쪽 내륙으로 들어가 거주민들을 괴롭히자 원치 않았던 식민지 백성들도 반영감정을 지니게 되었다. 시간이 흐를수록 식민지 백성의 애국심이 고취되었다. 그러나 식민지가 승리할 수 있었던 결정적 원인은 프랑스의 참전이었다.

13개 식민지는 영국의 패전으로 가장 큰 이득을 볼 국가가 프랑스임을 간파하고 프랑스의 참전을 이끌어내기 위해 외교적 노력을 경주했다. 그러나 전쟁 초기에 프랑스는 매우 신중했다. 중립을 선언한 네덜란드의 항구를 통해 화약과 대포 등 군수품을 비밀리에 지원했을 뿐이었다. 식민지를 외교적으로 승인하고 군을 파견한 것은 개전 후 거의 3년이 지난 1778년 2월에야 이루어졌다. 1777년 12월 새러토가Saratoga 전투에서 식민지군이 승리하자 프랑스는 승산이 있음을 알고 지원을 결정했다. 독립선언서에 서명했던 벤저민 프랭클린이 당시 주프랑스 미국 대사였다. 이후 스페인과 네덜

미 독립전쟁을 지휘중인 라파에트 장군

란드도 식민지를 지원했다. 새러토가 전투 패배 후 영국의 입장은 다급해졌다. 13개 식민지가 전쟁을 멈춘다면 완전한 자치를 허용하겠다는 제안을 당시 총리인 노스가 제안할 정도였다.

최소한 1만 명이 넘는 해군과 육군을 파견한 프랑스군은 식민지군과 연합작전을 펼쳐 1781년 10월 중순 요크타운Yorktown 전투에서 대승을 거두었다. 이후 파리에서 협상이 전개되어 1783년 파리조약으로 식민지 미국은 독립을 쟁취했다. 당시 가장 유명한 프랑스 장군인 라파예트 후작Marquis de Lafayette이 요크타운 전투를 지휘했다. 워싱턴 D.C에는 그의 이름을 딴 공원과 동상이 있다.

프랑스는 7년전쟁의 패배를 설욕하기 위해 그리고 당시의 계몽사상이 반영된 미국의 독립선언서를 보며 자국의 국격을 전파하기 위해 수천 킬로미터 떨어진 미 독립전쟁에 참전한 것으로 역사가들은 해석한다. 그러나 프랑스는 이 전쟁 지원에 약 20억 리브르를 지출한 것으로 추정된다. 1789년 프랑스혁명이 발발한 해 프랑스는 일 년에 25억 리브리의 통화를 발행했고 왕실의 총부채는 그 2배 정도였다. 이처럼 재정이 바닥나자 1789년 봄 루이 16세는 할 수 없이 삼부회를 소집했고 이게 프랑스혁명의 도화선이 되었다.

필라델피아 독립선언서 초고에는 영국의 노예무역에 대한 비판이 담겨 있었지만, 실제로 발표할 때 그 내용은 삭제되었다. 선언서 발표를 주도한 이들이 대부분 농장주였기 때문이다.

애덤 스미스는
시장 만능주의자가 아니다

애덤 스미스는 스코틀랜드의 글래스고 대학교에서 도덕철학을 가르쳤다. 그는 분업이 생산성을 높일 수 있고 보이지 않는 손이 개인의 이익과 전체의 이익을 조화롭게 조정해준다고 여겼다. 이 학자는 프랑스의 중농주의와 중상주의를 비판하며 자유무역을 주창한 『국부론』을 1776년 발간했다.

『국부론』의 기초가 된 대여행

『국부론』을 쓴 애덤 스미스1723~1790는 스코틀랜드 사람이다. 옥스퍼드 대학교에서 장학생으로 공부한 후 1751년부터 스코틀랜드의 글래스고 대학교에서 도덕철학을 가르쳤다. 당시 도덕철학은 신학과 철학, 정치경제와 같은 여러 학문 분과를 포함하는 포괄적인 학문이었다. 글래스고는 1707년 스코틀랜드가 잉글랜드에 합병된 후 번창하던 도시였고, 스미스가 활동하던 때는 스코틀랜드의 계몽운동 시기라 불리며 경제와 문화가 번성했다.

백면서생으로 지내던 스미스 교수의 명성이 세간에 알려지면서 그에게 좋은 기회가 왔다. 당시 재무장관이던 찰스 타운센드가 아들 체스터필드 백작의 가정교사가 되어 대륙을 여행할 수 있겠냐고 이 교수에게 제안했다. 일 년에 교수 연봉의 3배인 500파운드의 보수와 여행에 드는 경비, 그리고 평생 연금으로 같은 액수를 약속했다. 당시 영국 사회에서 귀족의 자제들은 유명한 가정교사와 몇 년간 대륙을 여행하는 게 유행했다. 이른바 대여행Grand Tour은 영국의 문화적 열등감을 보완하기 위한 방안이었다. 이들은 가정교사와 함께 프랑스와 이탈리아 등 대륙의 문화 중심지를 탐방하며 배웠다.

그는 1764년 귀족 자제와 프랑스로 가서 당시 유명한 계몽주의 철학자 볼테르를 만났다. 또 농업 노동자만이 부를 생산한다고 여기는 중농주의 경제학자 프랑수아 케네François Quesnay와 장시간 논쟁을 벌이기도 했다. 여행하면서 틈틈이 관련 글을 쓰기 시작했고, 2년 후 스코틀랜드로 돌아와 고향에서 집필에 매달렸다. 영국뿐 아니라 프랑스 등 100명이 넘는 다른 나라 학자들의 저서를 검토하고 산업혁명 초기 영국 상황 분석도 추가했다. 12년 후인 1776년, 『국부론』이 출간되었다. 이 책의 제목은 "여러 나라 부의 본질과 원인에 관한 한 조사An Inquiry into the Nature and Causes of the Wealth of Nations"인데 줄여서 보통 『국부론』으로 불린다.

이기심과 경쟁, 보이지 않는 손invisible hand
『국부론』 1권 1장은 분업(작업과정, 공정의 세분화와 전문화)이 노동 생산력을 높여줌을 쉽게 설명한다.

"아주 자그마한 핀 공장의 예를 들어보자. 이 공장에서 아주 흔히 분업을 볼 수 있다. 핀 만드는 직업 훈련을 받지 않았거나 제작에 필요한 기계 사용에 익숙하지 않은 사람은 하루에 핀 한 개도 제대로 만들지 못

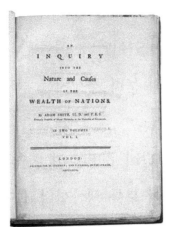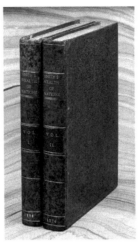

국부론 초판 책

한다. 20개 만드는 것은 거의 불가능할 것이다. 하지만 현재 핀 공장의 업무 방식을 보면, 업무 전체가 고유 업무이고 이 업무가 여러 공정으로 나누어져 있다. 철사를 잡아 뽑는 사람, 철사를 펴는 사람, 자르는 사람……. 열 명이 일하는 이런 공장에 가본 적이 있다. 한 근로자가 몇 개 공정을 맡고 있다. 열 명이 12파운드의 핀을 만들 수 있었다. 1파운드당 중간 크기 핀 4천 개다. 노동자 열 명이 4만8천 개의 핀을 만드는 셈이니 한 사람에 하루에 4천 개 핀을 만들 수 있다는 얘기다."

스미스가 말하는 것은 분업의 효과다. 제조 과정에서 분업이 이루어지지 않는다면 한 사람이 하루에 핀 한 개를 만들기도 어렵다. 그러나 분업을 하면 하루에 4천 개 정도를 만들 수 있다며 당시 자그마한 공장에서 쉽게 볼 수 있는 예를 들어 설명한다.

이어 이기적인 개인을 전체의 이익과 조화되게 조정해주는 보이지 않는 손을 이야기한다. 식탁에서 우리가 빵과 고기를 먹을 수 있는 것은 제빵업자나 정육점 주인의 이기심 때문이다. 개인이 모두 이기적으로 경쟁을 하며 행복을 추구하려고 일을 하는데도 사회 전체의 이익과 조화를 이루는 것은 보이지 않는 손 덕분이다. 그가 본 이 시장 메커니즘은 자동적이다. 특정 산업이 다른 산업보다 돈을 많이 번다면 자본가들이 여기에 투자한다. 투자가 몰리면 과잉생산되고, 수익이 떨어진다. 마찬가지로 노동력이 부족하다면 노동자 임금이 올라가고 그 결과로 노동자들이 더 많이 취업하면 임금이 내려간다. 스미스는 당시 산업혁명 초기 소규모 제조업이나 가내 수공업이 발달하던 영국 사회의 틀 안에서 시장이 작동하는 메커니즘을 분석했다.

시장 만능주의자로 후세에 왜곡된 애덤 스미스

얼핏 보면 스미스는 자본가를 지지한 것으로 보인다. 그러나 그는 특정 계급을 편들어 서술하지 않았다. 오히려 신흥 자본가들에게 "대중을 속이고 심지어 억압하려는 경향이 있다"고 봤다. 그가 보기에 "소비는 모든 생산의 유일한 목표이며 목적이다". 그러나 자본가들은 더 많은 이윤을 확보하려고 특정 산업 보호를 요구한다.

이 정치경제학자는 정부의 시장기구에 대한 쓸데없는 간섭, 예를 들어 수입 제한이나 수출 보조금을 반대했다. 따라서 프랑스의 중농주의자와 당시 프로이센 등에서 시행되던 중상주의 정책도 강력하게 비판했다. 관세를 부과해 수입을 최대한 억제하고 수출을 장려하는 게 중상주의 정책이다. 당시 영국도 항해법을 시행하고 관세제도를 운영해 보호무역 체제였다. 1773년에 시행된 곡물법은 국내 곡물(밀과 보리를 의미)의 수출을 금지하고 곡물 가격이 크게 오를 경우에만 제한적으로 외국산 곡물의 수입을 허용했다.

반면 시장이 공급하기 어려운 일 —도로와 교육, 폭력과 침략으로부터 시민 보호 등— 은 정부가 나서서 해주어야 한다고 봤다. 그렇지만 19세기 산업혁명이 절정에 이르면서 스미스는 "시장을 그냥 내버려 두라"는 경제정책을 지지한 원조 이론가로 악용되었다. 그를 정부가 시장에 절대 개입해서는 안 된다 주장하는 시장 만능주의(시장 근본주의)자로 왜곡한 것이다. 자본가들은 그의 사상 일부만을 임의적으로, 본인들의 목적에 맞게 왜곡했다. 다시 강조하지만, 애덤 스미스는 시장 만능주의자가 아니다.

카를 마르크스의 평생의 동지였던 프리드리히 엥겔스는 "영국의 산업혁명은 와트의 발명만이 아니고 애덤 스미스 사상의 표현이기도 하다"라고 스미스의 위대함을 표현했다. 그는 자본주의 경제에서 작동하는 메커니즘을 만든 하나의 체제 건축가였다. 물론 그는 산업혁명 초기 사회를 관찰해 대기업의 등장과 이들의 독점적 이윤추구 등 이후 자본주의 발전 과정에서 불거져 나온 여러 가지 폐해를 예상하진 못했다. 개인의 이익을 조정해 사회 전체의 이익과 조화롭게 만드는 보이지 않는 손의 작동을 강조했다. 이런 점에서 그는 사회를 지나치게 낙관적으로 보았다.

상류층과 부유층의 전유물이었던 대여행, 즉 그랜드투어는 철도 및 증기선의 보급과 함께 점차 근대적인 의미의 "관광"에 그 자리를 내주어야 했다.

산업혁명과 혁신
제임스 와트와 리처드 아크라이트

산업혁명은 동력원의 변화와 제조업 중심 사회로의 변화를 의미한다. 제임스 와트는 증기기관을 혁신해 널리 보급했다. 아크라이트는 수력 방적기를 활용해 현대식 공장제 노동을 도입했다.

농업사회에서 공업사회로의 변화

산업혁명Industrial Revolution이라는 용어는 19세기 영국 경제사가 아놀드 토인비Arnold Toynbee가 처음으로 사용했다. 그는 1760년대에 농업과 제조업, 상업 등에서 시작되어 19세기 중반까지 일어난 영국 사회의 급격한 변화를 이렇게 이름 지었다. 보통 혁명은 짧은 기간의 급격한 변화를 의미하지만 산업혁명은 거의 한 세기 정도 걸렸다. 그래도 이전 시기와 비교해 큰 변화가 있었고 단절성을 강조하기 위해 혁명이라는 용어가 사용되기 시작했다.

산업혁명이 일으킨 변화는 무척 컸다. 우선 이전과 비교해 동력원과 연료가 변했다. 사람의 근력이나 동물의 힘을 쓰다가 기계가 이를 대신해 대량생산을 하면서 생산성이 크게 올랐다. 연료도 목재에서 석탄으로 바뀌었다. 가내 수공업에서 공장제 기계공업으로 변했다. 전통적인 농업사회가 공업사회로 점차 변모했다. 그런데 왜 이 큰 변화가 유독 영국에서 먼저 시작되었을까?

그것은 이것이 가능한 정치경제적 조건이 영국에서 갖춰져 있었기 때문이다. 17세기 두 번의 혁명 후 영국에서는 정치적 안정이 유지되었다. 석탄과 같은 동력원이 된 풍부한 지하자원도 있었다. 1707년 스코틀랜드와 연합왕국이 형성된 후 운하와 도로 건설로 통일된 국내시장을 갖추었다. 1760년대 영국의 내륙운하 총 길이는 약 1,600킬로미터에 이르렀다. 두 차례의 인클로저운동으로 농업생산이 크게 증가했고 농촌에서 방출된 농민이 저임금 노동자로 흘러들었다. 식민지 교역과 사회경제적 변화로 돈을 번 상인과 대지주들이 쌓은 풍부한 초기 자본, 1694년 영국은행의 설립과 각종 주식회사의 설립으로 안정적인 금융제도도 영국에서 산업혁명을 일어나게 한 요인으로 꼽힌다.

"여러분이 갖고자 하는 파워를 팝니다"
증기기관의 혁신가 와트와 동업자 볼턴

"여기 공장에서는 세상사람 모두가 갖고자 하는 파워를 팝니다(I sell here, Sir, what all the world desires to have — POWER)."

영국 중부 버밍엄에 있는 공장을 방문한 사람에게 제임스 와트의 동업자 매튜 볼턴이 한 말이다. 그는 아이디어와 사업의 귀재로 와트의 증기기관을 혁신하고 확산하는 데 일등공신이다.

산업혁명 주요 연표

1769년	제임스 와트 개선된 증기기관 특허 출원, 1776년부터 시판
1775년	리처드 아크라이트 수력 방적기 특허 출원
1810년대	노동자들, 기계파괴(러다이트 운동) 운동
1825년	조지 스티븐슨, 증기 기관차 스톡턴–달링턴 노선 운항 시작
1837년	미국인 발명가 새무얼 모스 전신기 발명(전보 치는 게 가능해짐)

우리는 흔히 제임스 와트James Watt, 1736~1819를 증기기관을 발명한 사람으로 잘못 알고 있다. 와트는 증기기관의 발명자가 아니라 그것을 혁신적으로 개선해 널리 보급한 사람이다. 발명자는 따로 있다. 1698년 토머스 세이버리Thomas Savery가 증기기관 특허를 처음 출원했다. 그 뒤 토머스 뉴커먼Thomas Newcomen이 이를 개선했다. 초기 증기기관은 대부분 광산에서 사용되었다. 석탄을 캐기 위해 땅속 깊숙하게 들어갈수록 물이 많이 고였는데, 이를 퍼내는 데 이용되었다. 초기 증기기관은 약 40리터의 물을 47미터 높이까지 끌어 올릴 수 있었는데, 성능 좋은 물레방아와 그리 차이가 나지 않았다. 게다가 이 기관을 설치하려면 2층 높이의 건물이 필요했고 너무 많은 석탄을 사용했다. 증기기관이 분명 새로운 기술이긴 했다. 하지만 차지하는 부피가 크고, 열효율도 낮고, 연료도 너무 많이 사용해 시장성이 크게 떨어졌다. 그래서 광산에서의 제한적 이용 말고는 특별한 사용처를 찾을 수가 없었다. 이것을 더 작게 만들고, 열효율을 크게 높이며 연료도 적게 쓰게 개량한 이가 바로 제임스 와트다.

스코틀랜드에서 태어난 와트는 1757년부터 글래스고 대학에서 작은 공방을 열어 대학에서 요구하는 기계를 제작해주거나 수리해주는 일을 했다. 1763년 뉴커먼 증기기관 수리를 하다가 이를 혁신하게 된다. 뉴커먼의 기관은 실린더를 가열한 뒤 다시 냉각하는 과정을 반복하며 움직이기 때문에 필요한 열의 대부분을 낭비한다. 여기에 와트는 콘덴서condenser, 액화장치를 만들어 열효율을 획기적으로 개선했다. 실린더의 증기를 별도로 연결된 관(콘덴서)에 보내서 어느 정도 식히고, 실린더는 온기를 지속해주는 것이다. 일부러 실린더를 식히고 다시 가열하는 과정을 밟을 필요가 없어졌기 때문에 열효율이 두 배 이상 높아졌고 크기도 작아졌다. 와트는 1769년 이 기관을 특허출원했다.

와트는 이 과정에서 동업자 매튜 볼턴Matthew Boulton, 1728~1809을 만났다. 둘이 찰떡궁합을 이루어 버밍엄에서 동업을 하면서 1776년 새 제품을 시장에 선보였다. 와트의 증기기관은 광산에 차 있는 물을 아주 빠른 시간 안에 삽시간에 끌어 올려 인기를 얻었다. 볼턴은 다른 산업 분야에서 증기기관 시장을 새로 찾아냈고 와트에게 이에 걸맞는 제품을 생산하도록 조언하여, 다양한 증기기관이 제조되었다. 철 용광로에 강력한 바람을 불어넣는 송풍기도 이때 제작되었다. 이 송풍기는 용광로를 빠르게 높은 온도로 올릴 수 있어 제철업도 발전했다. 증기기관이 제철 생산량을 더 늘렸고 이렇게 생산된 철이 증기기관 제작에 필요한 장비를 만들어냈다. 영국의 철 생산 규모는 1788년부터 반세기 동안 20배 이상 증가해 거의 140만 톤 정도를 기록했다. 18세기 말까지 증기기관은 광산

뿐만 아니라 제철업, 면직물, 모직물, 맥주, 밀가루, 도자기 공장에서 주요 동력원으로 사용되었다. 적은 양의 석탄으로 많은 산업분야에서 사용될 수 있어 와트의 증기기관이 유럽뿐 아니라 미국 등 여러 나라로 전파되었다. 우리가 와트하면 증기기관을 떠올리는 이유다.

버밍엄의 제철업자 존 윌킨슨John Wilkinson, 1728~1808이 와트가 개선한 증기기관을 제작했다. 그는 아주 큰 실린더에 맞는 정확한 피스톤을 제작해 와트/볼튼을 도왔다. 증기기관 제조의 혁신이 철강산업과 긴밀하게 연관되어 선순환하면서 기초 산업이 발전했다. 1805년 영국의 넬슨 제독은 트라팔가르해전에서 나폴레옹군을 격파했다. 이 때 사용된 대포도 윌킨슨 용광로에서 만들어졌다.

아크라이트, 면직물 대량생산과 현대식 공장 운영

리처드 아크라이트Richard Arkwright, 1732~1792는 '면화 왕'cotton king, 혹은 '산업혁명의 아버지'라 불리곤 했다. 그는 면공업을 기계화했고 대량생산하는 공장을 운영했다.

아크라이트는 수력 방적기water frame를 1775년에 특허 출원했다. 면화에서 실을 뽑아내 천을 짜는 과정을 기계가 대신했다. 초기에는 강가나 계곡의 물을 동력으로 썼으나 1777년부터 증기기관을 사용하기 시작했다.

물을 동력으로 사용할 때는 면직공장이 물이 많은 농촌에 있었다. 이제 증기기관을 동력으로 사용하면서 공장이 탄광 인근이나

2011년 발행된 50파운드 지폐 뒷면

교통이 편한 곳에 위치할 수 있어 도시 인근에 설립되었다. 잉글랜드 중부의 맨체스터에는 1782년 2개 공장뿐이었으나 20년 후에는 무려 52곳으로 급증했다.

그의 공장에서는 여성과 어린이들이 주로 일했다. 기계가 쉬지 않고 24시간 돌아갔고 노동자들은 하루 2교대로 근무했다. 공장에서 일하는 1,100여 명의 노동자 가운데 3분의 2가 어린이였다. 당시에는 가난한 가정에서 입을 덜기 위해 아이를 일하게 하는 게 보통이었다. 당시 아동은 재워주고 먹여주기만 하고 임금은 주지 않거나, 임금을 준다 해도 성인 임금의 10~20퍼센트 정도를 받았을 뿐이다.

아크라이트와 같은 기업가와 저임금 노동자 덕분에 18세기 후반 반세기 동안 영국은 세계 제일의 면공업 국가가 되었다. 이 기간에 면공업은 상품 가치로 계산해 1천 배 정도 성장했다. 1789~1802년 영국의 면화 수입량이 500만 파운드에서 12배 늘어났다.

2011년 영국의 최고액권 50파운드 지폐 뒷면에 볼튼과 와트가 등장했다. 앞면에는 엘리자베스 2세가 새겨졌다. 왼쪽의 인물이 볼튼(밑에 "파워를 팝니다" 문구가 있음)이며, 오른쪽에는 제임스 와트("오로지 기계 생각밖에 없습니다")가 있다.

『국부론』을 쓴 애덤 스미스와 경험주의 철학자 데이비드 흄, 제임스 와트, 시인 로버트 번스 등은 18세기 스코틀랜드 계몽주의의 대표자이다.

산업혁명기의 주요 도시와 탄광, 철도

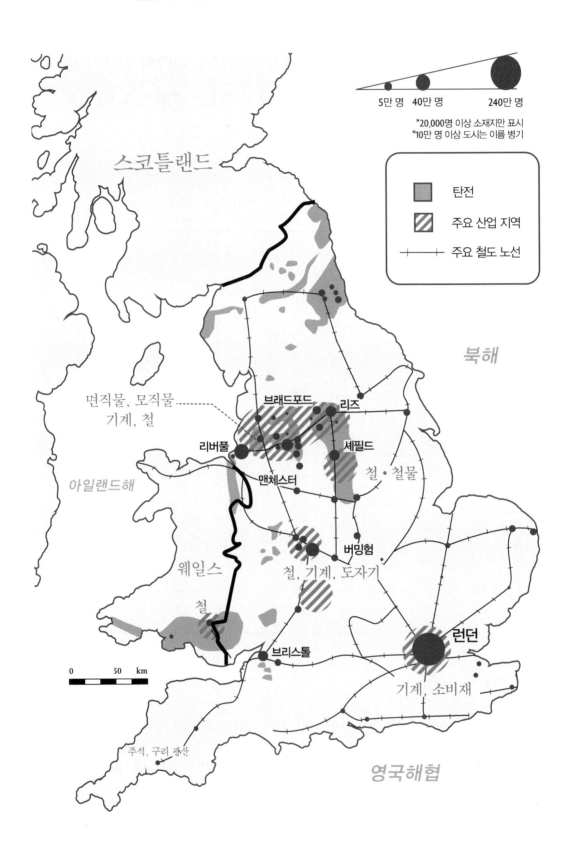

5만 명 40만 명 240만 명

*20,000명 이상 소재지만 표시
*10만 명 이상 도시는 이름 병기

탄전

주요 산업 지역

주요 철도 노선

스코틀랜드

북해

면직물, 모직물
기계, 철

브래드포드

리즈

리버풀

셰필드

아일랜드해

맨체스터

철 · 철물

버밍험

웨일스

철, 기계, 도자기

철

런던

브리스톨

기계, 소비재

0   50   km

주석, 구리 광산

영국해협

산업혁명의 종자돈이 된 노예무역

17세기 중엽부터 150여 년간 영국은 아프리카 노예를 아메리카 식민지로 팔고 막대한 금은을 벌어들였다. 이는 산업혁명의 종자돈이 되었다.

인간을 팔아 이득을 얻는
계몽주의 시대의 아이러니

초대형 화물선에 승선한 밴 쾨크씨가 선실에서
이번에 선적한 화물의 가치와 이득을 계산중이네.
고무도 좋고, 후추도 좋다. 300자루에 300통.
금도, 상아도 있네. 검은 상품이 훨씬 더 좋다네.
세네갈 해안에서 600명의 흑인을 아주 싸게 샀지.
럼주와 보석을 주고 아주 싸게 샀다네.
절반만 생존해도 8배 수익을 올릴 수 있지.

— 독일 시인 하인리히 하이네의 시 「노예선」

독일의 참여 시인 하이네1797~1856는 영국을 비롯한 프랑스 등 유럽 각국이 자행한 노예무역을 위 시에서 눈에 선하게 묘사했다. 19세기 조국 프로이센의 전제정치를 강력하게 비판했던 하이네는 계몽주의 시대에 버젓이 인간을 팔아넘기는 이런 행위에 메스를 들이댔다.

3배의 수익을 올린 노예무역, 지속된 삼각무역

노예무역을 먼저 시작한 나라는 해외 식민지 개척에 앞장선 포르투갈과 스페인이다. 이 두 나라는 15세기 말~16세기 초 노예무역을 시작했다. 스페인과 포르투갈이 노예무역으로 떼돈을 벌자 영국도 찰스 2세 때인 1672년에 이를 담당하는 왕립아프리카회사Royal Africa Company, RAC를 설립했다. 비공식적으로는 이보다 20년 전부터 이 장사가 시작되었다. 왕립아프리카회사는 스튜어트 왕조로부터 이 지역의 무역 독점을 허가받았고 노예무역도 이에 포함됐다. 영국 노예상인들은 아프리카 서해안 지역에 노예 기지를 세우고 노예시장을 열었다. 노예는 도망가지 못하도록 철사로 어깨를 뚫어 우리에 가두었고, 사람이 아니라 짐승처럼 취급되었다. 거래가 성사되면 어깨나 가슴에 달구어진 인두로 회사명이 새겨진 낙인을 찍어 신대륙으로 운송했다. 짐처럼 취급되었기에 30명이 정원인 90톤 무역선에 13배나 많은 노예를 싣는 일도 예사였다. 아메리카로 운송되는 과정에서 병에 걸려 죽는 노예가 약 30퍼센트 정도를 차지했다.

삼각무역의 구조

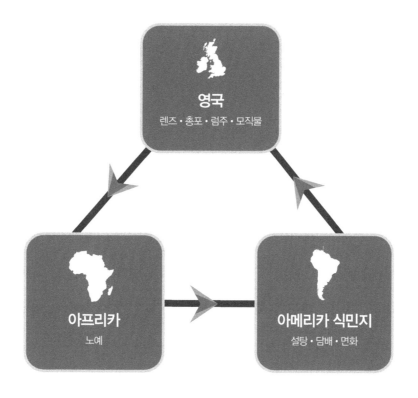

런던은 1660~1720년대까지 노예무역의 항구로 번창했다. 영국의 남서부 항구도시 브리스틀Bristol (1720년대부터 1740년대까지)과 북서부 리버풀Liverpool(1740년대부터 1807년)이 이후 노예무역의 중심 항구가 되었다. 이 두 도시는 정부의 지원으로 사탕수수와 노예무역을 독점했다. 브리스틀은 17세기 초반에 세금 수입이 1만 파운드 정도였으나 노예무역 중심지가 되면서 18세기 중반에는 33만 파운드 넘게 급증했다. 1795년 리버풀의 노예무역은 영국 전체 노예무역의 62.5퍼센트를 차지했다. 이는 유럽 노예무역의 40퍼센트 정도였다. 인근의 맨체스터와 버밍엄 등은 삼각무역에 필요한 렌즈와 강철을 생산하는 공업도시로 번창했다. 영국은 삼각무역으로 가장 큰 혜택을 본 나라다. 보통 300퍼센트 수익을 올렸다. 5척에

1척 정도는 조난을 당했지만 아주 수지맞는 장사였다.

정확한 통계는 없지만 영국 국립문서보관소National Archives 자료를 보면 17세기 중엽부터 노예무역이 폐지된 1807년까지 150년이 넘는 기간 동안 영국 노예상인들은 약 250~310여만 명의 흑인 노예를 신대륙에 팔아 1천만 파운드가 넘는 수익을 올린 것으로 추정된다. 영국뿐 아니라 스페인, 포르투갈, 프랑스 등 유럽 다른 나라의 노예무역까지 합하면 5세기부터 19세기 말까지 940~1,400만 명 정도의 흑인 노예가 실려 나갔다. 아프리카의 여러 왕조는 인구가 줄어들고 황폐화됐고, 그 뒤 사실상 무방비 상태가 되어 19세기 중반부터 유럽 제국주의의 각축장이 되었다. 이런 역사적 제약 때문에 아프리카와 유럽의 불평등한 교역관계는 아직도 계속되고 있다.

노예무역은 보통 삼각무역의 형태로 진행되었다. 이 무역에 종사한 상인들은 영국 리버풀 인근의 공업도시 랭커셔나 맨체스터에서 생산하는 렌즈와 강철, 총, 모직물, 럼주와 화약, 모직물을 아프리카 서해안에서 노예와 교환했다. 이후 상인들은 노예를 배에 싣고 서인도 제도 카리브 해의 자메이카나 영국령 북아메리카 식민지 사탕수수 농장에 노예를 판매했다. 그리고 노예가 만든 설탕이나 담배, 면화를 영국으로 수입해 큰돈을 벌었다.

노예무역은 연관 산업의 발전에도 기여했다. 노예를 실어 나르려면 아메리카 식민지까지 최소 몇 천 킬로미터를 왕복할 수 있는 선박이 필수였다. 난파나 손실 대비책도 필요했다. 따라서 조선업과 함께 투자에 필요한 은행, 보험업 등이 덩달아 발전했다.

1807년 노예무역 폐지법은 인도주의와 흑인 노예의 반란 덕분

그런데 이렇게 수지맞는 노예무역이 1807년에 영국에서 금지되었다. 영국 안에서 이 무역의 잔혹성을 비판하며 정의의 이름으로 철폐운동을 펼친 시민들이 있었다. 카리브 해와 아메리카 식민지에서 흑인 노예들의 반란도 끊이지 않았다. 국내외적 요인이 합쳐져 이 잔혹한 돈벌이가 폐지되기에 이르렀다.

먼저 해외 식민지에서 짐승처럼 취급을 받던 노예들의 반란이 계속해서 일어났다. 1791년 당시 프랑스의 식민지였던 카리브 해 생도맹그Saint-Domingue의 사탕수수 밭에서 일하던 수천 명의 흑인 노예들이 반란을 일으켰다. 이들은 많은 사탕수수밭을 불태웠고, 나폴레옹이 보낸 군과도 싸워 이겨 1804년에 아이티로 독립했다. 인근 영국의 식민지에서도 흑인 노예들의 반란이 종종 있었다.

영국 안에서 노예무역 폐지는 점진적으로 전개되었다. 주로 기독교 인도주의자들이 노예무역 폐지를 요구했다. 1787년 노예무역 폐지 협회가 결성되었다. 이 협회 회장은 윌리엄 윌버포스William Wilberforce였고 토머스 클락슨Thomas Clarkson과 조지 폭스George Fox, 메리 울스톤크래프트Mary Wollstonecraft가 주도적으로 참여했다. 협회 회원의 10퍼센트 정도는 중류층 여성으로 노예가 만든 생산품 사용을 거부하는 운동도 펼쳤다. 기회가 될 때마다 모임을 열어 이 문제의 심각성을 알렸고 의원들에게 청원서도 계속해 보냈다. 1799년 런던과 브리스톨, 리버풀 세 개 항구도시로 노예무역을 제한하는 법이 제정됐다. 그 뒤 나폴레옹 전쟁이 한창이던 1807년 노예무역 폐지법이 공포되었다. 1833년에는 대영제국에서 노예제를 폐지하는 법이 나왔다. 영국 해군은 1807년 이후 아프리카 서해안과 카리브해를 돌며 불법 노예무역이 자행되는지를 감시했다. 아프리카 국가들과 노예무역 금지 조약을 체결하고 네덜란드 및 스페인등과도 유사한 조약을 체결했다. 영국이 제해권을 장악했기에 이런 감시활동이 가능했다.

그러나 영국 국내에서 법이 제정되었다고 흑인들의 고통이 끝난 것은 아니었다. 식민지에서는 여전히 몇 년간 도제라는 이름으로 흑인들을 무급 고용했다. 노예제폐지법은 등록한 노예 소유자에게만 노예라는 재산을 상실하는 것에 대해 보상을 해주었을 뿐이다. 이 법의 통과를 위해 당시 정부는 2천만 파운드를 빌려왔다. 보상이 시작된 1834년에만 재무부 조세 수입의 40퍼센트, 당시 영국 국내총생산GDP의 5퍼센트를 차지한 거금이었다.

1791년 8월 23일, 프랑스의 식민지였던 카리브 해 생도맹그 사탕수수 밭에서 일하던 수천 명의 흑인노예들이 반란을 일으켰다. 이후 생도맹그는 1804년에 아이티로 독립했다. 유엔의 국제 노예무역 폐지 기념일이 바로 8월 23일이다. 알레호 카르펜티에르의 소설 『이 세상의 왕국』이 바로 이 반란 사건을 주요 줄거리로 삼고 있다.

중국
영국을 두 번 퇴짜를 놓다

영국은 노예무역으로 벌어들인 금은을 중국 및 인도와의 교역에 썼다. 중국산 차를 수입하느라 막대한 재정적자를 기록했던 영국은 교역을 확대하기 위해 1792년과 1816년, 두 번이나 사절을 중국에 파견했다. 그러나 청나라는 교역 확대를 원하지 않았다.

중국, 글로벌 삼각무역의 핵심

"우리 황제 폐하는 모든 것을 풍부하게 소유하고 있고 국경 안에서 부족한 것이 하나도 없다. 따라서 외부 야만인(오랑캐)의 제조품을 우리 물건과 교환할 필요가 없다."

—청나라 건륭황제가 영국의 조지 3세에게 보낸 편지(1793년)

16세기부터 유럽과 아메리카, 중국과 인도 등 아시아 간에는 삼각무역이 이루어졌다. 스페인과 포르투갈, 영국, 프랑스 등 유럽 각국이 아메리카의 식민지에서 금은을 채굴해갔다. 유럽 국가들은 금은을 주고 중국과 인도의 물건을 사왔다. 영국이나 네덜란드의 동인도회사(주식회사다. 영국보다 2년 늦은 1602년에 설립되었다)가 교역을 맡았다. 영국은 산업혁명 초창기에 인도의 면화를 원자재로 구입해 공장에서 대규모로 가공판매 하면서 면직물 생산에서 1위 국가가 되었다. 18세기에 이르러 유럽 각국과 중국과의 교역량은 급증했다.

애덤 스미스는 『국부론』에서 중국의 경제와 시장 규모에 대해 비교적 긍정적인 평가를 내리고 있다.

> "중국은 유럽의 어느 나라보다 훨씬 더 부유하다. 중국은 오랫동안 가장 부유하고 ― 가장 비옥하고 잘 경작되고, 가장 부지런하고 ― 인구가 많은 나라 가운데 하나다." (『국부론』 1권 11장과 13장)

영국, 만성적인 대중국 무역적자를 줄이려 했으나……

18세기 말, 소 피트가 총리로 취임한 1783년에 영국의 재정상황은 그리 좋지 않았다. 영국은 식민지 미국의 독립전쟁에 이어 1793년부터 혁명중인 프랑스와 전쟁을 치러야 했다. 영국 귀족과 상인들은 중국산 차와 도자기, 비단을 좋아했다. 그 중에서도 특히 차를 무척 선호했다. 매년 수천만 톤의 중국산 차가 동인도회사를 통해 영국으로 들어왔다. 영국은 차를 수입하느라 막대한 은을 중국에 지불해야만 했다. 재정상황도 좋지 않은데 은이 중국으로 유출되기에 이를 줄이려면 중국도 영국 물건을 사게 해야 했다. 당시 동인도회사는 중국과의 교역에서 약 2,800만 파운드의 적자를 기록했다.

조지 3세는 1792년 9월 조지 매카트니George Macartney 백작을 사

건륭제가 영국의 매카트니 경을 접견중이다(1793년)

절로 중국에 보냈다. 사절은 의사와 통역관, 호위군을 포함해 약 100명 정도 규모였다. 사절단이 중국 여정을 준비하는 과정에서 제임스 와트의 동업자 매튜 볼튼은 당시 동인도회사 사장이던 제임스 콥James Cobb에게 편지를 보냈다.

"우리 제조품을 세계에서 가장 큰 시장에 소개할 아주 좋은 기회라고 생각합니다. 우리가 만드는 모든 제품을 아주 광범위하게 선별해 싣고 가는 게 좋습니다."

그는 중국 시장이 열리면 증기기관도 팔 수 있으리라고 기대했다.

매카트니 경은 망원경과 시계, 마차 등 중국이 관심을 가질만한 영국산 물품을 싣고 11개월 만인 1793년 8월 중국에 도착했다. 영국 사절단은 중국이 자국 물건을 구입하고, 수도 베이징에 대사관을 개설하며, 중국 내 여러 항구를 개항(중국 저장성의 저우산舟山에 영국 상인이 거주하는 것도 희망했다)하는 것을 목표로 했다. 조지 3세는 사절에 보낸 서한에서 자신을 '일류 제왕'이라고 부르며 무력을 보유했음을 내비쳤다.

그러나 청나라 건륭제乾隆帝, 재위기간 1736~1796는 광저우 항구만을 서양과의 교역항으로 지정했다. 영국과 유럽 여러 나라 상인들이 다른 항구 개항을 추가로 요구했지만 허락하지 않았다. 건륭제는 매카트니 경이 바친 일부 선물에 관심을 보였으나 영국과의 교역에는 전혀 관심을 보이지 않았다. 중국 황제는 영국도 오랑캐의 하나로 여기며 선물을 조공으로 여겼다. 그러나 영국의 백작은 두 나라를 동등한 관계로 여겼고 자국을 지구상에서 최고로 발달한 나라로 생각했다. 매카트니는 건륭제 앞에서 무릎을 꿇고 머리를 바닥에 대고 절을 하는 부복의 예를 갖추기를 거부했다. 자신과 같은 직급의 중국 관리가 조지 3세의 초상화 앞에서 절을 하면 자신도 중국 황제 앞에서 그렇게 하겠다고 타협안을 제시하여 갈등을 해소했다. 이처럼 동양과 서양 강대국 간의 만남은 서로 상이한 세계관의 충돌이었다.

1816년 암허스트Amherst 백작이 다시 사절로 중국으로 파견되었으나 베이징에도 들어가지 못하고 발길을 돌렸다. 그는 매카트니의 경우처럼 조지 4세 앞에서 같은 직급의 중국 관리가 절을 하면 자신도 황제인 가경제 앞에서 부복의 예를 갖추겠다고 제안했으나 중국이 거부했다.

결국 영국은 중국과의 교역에서 계속해서 쌓이는 막대한 적자에 불만이 커졌다. 그리고 이를 해결하기 위해 동인도회사가 인도에서 재배한 아편을 중국에 몰래 수출하게 된다. 원래 매카트니 경이 처음에 중국사절로 갈 때도 동인도회사는 인도에서 아편을 재배했고 이를 중국에 판매하려 했다. 그러나 백작은 동인도회사에 아편이 아닌 다른 물건을 판매하라고 권고했다.

건륭제는 재위 60년이 되던 해 스스로 자리에서 물러났다. 조부인 강희제의 치세 61년 이라는 기록을 앞서는 것을 원하지 않았기 때문이다. 강희제부터 건륭제까지 시기를 중국에서는 강건성세康乾盛世라 부르며 태평성대 중 하나로 간주한다.

에드먼드 버크와 토머스 페인
보수주의와 급진주의의 격돌

1789년 발발한 프랑스대혁명은 영국을 비롯한 유럽 각국에 큰 여파를 몰고 왔다. 에드먼드 버크는 혁명이 기존 질서를 파괴했다고 비판하면서 보수주의의 선구자가 되었다. 토머스 페인은 대혁명을 지지하고 인민주권을 옹호하면서 급진주의를 대표했다.

17세기에 일어난 청교도혁명과 명예혁명은 두 명의 철학자를 낳았다. 통치자의 절대적 권리를 옹호한 토머스 홉스와 역성혁명의 논리를 제공한 존 로크다. 그 뒤 1789년 발발한 프랑스대혁명의 파고가 영국 사회를 덮치면서 이를 상반되게 해석하는 사상가가 등장했다. 한쪽에는 보수주의 이념의 기초를 놓은 에드먼드 버크Edmund Burke, 1729~1797가 있다, 다른 대척점에는 이 책의 논지를 반박한 급진주의자 토머스 페인Thomas Paine, 1737~1809이 있다.

버크는 아일랜드 출신의 휘그당원으로 개혁적 정치인이었다. 그는 1766~1794년까지 하원의원이었다. 버크는 『프랑스혁명에 대한 성찰Reflections on the Revolution in France』(1790)에서 이 혁명의 문제점을 분석했다.

그는 영국의 명예혁명이 영국의 전통적 질서를 회복하고 유지했다고 평가했다. 반면 프랑스혁명은 기존의 질서를 파괴하는 것이라며 비판했다. 질서의 교정(수정)은 필요하지만 이의 전복을 반대했다. 그가 보기에 명예혁명은 의회에 주권이 있음을 확립했다. 의회라는 기존 질서와 제도를 유지하고 지키는 것이 중요하다고 그는 보았다. 버크는 프랑스혁명 발발 전의 구체제ancien regime가 발전을 저해하지는 않았다고 보았다. 혁명이 발생하기 전 90년간 프랑스 인구가 1천8백만 명에서 2천467만 명으로 증가했다는 사실을 근거로 들었다. 구체제에서 프랑스의 성직자와 귀족은 세금도 내지 않고 각종 특권을 누렸다. 하지만 그는 이들도 극히 일부는 세금을 납부했다며 구체제를 옹호했다.

이를 신랄하게 비판한 것이 페인의『인간의 권리*The Rights of Man*』(1791~1792)다. 페인은 정식교육을 받지 못하고 세무 공무원으로 일했다. 만연한 부정부패를 줄이려면 급여를 올려야 한다고 건의했다가 공직을 그만두었다. 페인은 기존 질서와 전통이 아닌 이성이 사회와 헌법의 기초임을 강조했다. 기존 질서는 특혜를 유지하는 수단이다. 존 로크 등의 자연법 사상을 계승해 그는 모든 사람에게 자연권(생명, 자유, 여러 정치적 권리)이 있다고 보았다. 특권 귀족과 부유한 부르주아지에게만 선거권과 피선권이 있는 영국의 의회제도가 매우 불합리하다고 버크를 정면 반박했다. 의회가 아니라 인민에게 주권이 있기에 프랑스혁명이 당연하다며 지지했다.

버크가 이념을 확립한 보수주의는 사회 질서의 유지를 중요하게 여긴다. 인간은 평등하지 않고 국가의 권위는 피통치자의 동의가 아니라 전통과 능력에 기초한다고 보았다. 능력은 소수만 갖추고 있다는 게 버크의 기본 개념이다. 반면 토머스 페인은 국가의 권위가 피통치자의 동의에 있음을 강조하여 인민주권에 방점을 둔다.

버크와 페인의 사상 비교

	에드먼드 버크 (1729~1797)	토머스 페인 (1737~1809)
경력	—아일랜드 더블린 출생, 하원 의원(1766~1794) — 개혁적 휘그당원	— 영국 출생, 정식 교육을 받지 못했고 세무 공무원으로 근무. — 1774년 미국으로 건너가 미 독립전쟁을 지지 — 『인간의 권리』 출판 후 반역혐의로 영국에서 피소, 도주함
프랑스 대혁명	— 영국의 명예혁명: 영국의 전통적 질서를 회복하고 유지 — 의회주권 — 영국의 선거제도를 지지 — 프랑스대혁명: 전통적 질서 파괴	— 프랑스혁명에서 드러난 인민주권과 공화주의를 지지 — 전통이 아닌 이성이 사회와 헌법의 기초 — 이성에 따르면 모든 사람에게 자연권(생명, 자유, 여러 정치적 권리)이 있음 — 영국 선거제도의 불합리(특권 귀족과 재산을 소유한 부르주아지만 의원이 됨) 비판 — 국민 대표성은 영국보다 프랑스에서 더 잘 구현된다 —대중교육, 빈민 구제, 노령연금, 실업자 구제를 위한 공공사업, 누진세
영향	—보수주의 이념 설립자	— 미 독립전쟁의 당위성을 설파한 상식론Common Sense과 함께 인민주권의 옹호론자

프랑스혁명 당시 영국에서는 다양한 급진적인 활동이 펼쳐졌다. 런던의 신발공 토머스 하디Thomas Hardy는 1792년 통신협회Corresponding Society를 결성했다. 수도에 사는 장인이 조직한 최초의 정치단체로 여러 지역에 지회를 두었고 남자의 보통 선거권과 의회의 매년 선거를 요구했다. 당시 소 피트 총리는 이런 급진적인 사상에 두려움을 느껴 이들을 탄압하는 각종 법을 제정했다.

버크의 책은 6개월 만에 2만 부가 팔렸다. 그러나 페인의 책 2부 염가판은 그 10배 정도 많이 팔렸다. 230여 년 전의 문자해독율과 출판시장을 감안하면 판매 부수에 최소 10을 곱하면 현재의 판매량 정도가 되지 않을까 추정해본다.

1809년 페인이 쓸쓸하게 미 뉴욕에서 사망했을 때 『뉴욕시티즌』 지는 "그는 오랫동안 살았고 좋은 일도 했고 나쁜 일도 했다"는 간단한 추모사를 게재했을 뿐이다. 1937년 1월 말 런던에서 발행되는 일간지 『더타임스』가 페인을 재발굴해 그를 "영국의 볼테르"라고 평가했다. 1952년에는 뉴욕대학교 명예의 전당에서 페인의 흉상이 제막되었다. 반면 버크는 그때나 지금이나 수많은 관련 저술이 나올 정도로 연구가 많이 되는 철학자이다.

나폴레옹전쟁과 '룰 브리타니아'

1792년부터 1815년까지 영국은 나폴레옹에 대항하는 동맹의 핵심국가였다. 트라팔가르해전과 워털루전투에서 영국이 승리했고 이는 19세기를 영국의 세기로 만들어 주었다.

소 피트(1783~1801, 1804~1806)의 재정개혁

소 피트는 1783년 총리로 취임했다. 미국 독립전쟁에서 막대한 군비를 지출한 영국은 당시 재정 상황이 최악이었다. 소 피트는 세율을 높이고 새로운 세금을 부과했다. 1786년 프랑스와 통상협정을 체결해 일부 품목의 관세를 서로 인하했다. 이런 재정개혁 덕에 정부 재정은 어느 정도 안정선에 올랐다.

그는 또 1784년 인도법India Act을 제정했다. 점차 커지는 식민지 인도에 대해 정부는 정책과 민정 업무를 책임지고, 동인도회사는 상업과 관리 임명을 맡는 식으로 이중 통치 체제가 확립되었다. 4년 후에는 죄수들을 현재 호주의 시드니에 보내기 시작했다. 이곳 뉴사우스웨일스New South Wales가 죄수 식민지로 개척되었다. 미 독립전쟁 때까지 국정 전면에 나섰던 조지 3세는 1788년 질병을 앓은 후 차차 국정에서 손을 뗐다. 이때부터 총리가 내각을 책임지고 내각이 집단적인 책임을 지는 기구로 발전했다.

1800년 아일랜드와 통합

1789년 프랑스대혁명이 발발했을 때 영국은 대체적으로 이 격변을 호의적으로 지켜봤다. 1세기 전 명예혁명을 경험한 영국은 초기에는 이 대혁명에 어느 정도 공감했다. 그러나 점차 혁명이 과격해지며 국내에 부정적인 영향을 끼치자 피트 정부는 급진파를 탄압했다. 치안판사의 허가 없는 대중집회가 금지되었고 반역죄의 적용을 확대하는 법이 제정되었다.

1793년 프랑스는 네덜란드를 침공하고 영국에 대해 전쟁을 선포했다. 영국은 네덜란드 및 플랑드르 지방을 '자연 국경'으로 생각했다. 이곳을 점령하면 영국해협에 곧바로 이르는 길이 확보되기 때문이다. 영국은 전쟁 초기에 준비가 부족했다. 당시 프랑스의 전체 인구는 2천7백만 명이었지만 영국은 1천만 명에 불과했다. 경제적인 이유로 군을 감축해 군인 수도 1만3천여 명에 불과했다. 피트 총리는 대륙의 러시아, 오스트리아, 프로이센 등과 대프랑스 동맹을 결성했다. 영국은 주로 군비를 지원했으나 동맹군 간의 이견과 이권 찾기로 초기에 동맹은 그다지 효과적이지 못했다.

이런 와중에 아일랜드가 프랑스의 지원을 얻어 영국으로부터 독립을 꾀했다. 1798년 대규모 반란이 아일랜드를 휩쓸었다. 피트는 프랑스와의 전쟁 와중에 국내 안정이 필요했기에 아일랜드 의회를 설득해 영국 의회와 통합하도록 했다. 1800년 통합법The Act of Union이 제정되었다. 아일랜드 의회는 폐지되었고 그 대신 아일랜드에서 영국 하원으로 100명의 의원을, 상원으로 4명의 주교와 28명의 세급 귀족을 보내게 되었다. 그런데 아일랜드 인구의 80퍼센트를 차지하는 가톨릭교도는 투표는 할 수 있어도 하원의원은 될 수 없었다. 피트는 원래 아일랜드와 통합을 협상하면서 가톨릭교도도 개신교와 동일한 권리를 주겠다고 약속했으나 조지 3세가 이를 거부했다. 피트는 이에 책임을 지고 1801년 사임했다.

트라팔가르해전과 워털루전투

나폴레옹은 1799년 전쟁중이던 이집트에서 급거 귀국해 제1통령이 되었다. 이어 1802년에 종신통령, 1804년에 황제로 즉위했다. 이 과정에서 그는 오스트리아, 프로이센, 스페인과 포르투갈, 이탈리아의 나폴리 왕국 등 유럽의 상당수 국가와 싸워 승리하고 친인척을 점령국의 왕이나 통치자로 임명했다. 이 독재자는 영국을 무릎 꿇게 하겠다는 거의 광적인 목표를 가졌다. 하지만 1805년 10월 21일 스페인 남서부 바다에서 펼쳐진 트라팔가르해전에서 패전했다. 영국의 호레이쇼 넬슨Horatio Nelson 제독이 수적인 열세에도 프랑스와 네덜란드의 연합 함대를 물리친 것이다. 이후 프랑스는 영국의 본토 침입 시도를 그만두고 영국과 유럽 각국의 무역을 금지했다.

트라팔가르해전에서 넬슨 제독의 기함은 '빅토리'호였다. 영국 해군은 27척이었고 연합 함대는 33척이었다. 당시 해전은 적과 아군이 일렬로 맞붙어 싸우는 게 보통이었다. 그러나 넬슨은 27척을 1진과 2진으로 나눈 뒤 적의 중간과 후미를 공격하여 적의 대형을 세 개로 분단시킨 뒤 각개 격파했다. 연합 함대는 22척을 잃었지만 영국 해군은 한 척도 잃지 않았다. 넬슨은 이 전투에서 총탄을 맞고 숨졌지만 영웅으로 추앙받았다.

나폴레옹은 1806년 12월 대륙봉쇄를 단행했다. 영국의 숨통을 끊어놓으려고 유럽 대륙 여러 나라와 영국의 교역을 금지했다. 그러나 제해권을 장악한 국가는 영국이었다. 러시아와 오스트리아 등 유럽 각국은 비밀리에 영국과 교역을 했다. 나폴레옹은 대륙봉쇄를 위반하는 러시아를 벌하기 위해 1812년 6월 러시아 원정을 감행했다. 그러나 이 원정은 나폴레옹 몰락의 시작점이 되고 말았다.

러시아는 초토화 작전을 쓰고 작전상 후퇴를 했다. 청야전술이라고도 부르는 초토화 작전은 적군이 사용할 수 있는 물자를 모조리 없애버리면서 후퇴하는 작전을 말한다. 진군하는 적에게 보급 물자를 차단해 압박하는 전술이다. 그러다 겨울이 다가오고 프랑스군의 보급이 어려워지자 러시아는 집중 공세에 나섰다. 당시 러시아 정벌에 참전한 프랑스군과 프로이센군 60만 명 가운데 살아 귀국한 병사는 3만 명도 채 되지 않았다. 이 여세를 몰아 영국이 주도하는 대프랑스 동맹군이 1814년 5월 프랑스 파리를 점령했고 나폴레옹은 지중해의 엘바섬으로 유폐되었다.

이듬해 3월 영국과 러시아, 오스트리아, 프로이센 등 전승국은 전후 질서를 논의하는 빈회의를 열었다. 이때 엘바 섬을 탈출한 나폴레옹이 다시 파리로 들어왔고 결국 그 해 6월 18일 워털루에서 반프랑스 연합군과 나폴레옹과의 최후 일전이 펼쳐졌다. 영국은 나폴레옹군과 전투를 벌여 상당한 승리를 거둔 백전노장 웰링턴 공Duke of Wellington이 지휘했고 프러시아군은 게프하르트 폰 블뤼허 장군Gebhard Leberecht von Blücher이 이끌었다. 블뤼허 장군 역시 1813년 라이프치히 전투에서 나폴레옹군을 물리친 노련한 장수였다. 이밖에 네덜란드와 하노버 왕국의 군도 함께했다. 벨기에 수도 브뤼셀에서 남쪽으로 약 15킬로미터 떨어진 자그마한 들판 워털루에서 거의 하루 종일 전투가 벌어졌다. 웰링턴 공이 이끄는 연합군은 6만8천 명, 나폴레옹군은 7만3천 명 정도였다. 전투가 시작되고 5시간은 양측이 한 치의 양보도 없이 치열한 공방을 벌였다. 그러다 오후 4시쯤 블뤼허 장군이 이끄는 5만 명의 프러시아군이 프랑스군을 후방과 측면에서 집중 공격했다. 양측의 합동 공격으로 나폴레옹의 야심은 끝이 났다. 패배한 프랑스의 황제는 대서양의 고도 세인트헬레나로 유배되어 1821년에 숨을 거두었다.

'영국의 세기'를 마련해준 나폴레옹

1793년부터 1815년까지 23년간 영국은 프랑스와 길고도 긴 전쟁을 치렀다. 영국 역사가 데이비드 앤드리스David Andress가 분석했듯이 영국에게 이 전쟁은 결정적인 순간이었다. 국내에서 아일랜드의 반란도 있었지만 영국 지도층은 위기의 순간에 하나로 뭉쳤다. 국가의 인력과 물자를 총동원한 총력전이었다. 영국은 제해권을 장악해 프랑스의 본토 침입을 저지했다. 나폴레옹에 대항해 모두 7차례의 군사동맹이 결성되었다. 영국은 이 군사동맹에서 핵심 국가였고 동맹을 주도해 나폴레옹을 물리쳤다.

"브리타니아 여신이여! 파도를 지배하라. 영국인들은 결코 노예가 되지 않을 것이다!"

— 〈룰 브리타니아Rule Britannia〉의 후렴구

1740년 〈룰 브리타니아〉가 작곡되었다. 애국심을 불러일으키는 이 노래는 군인뿐만 아니라 시민들도 전쟁중에 자주 불렀다. 브리타니아는 영국을 의인화한 여신으로 방패와 창을 들고 있다.

나폴레옹 전쟁 후 19세기는 '영국의 세기British Century'가 되었다. 산업혁명이 절정에 달했고 지구상 곳곳으로 제국을 넓혀 나갔다. '로마의 평화'가 아닌 '영국의 평화Pax Britannica'가 도래했다.

2005년 4월 초 프랑스 공영방송 'France 2'의 설문조사에서 제2차 세계대전 동안 자유프랑스를 이끌며 독일전을 승리로 이끈 드골 장군이 가장 위대한 프랑스인으로 선정됐다. 2위는 과학자 루이 파스퇴르였다. 나폴레옹은 최종 후보 10위 안에도 오르지 못했다.

프랑스혁명과 나폴레옹전쟁 주요 연표

1789년 7월 14일	바스티유 감옥 습격, 프랑스혁명 시작
1792년 9월 20일	프랑스 시민군, 발미 Valmy에서 프로이센 정규군을 물리침
1793년 1월	루이 16세와 왕비 마리 앙트와네트 단두대에서 처형됨
1793년 2월	영국을 중심으로 대프랑스 동맹 결성
1799년	나폴레옹, 이집트에서 급거 귀국해 제1통령, 1802년에 종신통령, 1804년에 황제로 즉위
1802년 3월	프랑스와 영국 아미앵 Amien조약, 1803년 3월 영국이 프랑스에 선전포고
1805년 10월	영국 호레이쇼 넬슨 제독, 트라팔가르해전에서 프랑스와 스페인 연합함대를 격파
1806년 12월	나폴레옹의 대륙봉쇄(유럽 대륙 여러나라와 영국의 교역을 금지)
1808년	나폴레옹 제국의 절정, 발트 해부터 아드리아 해에 이름
1812년	러시아 원정에서 정예 60만 대군을 상실
1814년 5월	영국 주도 동맹군이 파리를 점령, 나폴레옹이 엘바 섬으로 추방됨
1815년 3월	나폴레옹, 파리에 입성
1815년 6월 18일	브뤼셀 교외 워털루전투에서 웰링턴 공이 이끄는 연합군, 나폴레옹군을 격파
1821년	나폴레옹, 대서양의 외딴 섬 세인트헬레나로 유배 후 사망

1812년 유럽의 지도

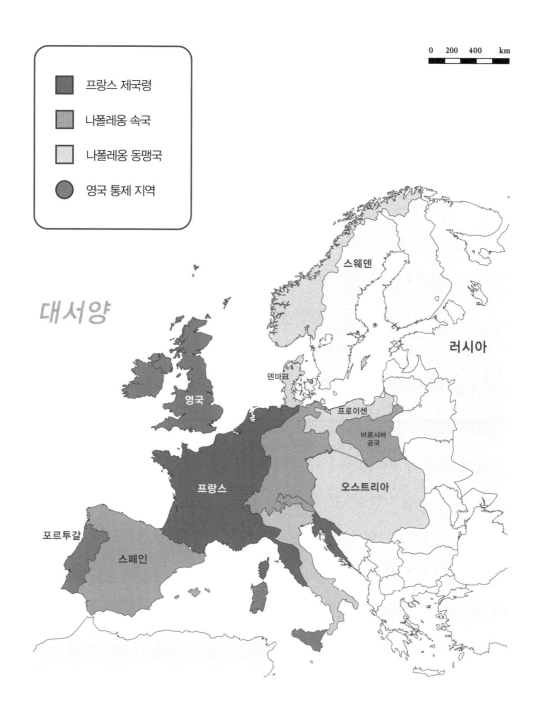

프랑스 제국령

나폴레옹 속국

나폴레옹 동맹국

영국 통제 지역

0 200 400 km

대서양

스웨덴

러시아

덴마크

영국

프로이센

바르샤바
공국

오스트리아

프랑스

포르투갈

스페인

'기억의 장소'로서의 국립 대영박물관

유럽에서 처음으로 1759년에 국가가 주도해 박물관이 건립되었다.
대영박물관은 유물 기증자 슬론 경의 유언에 따라 무료 관람의 원칙이
아직까지 유지된다.

박물학자가 주도하고 왕이 보탠 박물관

의사이자 박물학자인 한스 슬론 경Sir Hans Sloane은 세계를 두루두루 둘러보았다. 그는 1753년 유서에서 평생 수집한 물품 7만 1천점을 조지 2세에게 넘겼다. 그는 유서에서 "배우고 싶고 호기심이 있는 모든 사람들에게 무료로 개방"해달라고 요청했다. 박물관 설립의 모태가 된 슬론의 바람에 따라 대영박물관은 아직도 무료 관람 정책을 유지한다. 조지 2세는 슬론 경의 유품을 받는 대가로 그의 상속인에게 2만 파운드를 주었다. 당시 시가보다 아주 저렴하다. 이 해 영국 의회는 영국박물관법The British Museum Act을 제정했다. 1757년 조지 2세도 박물관 건립에 힘을 보탰다. 왕은 역대 잉글랜드 왕들이 보유했던 도서관의 책 일부를 기증했다. 이런 과정을 거쳐 대영박물관은 1759년 1월 15일에 문을 열었다. 프랑스와 식민지 쟁탈을 건 7년전쟁의 와중이었다.

당시 유럽의 여러 나라는 왕이나 성당이 소유한 박물관이 대부

분이었다. 대영박물관은 국가가 설립하고 운영한다는 점에서 특별했다. 프랑스 파리의 루브르 박물관은 프랑스혁명이 한창이던 1793년에 개관했다. 대영박물관이 설립하고 34년 뒤다. 슬론 경이 기증한 물품에는 4만 권이 넘는 책과 희귀 원고, 자연사 표본(식물 채집본), 동전과 메달 약 2만3천점, 1천점이 넘는 고대의 풍습과 관련한 일부 민족학 소장품 자료가 포함되었다. 지금도 대영박물관을 방문하면 이 박물학자가 기증한 책과 유물을 볼 수 있다.

대영제국의 성장과 함께한 박물관

대영박물관의 출발은 소박했다. 하지만 19세기 영국이 대제국을 형성하자 세계 각지에서 발굴한 유물이 이곳으로 모여들었다. 그러면서 박물관은 인류의 역사를 보여주는 세계의 박물관으로 정체성을 확립하고자 했다. 개관 초기에는 영국의 정체성과 자부심을 보여주는 교육의 장소였지만 점차 한 나라를 뛰어넘는 기관으로 자리매김을 하게 된다.

19세기 초 대영박물관은 로제타스톤(1802년), 그리스 파르테논 신전의 대리석 조각품들(엘긴대리석, 1816년)을 소장했다. 영국은 1801년 나일 강 전투에서 프랑스를 크게 이겨 많은 소장품을 빼앗았다. 로제타스톤은 기원전 196년 이집트의 프톨레마이오스 5세가 쓴 칙령을 상형문자로 기록했다. 이 소장품은 1802년부터 대영박물관에 전시되기 시작했고 관람객에게 가장 인기 있는 전시품 중 하나다. 엘긴대리석은 당시 오스만제국에서 대사로 근무하던 토머스 브루스Thomas Bruce가 제국의 식민지였던 그리스 파르테논 신전 대리석에 있는 조각을 해체해 영국으로 가져갔다. 그가 엘긴의 7대 백작이었기에 엘긴대리석이라 불리게 되었다. 이집트 피라미드에서 나온 미라도 이곳에 보관되어 있고 아직도 연구가 진행중이다.

영국이나 프랑스와 같은 제국주의 국가들은 약소국을 침략해 귀중한 문화재를 약탈했다. 이집트는 로제타스톤을, 그리스는 엘긴대리석을 반환해달라고 영국에게 끈질기게 요구해왔으나 영국은 매번 거부했다. 양국이 소장품을 제대로 보존할 능력이 없다는 이유를 내세웠다. 두 나라가 새로 박물관을 지어 이 소장품을 돌려받을 준비를 마쳤음에도 영국은 여전히 반환을 거부한다. 중국 모가오 석굴(고대 실크로드가 시작되는 중국 둔황 근처에 소재)에 있던 2만4천 점이 넘는 두루마리 희귀 원고도 중국이 반환을 요구해왔으나 영국은 거부했다.

인간의 기원을 보여주는 유물도 이곳에 있다. 인류 최초의 국가였던 메소포타미아 소재 우르Ur의 유적도 이곳에서 볼 수 있다. 유명한 고고학자 루이스 리키Louis Leakey와 메리 리키Mary Leakey가 기증한 약 120만 년 전의 손도끼가 있다. 두 사람이 탄자니아에서 인류의 흔적을 찾다가 발견한 소중한 물품이다.

1911년 박물관 안내인guide 첫 도입

20세기 들어 이 박물관은 대중에게 가까이 다가갔다. 1903년에 박물관 요약 안내 책자가 발간되었고 1911년에 방문객에게 전시품

대영박물관 입구에 쓰여 있는 문구(필자 촬영)
"네 발이 앞으로 수천 년 동안 지식의 한가운데 있게 하라
and let thy feet millenniums hence be set in midst of knowledge."

을 안내하는 가이드가 처음 도입됐다. 1950년대에 교육부와 출판부가 각각 설치됐다.

21세기에 들어서 박물관의 발전은 계속되었다. 2002년 8월 관장으로 취임하여 2015년 12월까지 근무한 닐 맥그리거Neil MacGregor가 박물관을 혁신하는 데 큰 기여를 했다. 맥그리거는 연구와 그 성과를 대중에게 알리는 데 주력했다. 런던에 오기 어려운 시민을 위해 버밍엄 등 대도시 박물관에 전시물을 대여해주어 더 많은 시민들이 소장품을 관람할 수 있게 했다. 이런 노력 덕분에 그가 관장으로 재직한 기간 박물관 방문객은 40퍼센트 늘어났다.

대표적인 소통 업적은 〈100대 유물로 보는 세계사A History of the World in 100 Objects〉다. BBC 라디오4와 공동으로 제작한 이 프로그램은 200만 년 전부터 현재까지의 인류사를 박물관 소장품과 함께 알기 쉽게 설명한다. 2010년 1월 18일 첫 방송을 시작해 20주 동안 방영되었고 매회 분량은 15분 정도다. 2년 후 같은 이름의 책으로 출간되어 베스트셀러가 되었다.

유명한 여행안내서 『론리 플래닛*The Lonely Planet*』은 반드시 방문해야 하는 곳으로 대영박물관을 빼놓지 않는다. 프랑스의 루브르, 러시아의 에르미타슈와 함께 세계 3대 박물관 중 하나다. 박물관은 8백만 점이 넘는 소장품을 보유중이다. 이 가운데 1퍼센트에 불과한 8만 점 정도만이 전시중이다. 2019년 약 680만여 명이 이곳을 방문했다.

로제타스톤은 원래 이집트로 진군한 나폴레옹군이 먼저 발견했다. 이집트 원정이 실패함에 따라 로제타스톤은 영국군이 소유하게 되었지만, 당시 떠놓은 탁본을 활용하여 프랑스인인 샹폴레옹이 상형문자 해독에 성공한다.

영국사	세계사

1800년

비엔나회의 ——— 1815년

8월 16일 피털루 대학살 ——— 1819년
조지3세 사망, 조지4세 즉위 ——— 1820년

1830년 ——— 프랑스에서 7월혁명 발발

제1차 선거법 개정 ——— 1832년
대영제국에서 노예제 폐지, 공장법 제정 ——— 1833년

빅토리아 여왕 즉위(1901년까지 재위) ——— 1837년

아일랜드 감자 기근 ——— 1845~
1847년
곡물법 폐지 ——— 1846년
프랑스 등 유럽대륙의 혁명 ——— 1848년
영국에서 인민헌장운동
마지막 청원서 제출

1848년 ——— 프랑스에서 2월혁명 발발
마르크스 공산당선언 발표

크림전쟁 ——— 1854~
1856년

식민지 인도 직접 통치 시작 ——— 1858년

1861~ ——— 미국 남북전쟁
1865년

1863년 ——— 고종 즉위, 대원군 집권

1866년 ——— 병인양요

제2차 선거법 개정 ——— 1867년

1871년 ——— 독일 통일

디즈레일리 내각 ——— 1874~
1880년

1876년 ——— 강화도 조약

1882년 ——— 독일, 오스트리아-헝가리,
이탈리아 삼국동맹 체결
제3차 선거법 개정 ——— 1884년
1883년 ——— 카를 마르크스 사망

아일랜드 자치법안 의회 부결 ——— 1886년
보수당 솔즈베리 내각 성립

1894년 ——— 동학농민전쟁

1897년 ——— 국호를 대한제국으로 변경

남아프리카 보어전쟁 ——— 1899~
1902년
빅토리아 여왕 서거 ——— 1901년 **1900년**
에드워드 7세 즉위

영국-프랑스 우호협정 체결 ——— 1904년

1907년 ——— 영국-프랑스-러시아 삼국협상 성립
자유당의 애스퀴스 내각 성립 ——— 1908년

1910년 ——— 한일합방
하원의 우위를 명시한 의회법 통과 ——— 1911년

제5장

'영국의 세기' 19세기

(1815~1913)

19세기 영국은 세계의 최정상에 우뚝 섰다. 경제와 정치외교에서 19세기는 '영국의 세기' 였다. 한편으로는 식민지 개척에 열중해 '해가 지지 않는 제국'을 형성했다.

영국은 산업혁명을 최초로 시작한 나라로 19세기 중반에 산업화가 절정에 이르렀다. 1851년 런던에서 열린 세계박람회에서는 당시 첨단 제품인 증기기관과 방직기계 등 수많은 제품이 선보였다. 영국 인구의 4분의 1이 전국에 깔린 기차를 타고 찾아와 신기한 구경을 했다.

영광스러운 고립이 이 시기 영국의 외교정책이다. 유럽대륙에서 강대국이 성장해 세력 균형을 깨트려 영국의 안보를 위협하는 것을 저지하는 게 영국 외교의 기본 방침이었다. 그 외에는 제국을 확대하고 유지하는 데 열중했다. 19세기 말 대영제국은 지구 표면적의 25퍼센트를 차지했다. 1858년에는 인도를 왕이 통치하는 직할 식민지로 만들었다. 인도로 통하는 길목인 아프가니스탄과 지중해와 흑해 쪽 주요 항구를 지키기 위해 이곳을 노리는 러시아와 몇 차례 전쟁을 벌였다. 아프간전쟁과 크림전쟁이다.

자유무역도 기본 정책이 되었다. 1846년 외국의 값싼 곡물 수입을 금지했던 곡물법이 폐지된 후 보수당과 자유당 같은 주요 정당은 자유무역을 수용했다.

자유무역을 뒷받침한 게 금본위제다. 영국은 유통중인 화폐를 금으로 교환해주는 금본위제를 가장 먼저 실시했고 19세기 후반에 독일과 미국, 프랑스도 이를 도입해 국가 간 자유무역이 확대될 수 있었다.

1873년부터 20년 넘게 경제불황이 계속되자 영국은 원료 공급지와 수출 시장 확대를 위해 식민지 개척에 박차를 가했다. 프랑스, 독일 등과 아프리카 식민지 쟁탈전에서 수시로 충돌했다. 미개한 식민지를 문명화한다는 '백인의 책무'와 다윈의 진화론이 오용된 사회적 다윈주의 – 강자가 약자를 지배하는 게 자연의 섭리 – 가 제국주의 정책을 정당화했다.

1819년 피털루대학살과 노동자

나폴레옹전쟁 후 노동자들의 생활은 더욱 어려워졌다. 1819년, 산업도시 맨체스터에서 노동자들이 선거권을 요구하며 대규모 시위를 벌였으나 정부의 강경 진압으로 7백 명이 넘는 참가자들이 숨지거나 다쳤다.

전쟁에서 승리했지만 곤궁해진 노동자의 삶

거의 25년에 걸친 나폴레옹과의 전쟁에서 영국은 이에 대항하는 동맹의 핵심축이었고 승리를 거두었다. 그러나 승리의 대가는 컸다. 정부 부채는 급증했고, 전쟁 특수가 사라지면서 경제는 불황에 허덕였다. 공장이 줄줄이 문을 닫고 노동자들은 일자리를 잃었다. 전쟁중 식량 수요가 급증해 비싸게 토지를 계약했던 차지농들도 잇따라 파산했다. 실직한 공장과 농업 노동자들은 구빈법에 의존했다. 여기에 더해 30만 명 정도의 제대 군인들도 일자리를 찾아다녔다.

이런 절박한 상황에서 정부는 가진 자들을 위한 법 만들기에 열중했다. 1815년 곡물법Corn Law이 제정되었고 토지세가 폐지되었다. 국내 밀 값이 1쿼터(약 288리터)당 80실링이 될 때까지 밀의 수입을 금지했다. 의회 내 다수를 차지한 대지주와 차지농만을 위한 법이었다. 실업에 허덕이는 서민들은 더 비싼 가격에 국내 밀을 구입해야만 했다. 한 술 더 떠 소득세가 폐지되고 일상생활 용품에 간접세가 부과되었다. 부자들이 더 많이 내는 소득세를 없애는 대신 모자란 세수를 부자나 가난한 사람이나 동일한 세금을 내는 간접세로 돌려 빈곤층의 세금 부담이 가중되었다. 이듬해 잉글랜드 동부 여러 도시에서 농업 노동자들이 폭동을 일으키기도 했다. 이보다 앞서 나폴레옹 전쟁중이던 1811년부터 2년간 면직공업의 중심지였던 중부 랭커셔와 요크셔, 더비셔 등에서 러다이트Luddite 운동이 전개되었다. 기계 때문에 일자리를 잃은 노동자들이 기계를 파괴하고 공장주를 살해했다. 정부는 두려움을 느껴 이런 폭동을 강경 진압했다.

'19세기를 규정짓는 피털루대학살'

헨리 헌트Henry Hunt, 1773~1835는 급진주의 정치가다. 원래 부유한 농부였으나 나폴레옹전쟁중 점차 정치에 관심을 두고 여성을 포함한 모든 성인의 선거권을 주장했다. 당시는 부유한 시민들만 선거권을 보유했다.

맨체스터는 산업혁명 시기 가장 번창하던 도시 중 하나였다. 이곳에서 활동하던 급진주의 단체 맨체스터애국연맹Manchester Patriotic Union이 노동자에게 투표권을 요구하는 집회를 준비했다. 1819년 8월 16일, 성피터스 들판St Peter's Field에는 약 8만 명 정도의 노동자들이 모여 열기가 가득했다. 이곳 치안판사는 소요가 번질 것을 우려해 헌트를 포함한 연사들과 집회 주도자들을 체포하

2019년 맨체스터 시가 제막한 피털루대학살 기념물

라고 명령했다. 판사는 이 지역의 의용군과 워털루전투에 참전한 정규군을 동원해 집회를 해산하려 했다. 기마병이 칼을 뽑아 들고 시위대에 돌진하면서 현장은 아수라장이 됐다. 놀라서 서로 빠져 나오려는 노동자들과 기마병들이 서로 얽히면서 15명이 현장에서 숨졌고, 700여 명이 부상을 입었다. 워털루에 빗대어 피털루 전투라는 조소가 나왔다. 정부가 무고한 노동자들을 탄압해 승리를 거두었다는 조롱 섞인 신조어였다.

정부는 대학살 후 더 강경한 탄압 조치를 시행했다. '6개 법Six Acts'을 제정해 집회와 시위를 규제했다. 언론과 출판도 통제가 강화되었고 이를 집행하기 위해 지방 정부의 권한도 더 커졌다. 헌트는 1820년 체포되어 2년간 복역했다. 출감 후에도 그는 노동자들의 선거권 요구, 어린이 노동 철폐 운동을 벌였고 1830년 랭커셔주 프레스톤 시에서 하원의원으로 당선되었다. 1832년 1차 선거법 개정 운동에 그는 매우 적극적으로 참여했다.

대학살 후 노동자들의 권익을 신장하기 위해 1821년 일간지『맨체스터 가디언*The Manchester Guardian*』이 창간되었다. 이 일간지는 1959년『가디언』으로 이름을 바꾸었다. 현재도 진보지로 계속해서 발간된다. 2019년 맨체스터 시는 대학살 200주년을 앞두고 기념물을 제막했다.

대학살은 19세기에 그다지 큰 주목은 받지 못했다. 주로 마르크스주의 시각에서 영국 역사를 해석하는 역사가들이 이 학살에 주목했다. 자국의 역사를 해석할 때도 보수주의자들은 워털루를 강조하고, 진보주의자들은 피털루에 더 초점을 둔다. 워털루는 영국의 자랑스러운 역사를 보여준다. 대륙의 압제자 나폴레옹을 자유와 자유무역을 사랑하는 영국이 동맹을 형성해 물리친 점을 보수주의 시각은 중요하게 여긴다. 반면 피털루는 노동자들의 고통과 승리에 초점을 둔다. 영국의 유럽연합EU 탈퇴(브렉시트)를 지지하는 인사들은 브렉시트를 워털루 승리처럼 축하해야 할 '역사적' 사건이라고 본다.

러다이트 운동은 소득의 양극화가 심해지는 과정에서 투표권도 참정권도 없는 노동자들이 벌인 일종의 노동운동이었다. 합법적인 의견 표출 수단이 전혀 없던 그들은 폭력적 수단을 택할 수밖에 없었지만 정부의 강경 정책으로 진압되었다. 참가자들은 구속 혹은 사형을 당했다. 이후 노동운동은 노동자들의 선거권을 요구하는 차티스트 운동으로 이어진다.

노동자도 유권자로
아주 점진적인 선거권 확대

19세기에 유권자를 확대하는 선거법이 3차례 개정되었다. 1884년 3차 선거법 개정으로 광산과 농촌 노동자들도 선거권을 갖게 됐지만 여성은 여전히 배제됐다.

1830년 프랑스 7월혁명이 촉발한 1차 선거법 개정

19세기에 들어서 산업혁명은 가속화했다. 피털루대학살에서 보듯 노동자들의 경제적 어려움은 더해졌지만 정부는 가진 자들의 이익을 보호하는 데 급급했다. 집회는 금지되었고 헨리 헌트와 같은 급진주의자들은 투옥되거나 탄압을 받았다. 프랑스 7월혁명의 영향으로 농민폭동도 일어났다. 그러나 선거법을 개정하는 하원과 이에 반대하는 상원의 대립이 계속되다가 혁명 발발 후 2년이 지나 1차 선거법 개정이 이루어졌다.

1830년 7월 프랑스에서 7월혁명이 발발해 부르봉 왕조가 붕괴되고 입헌군주정이 들어섰다. 이웃 영국에서도 개혁 요구가 거세졌다. 1830년 잉글랜드 남부와 동부 지역의 농업 노동자들이 봉기했다. 주도자 스윙의 이름을 따 '스윙폭동'Swing Riots이라고 불린다. 저임금에 더 많은 세금 납부, 농업에 탈곡기 등 기계가 도입되면서 농업에 종사하는 임금 노동자들의 삶은 피폐해졌다. 그러나 이 폭동은 강제진압되었다.

　1830년 윌리엄 4세재위 1830~1837 즉위 당시에는 대귀족이 중심이 된 토리파가 의회에서 다수를 차지했다. 그러나 이들은 계속해서 개혁에 반대해 스스로 몰락을 재촉했다. 개혁을 지지하는 휘그파의 지도자 찰스 그레이 총리가 1830년 11월에 집권했다. 그는 이듬해 5월 선거권 확대를 내걸고 총선을 실시해 압승을 거두었다. 1831년 9월 하원에서 선거권 확대 법안이 압도적인 표 차이로 통과되었으나 귀족으로 이루어진 상원은 이 법을 부결했다. 이후 잉글랜드 각지에서 분노한 노동자들이 귀족의 저택과 주교관(상원의 상당수는 토지를 소유한 대귀족과 성직자) 등을 공격하고 약탈했다. 결국 타협을 이루면서 이듬해 1832년 대개혁법Great Reform Act이 통과되었다.

　부패 선거구rotten borough 혹은 호주머니 선거구pocket borough는 보통 자치 행정단위인 버러에 소재했다. 인구가 적고 인근 지역의 유력자 가문이 경제적 실권을 보유하고 있었기에 이들이 의원후보를 결정했고 이렇게 결정된 인사들이 의원에 당선되었다. 18세기 대 피트와 소 피트 총리가 이런 부패 선거구 출신이다. 선거 결과가 거의 확정된 아주 안전한 지역구인 셈이었다.

　대개혁법은 먼저 주민 2천 명 이하의 56개 버러에 주어진 2개 의석을 모두 박탈했다. 다른 30개 버러는 1명으로 줄였다. 의석의 대부분이 신흥 공업도시 맨체스터와 버밍엄, 리즈 등 43개 시에 주어졌다. 그러자 비로소 대도시들이 의원을 뽑을 수 있게 되었다. 선거권을 주는 보유 재산 기준이 다소 완화되었고, 일률적으로 적용되었다. 도시에서는 연간 집세 10파운드 상당의 주택을 임대하거나 소유한 모든 성인 남자, 그리고 주에서는 연수익 40실링의 자유토지 보유농과 연 10파운드를 지불하는 등본토지 보유농, 그리고 연 50파운드의 지대를 지불하는 임차토지 보유농도 포함되었다. 유권자가 대폭 늘었지만 여전히 부유한 사람들만 투표권을 행사했다. 그래도 개혁 이전에는 성인 남자의 10퍼센트만 유권자였으나 이 법의 통과로 유권자가 18퍼센트로 늘어났다.

그래도 하원에서는 여전히 지주 귀족이 다수였다. 부패 선거구의 의석을 부유한 농부나 지주에게 새로 배당했기 때문이다. 이들이 노동자들의 권리를 대변해주리라 기대하기는 어려웠다. 선거권도 재산을 보유한 중간계급에게만 주어졌다.

2차, 3차 선거법 개정으로 성인 남성 노동자 선거권 보유

2차 선거법 개정은 1867년 보수당의 벤저민 디즈레일리Benjamin Disraeli 총리 재직시에 이루어졌다. 자유당의 글래드스턴 총리가 시도했으나 보수당이 반대한 개정안보다 더 개혁적이었다. 2차 개정은 선거구를 조정해 버러 의석을 더 줄이고 주 의석을 늘렸다. 참정권을 확대하여 버러에서 지방세를 납부하는 모든 남자 세대주에게 선거권을 주어 도시 노동자 대부분이 투표를 할 수 있었다. 주에서도 재산 자격을 완화해 임대료 연 12파운드 이상의 가옥 소유자에게 선거권을 주었다.

19세기 3차례 선거법 개정 비교

1차 선거법 개정 (1832년)	배경 — 1830년 프랑스 7월혁명으로 부르봉 왕조 붕괴 　　　영국에서도 이런 혁명적 바람이 불어 노동자들의 요구와 개혁파들의 요구가 거세짐 내용 — 부패 선거구의 하원의원 수 축소, 맨체스터 같은 신흥 산업도시 의원 수 늘림. 주체 — 휘그의 찰스 그레이 총리 한계 — 노동자에게는 참정권이 부여되지 않았음. 유권자는 성인 남성의 10퍼센트에서 18퍼센트로 증가
2차 선거법 개정 (1867년)	배경 — 차티스트 운동(노동자들의 참정권 확대 요구, 1837~1848년 지속 전개 후 수그러듦) 　　　의회 내 신흥 산업 자본가들의 개혁 요구 지속 내용 — 대부분의 도시 노동자들에게 선거권 부여 주체 — 보수당(토리)의 벤저민 디즈레일리 총리(보수가 거부한 자유당의 선거법보다 더 개혁적). 　　　도시 노동자를 보수당으로 유인하기 위한 디즈레일리의 기민한 정책
3차 선거법 개정 (1884년)	배경 — 아일랜드의 폭동 등으로 수세에 몰린 윌리엄 글래드스턴 자유당 총리가 개정 내용 — 농촌 노동자와 광산 노동자들에게도 선거권 부여 　　　잉글랜드와 웨일스는 성인 남자의 70퍼센트, 스코틀랜드는 60퍼센트, 아일랜드는 50퍼센트의 성인 남성이 유권자가 됨

선거권 확대를 줄기차게 반대했던 보수당이 자유당보다 더 개혁적인 법을 제정했던 이유는 무엇일까? 당시 디즈레일리 총리는 부자와 빈자로 나누어진 게 아닌 모두를 포함하는 '한 국민의 보수당one-nation Tory'을 내세워 새로운 유권자를 보수당으로 끌어들이

려 했다. 그래도 30여 년 전 일어난 노동자들의 참정권 요구 운동인 차티스트 운동이 그 바탕이 되었다는 점은 부정할 수 없었다.

1838년, 런던노동자협회London Working Men's Association, LWMA를 이끈 윌리엄 러버트William Lovett와 프란시스 플레이스Francis Place가 법안 초안을 만들어 의회에 제출했다. 이 초안의 이

차티스트 시위 안내문
첫머리에 "평화와 질서가 우리의 모토이다. 언론이 우리 시위를 왜곡 보도했다"고 쓰여 있다.

름이 인민헌장People's Charter이며, 이와 연관된 참정권 운동을 차티스트Chartist 운동이라 한다. 인민헌장은 21살 이상의 범죄자가 아닌 성인남자의 보통선거와 인구비례에 따른 평등한 선거구 설정, 하원의원의 재산자격 폐지, 비밀투표, 의원 세비의 지불, 그리고 해마다 선거 실시를 요구했다. 노동자들은 평화적으로 시위를 벌여 이런 요구사항을 널리 알렸고 서명을 받아 의회에 청원했다. 그러나 의회는 1839년(125만 명 서명)과 1842년(3백여만 명 서명)의 청원서를 모두 거부했다. 1848년 프랑스 2월혁명 발발 후 노동자들은 혁명 열기를 이용해 대규모 시위를 계획했으나 정부가 강제진압으로 맞섰다. 이후 운동은 거의 전개되지 못했다.

그러나 1850년대 들어 의회도 점차 선거권 확대의 필요성을 느

끼게 되었다. 노동자들은 10년 넘게 전개된 차티스트 운동에 참여하면서 연대감을 느꼈다. 차티스트 운동이 요구한 것은 1918년, 매년 의회 선거를 제외하고 이루어졌다. 인민헌장의 요구는 19세기 중반 당시에는 상당히 급진적인 내용이었다. 다만 이 헌장에서도 여성의 참정권은 전혀 거론되지 않았다.

3차 선거법 개정은 자유당의 글래드스턴 총리에 의해 1884년 이루어졌다. 농촌 노동자와 광산 노동자에게도 투표권이 주어졌다. 잉글랜드와 웨일스에서 성인 남성 10명 중 7명이 유권자가 되었다. 스코틀랜드에서는 60퍼센트, 아일랜드에서는 절반 정도가 투표를 할 수 있게 되었다. 수많은 소규모 버러가 선거구를 잃거나 의석 하나만 보유하게 되었다.

프랑스 7월혁명은 왕정복고를 폐지하고 입헌군주제의 시기를 열었다. 그 뒤 일어난 프랑스 2월혁명은 입헌군주제를 넘어 공화국을 탄생하게 했다. 그러나 공화국의 첫 선거에서 대통령으로 당선된 나폴레옹 3세는 말년에 친위쿠데타를 일으켜 황제가 되었다.

파벌에서 정당으로
1832년 선거법 개혁과 보수당, 자유당의 출범

19세기 중반에 보수당과 자유당이 근대적인 정당체제를 갖추게 된다. 보수당은 자유당이 내세운 자유무역에 반대했지만 19세기 후반에 자유무역을 수용한다.

청교도 혁명 후 구체제 시기에 왕의 친가톨릭 정책 찬반을 둘러싸고 토리파와 휘그파가 형성되었다. 찰스 2세의 친가톨릭 정책을 반대하는 사람은 지방당Country party, 휘그으로, 왕의 지지자들은 궁정당Court party, 토리으로 불렸다.

휘그파의 로버트 월폴이 1721년 집권한 이후 1783년까지 대부분 휘그파가 정부를 이끌어 나갔다. 그러다 토리파의 소 피트가 1783년 집권하면서 이후 19세기 중반까지는 토리파의 집권 기간이 휘그파보다 훨씬 길었다. 19세기 초까지 휘그파와 토리파는 정당이라기보다는 파벌의 성격이 짙었다. 그 뒤 1832년 1차 선거법 개정이라는 큰 정치적 변혁을 거치면서 근대적인 정당제도가 점차 기틀을 잡게 되었다. 1차 선거법 개정에서는 유권자 등록제를 도입했다. 그래서 휘그파와 토리파 모두 선거를 위한 전문 인력이 필요해졌다. 선거권을 보유한 사람을 접촉해 등록하면서 지지자들을 모아야 했기 때문이다. 당연히 정당 조직이 필요했다.

전통과 권위를 중시하는 보수당과 자유무역의 신봉자 자유당

1차 선거법을 통과시킨 휘그파의 그레이 경과 후임자들은 의회 내 개혁파와 일부 급진파 의원들을 개혁이라는 핵심어로 모아 자유당Liberal Party으로 규합해나갔다. 선거법 개정을 반대하며 노동자 계층으로부터 집중적으로 공격을 받은 토리파는 종래의 귀족과 지주층에 더해, 산업혁명으로 형성된 중간계급 중 보수 세력을 흡수했다. 이들은 토리라는 이름 대신 보수주의자Conservatives라는 단어를 더 즐겨 사용하게 되었다. 원내와 원외에서 조직도 만들어졌다. 1832년 선거법 개혁에 반대했던 토리는 칼턴클럽Carlton Club을 만들었다. 이는 워털루전투의 용장 웰링턴 공이 의회 안에서의 여러 정책을 논의하고 공조하기 위해 만든 모임이다. 자유당은 1836년 개혁클럽Reform Club을 조직해 운영했다. 19세기 후반 보수당의 총리를 지낸 디즈레일리는 1867년 전국보수당연합National Union of Conservatives을 조직했고, 1870년에는 보수당 중앙 사무처를 만들었다. 이로써 현대식 정당 조직이 완비됐다. 자유당 당원이던 조지프 체임벌린Joseph Chamberlain 1836~1914은 1877년 전국자유당연맹National Liberal Federation 조직에 주도적인 역할을 수행했다. 다음 절에서 소개되는 자유당의 글래드스턴 총리는 전국을 돌며 선거유세를 펼친 최초의 거물 정치인이었다.

보수당은 처음에 지주층의 이익을 대변했고 국교회를 옹호했다. 이들은 나폴레옹전쟁 종결 직후 도입되어 값싼 외국산 곡물의 수입을 금지한 곡물법을 지지했다. 보수당의 창당자는 1834년 로버트 필Robert Peel로 여겨진다. 일부 학자는 소 피트를 최초의 보수당 총리로 여긴다. 소 피트는 1783년 24살에 총리가 되어 1801년까지, 이어 1804년부터 3년간 더 총리로 재직했다. 당시 휘그파는 프랑스혁명을 지지하는 파와 반대하는 파로 양분되어 일부가 토리로 넘어왔다. 같은 시기 소 피트는 산업혁명의 발전으로 성장한 신흥 자본가의 요구를 수용해 부패 선거구를 개혁했다. 신흥 자본가들이 부패 선거구의 축소와 함께 자신들의 선거구 확대를 요구했는데 피트가 이를 과감하게 받아들였다. 소 피트는 프랑스혁명과 나폴레옹전쟁의 와중에 대프랑스 동맹을 이끌어 전쟁을 승리로 이끄는 데 핵심적인 역할을 수행했다.

1830~1840년대에 보수주의자에 대비되는 개념으로 자유주의자Liberal라는 용어가 사용되기 시작했다. 이제까지의 휘그(개혁적인 지주)와 급진주의자를 포함하는 말이다. 이들을 뭉뚱그려 1840년대에 자유당이라 불리게 되었고 1859년에 정식으로 창당된다. 그해 6월에 파머스턴 경Palmerston이 두 번째로 집권했다. 이들은 자유무역을 줄기차게 지지했고, 선거권 확대, 비밀투표, 국교회 특권의 제한과 같은 개혁을 계속하여 내세웠다. 그의 뒤를 이어 3번이나 총리를 역임한 자유당의 윌리엄 글래드스턴William J. Gladstone, 1868~1874, 1880~1885, 1886은 노동계급의 일부를 자유당 당원으로 끌어들였다. 도시 노동자에게 선거권을 부여한 1867년의 2차 선거법 개정은 그의 맞수 보수당의 벤저민 디즈레일리 총리가 단행했다. 글래드스턴은 노동자들에게 선거권을 부여하면 이들을 자유당 지지자로 포섭할 수 있으리라 여겼다. 디즈레일리는 이를 명민하게 알아채 야당 당수로 있을 때 자신이 반대했던 선거법을 총리가 된

후 통과시켰다. 글래드스턴은 2차 집권기인 1884년 농촌 노동자와 광산 근로자에게 선거권을 주었다(선거법 3차 개정). 19세기 후반 영국 노동운동이 급진화하지 않은 것은 급증한 노동자 계층에게 이처럼 정치권이 정치적 참여를 확대해주었기 때문이다.

19세기 후반에 두 정당은 점차 수렴하기 시작했다. 1846년 곡물법 폐지 후 보수당이 분열하면서 1850년대에는 보수당조차 자유무역을 수용하게 되었다. 디즈레일리는 2차 선거법 개정에 선수를 쳐서 노동자 일부를 보수당으로 끌어들일 수 있었다. 반면 두 정당의 차이는 종교에서 극명하게 드러났다. 보수당은 점점 더 국교도를 대변하는 정당이 되었다. 자유당은 비국교도 기업과 상인들, 그리고 스코틀랜드와 아일랜드의 이익을 지지하게 된다. 자유당은 1880년대에 아일랜드 자치권 부여를 두고 찬성과 반대로 나뉘어 당이 쪼개진다.

차티스트 운동과 선거법의 개혁으로 노동자들이 정치에 참여할 길이 열렸다. 1874년에는 영국 최초로 노동자가 의원에 당선되기도 했다. 그러나 노동자들의 정당인 노동당의 탄생은 독립노동당(Independent Labour Party)의 시작인 1896년에야 이루어졌다. 지금도 남아 있는 노동당(Labour Party)의 정식 창당연도는 1906년이다.

19세기 후반 정가의 영원한 맞수
글래드스턴과 디즈레일리

자유당의 글래드스턴과 보수당의 디즈레일리는 19세기 후반 영국 정계의
거물이다. 두 사람은 자유무역과 선거법 개정 등 당시 핵심 문제를 두고 치열한
정책 논쟁을 펼쳤다.

윌리엄 글래드스턴(이하 윌리엄으로 줄임)은 '금수저'였다. 리버풀의 부유한 상인 집에서 출생한 그는 명문 사립학교인 이튼과 옥스퍼드대학교를 졸업했다. 고루한 보수당원이었던 윌리엄은 하원의원이 되고 시대상황을 보면서 자유무역주의자가 되었고 자유당 당수 자리에까지 올랐다. 재무장관과 총리를 각각 4번이나 역임하면서 19세기 영국 정치사에서 크나큰 논쟁을 야기한 정책의 중심에 서 있었다.

대척점에는 벤저민 디즈레일리(이하 디지로 줄임)가 있다. '흙수저' 출신인 디지는 대학 문턱에도 가보지 못했다. 광산회사에 투자했다가 망하는 바람에 경찰에 쫓기는 채무자가 되기도 했다. 5번 도전한 끝에 겨우 하원의원이 될 수 있었다. 디지는 초기에 보호무역을 주창하는 보수당의 기수가 되어 글래드스턴의 정책을 맹렬하게 비판했다.

윌리엄 글래드스턴과 벤저민 디즈레일리 비교

비교	윌리엄 글래드스턴 (1809~1898)	벤저민 디즈레일리 (1804~1881)
가정 환경	― 부유한 상인 집에서 출생, 사립명문 고 이튼과 옥스퍼드대학교 졸업	― 유대인 이민자 집에서 출생, 어릴 적 국교회로 개종, 반유대주의 세태로 고통을 받음 ― 대학을 졸업하지 않음
의회진출	― 1832~1845 (23살에 보수당 의원이 됨)	― 5수 만에 1837년에 보수당 의원이 됨
주요 정책	― 1874~1895. 자유무역, 균형예산, 긴축을 국가재정의 핵심으로 삼음. ― 최초의 자유무역 협정을 프랑스와 체결(콥든-슈발리에 자유무역협정 1860. 1. 23, 재무장관 시절) ― 아일랜드 자치법안Home Rule 1886년 하원에서 부결, ― 1893년 두 번 째 자치법안, 상원에서 부결. ― '열심히 일하는' 노동자에게 선거권을 주는 게 도덕적으로 정당하다. 노동계급이 그를 '인민의 윌리엄'(People's William)으로 부름	― 곡물법 폐지(1846. 6) 격렬하게 반대 ― 보호무역을 주장하는 보수당 지도자로 부상 ― 헌정 유지, 영제국 방어, 노동자 복리 증진 ― 1867년 2차 선거법 개혁으로 도시 노동자에게 선거권 부여 ― 부자와 가난한 사람의 두 국민이 아닌 한 국민의 보수당을 주창 ― '자치=제국해체' 아일랜드 자치를 강력반대(1차 대전까지 보수당의 공식 입장)
정당	― 1859년 자유당에 가입, 1867년 자유당 총재	― 보수당

23살에 하원에 진출한 윌리엄은 보수당의 로버트 필 총리 밑에서 장관으로 재직했다. 1846년 필 총리가 주도한 곡물법 폐지에서

그는 자유무역을 지지하며 폐지에 찬성했다. 이 법안 통과 후 보수당은 보호무역 지지파와 자유무역 지지파(필 총리의 지지자라는 의미에서 필라이트Peelites라 불림)로 나뉘었다. 윌리엄은 이후 당적을 바꿔 1859년 자유당에 가입했고 1867년에는 자유당 총재가 되었다. 그는 또 1860년 재무장관 시절 프랑스와의 자유무역협정인 콥든-슈발리에cobden chevalier treaty 조약 체결을 주도했다. 이 조약에 따라 두 나라는 주요 공산품에 대한 관세를 점차적으로 인하했다. 최초의 자유무역 협정이다. 윌리엄은 내치에서 자유무역, 균형예산, 긴축을 국가재정의 핵심으로 삼았다.

그는 가톨릭교도에 대한 차별을 철폐했고 아일랜드 자치법안 통과에 심혈을 기울였다. 1886년과 1893년 두 번이나 자치법안을 의회에 회부했으나 비준에 실패했다. 1884년 3차 선거법 개정도 열심히 일하는 노동자에게 선거권을 주는 게 도덕적으로 정당하다는 그의 신념에서 나왔다. 초등학교 의무교육도 그의 총리 재직 시절인 1870년대에 이루어졌다. 노동계급이 그를 '인민의 윌리엄People's William'이라 부른 이유가 여기에 있다.

반면 디지는 아일랜드에 자치권을 부여하는 것은 제국의 해체와 같다며 애국심에 호소했다. 제국의 방어와 헌정질서 유지가 그의 핵심 정책이다. 애국심에 기댄 그의 호소는 귀족과 상인뿐 아니라 일부 노동자들의 지지를 받았다. 그가 보기에 대영제국은 영국의 위대함을 드러내는 막강한 힘이자 상징이다. 그는 곡물법 폐지를 격렬하게 반대하며 보호무역을 주장하는 보수당 일파의 지도자로 부상했다. 그는 부자와 가난한 사람의 두 국민으로 분열된 것이 아닌 '한 국민의 보수당One-Nation Tory'을 주창했다. 이 견해는 사회 계급의 존재를 인정하고 각 계급이 서로에게 의무를 지닌다고 본다. 가진 사람들이 노동자들을 따뜻하게 돌봐주고 노동자들은 맡은 바 일을 성실하게 한다는 온정주의적 보수주의다. 디지는 적수 윌리엄이 제안한 유사한 법을 반대했지만 재무장관 재직시기인 1867년 2차 선거법 개혁을 주도적으로 통과시켰다. 이 역시 온정적 보수의 한 예이다.

김기수 교수(한림대 사학과)는 글래드스턴을 "매우 진지했던 시대의 가장 진지한 인물"로, 디즈레일리를 "토리 민주주의의 기수, 낭만적 개혁파"로 구분지어 특징적으로 규정했다.

2019년 12월 12일 총선에서 보수당의 보리스 존슨 당수는 '한 국민의 보수당'에 투표할지 아니면 '급진적인 포퓰리스트'에 표를 던질지 선택하라고 호소했다. 브렉시트가 핵심 쟁점이었던 이 선거에서 보수당은 노동당에 압승을 거뒀다. 총선 후 영국은 2020년 1월 31일 브렉시트를 단행했다.

자유무역으로 가다
곡물법 폐지와 프랑스와의 자유무역협정

값싼 외국산 곡물의 수입을 금지했던 곡물법이 폐지됐고 프랑스와의
자유무역협정도 체결됐다. 최초의 산업혁명 국가 영국은 자유무역의 선봉장이
됐다.

곡물법 폐지, 신흥 제조업자들의 승리

나폴레옹 전쟁 직후 1815년부터 실행된 곡물법은 외국산
곡물에 높은 관세를 부과해 사실상 수입을 금지했다. 국내 토지 귀
족들은 높은 가격에 곡물을 판매해 큰 이득을 봤다. 산업혁명이 진
전되면서 노동자들의 생활은 더 곤궁해졌다. 중간계급을 구성한
신흥 제조업자들을 중심으로 곡물법 폐지운동이 벌어지게 된 배경
이다.

1839년 곡물법 폐지를 목표로 내세운 반곡물법연맹Anti-Corn Law
League이 결성되었다. 리처드 콥든Richard Cobden, 1804~1865과 존 브
라이트John Bright, 1811~1889가 이 연맹 결성을 주도했다. 콥든은 랭커
셔에서 면직물 공장을 운영했다. 1830년대 중반에 프랑스와 독일,
스위스, 미국 등을 여행하면서 자유무역이 경제에 유리함을 체험
했다. 그는 랭커셔에서 면직물 등 제조업에 종사하는 고용주들을
이 연맹으로 끌어들였다. 이들은 곡물법이 지주계급의 이권만을

보장해주기에 부도덕하며 경제적으로도 손실을 부른다고 주장했다. 곡물법을 폐지해 값싼 외국산 곡물을 수입하면 노동자의 생활비도 줄일 수 있다. 또 곡물을 영국에 수출하는 유럽 각국도 덕분에 돈을 벌어 영국산 직물과 공산품을 수입하게 되면 국내에서 노동자도 추가로 고용할 수 있다고 보았다. 그러나 정권을 장악한 보수당의 상당수가 토지를 보유한 귀족이었다. 당연히 곡물법의 폐지를 강력하게 반대했다. 그런데 1839년 콥든이 연맹을 결성하면서 자유로운 곡물 수입을 요구하자 보수당은 경악했다. 연맹은 대중집회를 자주 열었고 팸플릿을 제작해 배포했다. 또 회비를 추렴해 자유무역을 지지하는 후보들의 의회 진출을 도왔다.

1841년 총리가 된 보수당의 로버트 필은 부유한 면직물 제조업자의 아들이었다. 그는 집권 후 많은 수입품의 관세를 인하하거나 철폐했지만 곡물법 폐지는 당내의 반대가 워낙 거세 어찌할 수 없었다. 그러나 1845년부터 연이어 아일랜드에서 발발한 흉작 때문에 분위기가 바뀌었다. 아일랜드 사람들이 주식으로 먹던 감자가 감자역병으로 썩어 수십만 명이 질병에 걸리거나 굶어 죽었다. 1841년 아일랜드 인구는 약 800만 명으로 통합왕국 영국 전체 인구의 3분의 1을 차지했다. 그러나 1845년~1850년까지 100여만 명이 기아와 질병으로 사망했고, 10년간 약 200만 명이 주로 미국으로 이민길에 올랐다.

필 총리는 이런 대재앙 앞에서 해법은 값싼 외국의 밀을 수입하는 길밖에 없다고 판단했다. 1841년 하원의원이 된 콥든도 계속해서 필 총리를 설득했다. 결국 필은 1846년 6월 곡물법폐지법안

을 의회에 제출했다. 그리
고 보수당 일부 의원과 야
당인 휘그파의 찬성을 얻
어 법이 통과되었다. 보수
당의 벤저민 디즈레일리는
필 총리를 강력하게 비판
하면서 명성을 떨쳤다. 이
일로 보수당은 자유무역
찬성파와 반대파로 나눠지
게 되었다. 노동자들의 차
티스트 운동은 별 성과 없
이 끝났지만 곡물법 폐지

곡물법 폐지와 프랑스와의 자유무역협정에 큰 기여를 한
콥든과 브라이트(왼쪽이 브라이트)

운동은 중간계급인 신흥 제조업자와 상인들의 연합으로 성공할 수
있었다.

프랑스와의 자유무역에서도 콤비를 이룬 콥든과 브라이트

1859년 존 브라이트 자유당 의원은 하원에서 프랑스의 침략에
대비해 군비를 증강하는 대신 자유무역조약을 체결하라고 파머스
턴 총리에게 요청했다. 두 나라의 무역이 증가해 서로 관계가 긴밀
해지면 전쟁에 따른 손실이 너무 크기에 전쟁을 저지할 수 있다는
게 자유무역 주창자들의 오랜 신념이다. 이듬해인 1860년 1월 영
국과 프랑스는 자유무역협정을 체결했다. 영국 측 협상 대표는 브

라이트의 동료 하원의원이자 곡물법 폐지운동을 함께한 콥든이었다. 프랑스의 대표는 미셸 슈발리에Michel Chevalier다. 이 때문에 두 나라의 통상협정은 콥든-슈발리에 조약이라 불린다. 슈발리에는 파리의 콜레주드프랑스College de France 경제학과 교수로 나폴레옹 3세의 경제 정책을 조언해주고 있었다. 황제 보나파르트 나폴레옹의 조카인 나폴레옹 3세는 당시 군함을 건조하는 등 군비증강에 열중했다. 브라이트의 연설을 들은 슈발리에는 콥든에게 편지를 써서 만나자고 제안했다. 콥든은 파리를 방문하기 전 자유당 의원이자 재무장관이던 윌리엄 글래드스턴과 만나 프랑스와의 자유무역 체결에 동의했다. 하지만 나폴레옹 3세는 내켜하지 않았다. 해외무역에 크게 의존하는 영국과 달리 프랑스는 내수시장이 커서, 시장을 개방할 경우 노동자들이 일자리를 잃을 것이라고 우려했다. 결국 1859년 11월부터 두 달간 양측 대표가 비밀리에 회담을 진행해 협정에 서명하게 되었다.

양국은 경쟁력이 있는 상품의 관세를 서로 인하했다. 영국은 프랑스산 포도주와 완제품에 대한 관세를 철폐했고, 프랑스는 영국의 면직물류와 같은 1차 생산품과 공산품 관세를 기존의 절반 정도인 30퍼센트 수준으로 내렸다. 이 조약은 10년마다 갱신여부가 논의되고 발효된 지 5년이 지난 후에는 관세 상한선을 25퍼센트로 묶어 두기로 합의되었다. 콥든-슈발리에 조약은 근대적 의미에서 최초의 통상협정이었다. 여기에는 최혜국대우Most Favoured Nation 원칙이 적용되었다. 조약 당사국이 다른 국가와 교역할 때 부여하는 최상의 대우를 조약 상대국에게도 해준다는 원칙이다. 제2차 세계대전 후 우리나라가 가입했던 관세및무역에관한일반협정GATT이나 우리가 미국이나 유럽연합EU등과 체결한 자유무역협정FTA에도 이 원칙이 적용된다.

콥든-슈발리에 조약 체결 후 영국과 프랑스의 교역은 두 배 이상 늘어났다. 조약 후 1860년부터 10년간 유럽 안에서 120개가 넘는 두 나라 간의 무역조약이 체결되었다. 콥든과 슈발리에는 자유무역을 유럽 각국으로 확산하는 데 큰 기여를 했다.

주간지 『이코노미스트Economist』는 1843년 9월 창간되었다. 당시 영국에서는 곡물법 폐지를 두고 찬반 논쟁이 최고조에 이르러 있었다. 이 잡지는 창간호에서 곡물법의 폐지를 강력하게 주장했다. 창간자 제임스 윌슨(James Wilson)은 스코틀랜드 출신의 사업가로 제조업을 운영했으며 1847년 하원에서 자유당원으로 활동했다. 2019년 말 기준, 『이코노미스트』는 매주 150여만 부가 발간되고, 이 중 절반은 미국에서 판매된다. 영국보다 영국 바깥에서 더 많이 읽히는 이 주간지는 뉴스 분석의 균형감각과 전문성으로 세계 각국의 식자들에게 인기가 높다.

경제발전에 필요한 인력양성으로 대학의 변화

왕에게 충성하는 신민을 키우던 대학은 산업혁명 시기 필요한 인력을 양성하는 기관으로 변모했다. 1836년 설립된 런던 대학교는 '인민의 대학'으로, 이후 유사한 대학교 설립이 잇따랐다.

'인민의 대학' 런던 대학교

19세기 중반 영국에서 산업혁명은 절정에 이르렀다. 하지만 대학 교육은 여전히 고리타분했다. 중세에 설립된 옥스퍼드와 케임브리지 대학교(옥스브리지)는 정부의 재정 지원을 계속해서 받았다. 두 대학은 국왕과 국교회에 충성스러운 신민을 양성하는 게 목표였다. 당연히 교육 과정도 신학과 고전(고대 그리스와 로마의 언어와 역사 연구)이 중심이 되었다. 학위를 주는 데 필요한 시험도 제대로 갖추어지지 않았고 엄격하게 시행되지도 않았다. 산업혁명이 가속화하던 19세기 초반부터 대학 교육을 산업사회의 변화에 맞게 개편해야 한다는 요구가 거세게 일었다. 과학과 공학, 외국어 등 산업사회가 요구하는 실용적인 전문 지식을 가르쳐야 하며 비국교도들에게도 대학 문호를 개방해야 한다는 요구가 계속 이어졌다.

1836년 설립되어 민립civic 대학의 효시인 런던 대학교는 잉글랜드에서 세 번째로 오래된 대학이다. 1846년 맨체스터에서 직물공장을 운영하던 존 오엔스John Owens가 맨체스터오웬스컬리지(현재 맨체스터 대학교)를 설립하면서 셰필드 대학교1879, 뉴캐슬 대학교1874 등 영국 각지에 민립대학이 잇따라 문을 열었다. 이들은 처음부터 입학자격에 종교적 제한을 두지 않았고, 덜 유복한 가정의 학생들도 받아들였다. 또 과학과 공학, 외국어 등 실용적인 학문을 가르쳤다. 런던 대학교의 경우 1858년 현재의 방송통신대학교와 유사한 원거리 교육을 시작했다. 지방에 거주 중이어서 런던 캠퍼스에 오기 어려운 학생들에게 이런 교육을 제공하여 고등교육의 기회를 넓혔다. 찰스 디킨스가 런던 대학교를 '인민의 대학교People's University'라 부른 이유도 여기에 있다.

런던 대학교의 단과대학인 런던정경대학London School of Economics and Political Science, LSE은 노동자를 교육하기 위해 설립되었다. 진보적 지식인들의 모임인 페이비언 협회The Fabian Society에서 활동중이던 웨브 부부(시드니, 비아트리스 Sidney Webb, Beatrice Webb)와 극작가 조지 버나드 쇼 등이 중심이 되어 1895년에 설립했다. 당시 경제학은 독립된 학문 분과로 인정받지 못했다. 이들은 학교 이름에 경제학을 명시해 진보적인 대학을 지향할 것임을 처음부터 명확히 했다. 경제학과 통계학, 노동법과 정치학과 같은 과목이 개설되었다. 남녀 누구나 입학할 수 있었고 학생들이 대부분 노동자이었기에 수업도 저녁 6시부터 세 시간 정도 이루어졌다.

더디고 더딘 옥스브리지 개혁

민립대학이 설립되었지만 옥스브리지는 여전히 사회변화에 둔감했다. 1848년 옥스브리지의 개혁을 요구하는 사회 각계의 청원서에는 찰스 다윈과 소설가 윌리엄 새커리William Thackeray 등 많은 당대 지식인들이 서명했다. 정부는 1850년 옥스브리지 개혁을 검토하는 왕립조사위원회를 구성했다. 새로운 졸업시험제의 도입과 국교회가 아닌 사람의 입학 허용, 교수의 직위를 세속으로 변경하는 등의 권고안이 나왔다. 이런 권고안은 점진적으로 시행되다가 1871년에 이르러서야 비국교도도 옥스브리지의 교수나 교원으로 임용될 수 있었다.

여대생에게 학위를 준 시기도 큰 차이가 난다. 런던 대학교는 1878년 여성의 입학을 영국 대학 가운데 처음으로 허용했다. 1880년 이 대학교를 졸업한 여성들이 학사 학위를 받았다. 반면 옥스브리지의 경우 케임브리지가 1921년에 여성에게 첫 학위를 주었다. 그러나 여성이 대학의 정회원full members of the university이 된 것은 1948년이다. 옥스브리지는 연방제와 유사하게 각 단과대학이 중심이 되어 운영된다. 이 대학교의 교수는 단과대학 컬리지에 소속되며 컬리지에서 여러 가지 특권이 주어진다. 학교 숙소의 무료 제공과 식당 하이테이블high table에서의 무료 식사권과 같은 것이다. 여학생들은 학위를 받은 지 27년이 지나서야 겨우 이런 권리를 획득할 수 있었다. 13세기 초에 설립되고 700년이나 지난 뒤의 일이었다.

초등교육의 의무교육화도 아주 점진적으로 몇 차례 법을 개정해 이루어졌다. 1867년 2차 선거법 개정으로 도시 근로자 대부분이 유권자가 되었다. 자유당 의원들은 이들을 교육시켜 올바로 선거할 수 있도록 도와주어야 한다고 여겼다. 제조업자들 중에도 노동자들이 읽고 쓰고 기본적인 셈을 해야 생산성을 높일 수 있다고 보는 사람들이 있었다. 반면 노동자들이 글을 깨치면 현재 근로조건에 불만을 가져 집단행동을 할 수 있다고 걱정한 고용주도 있었다. 1870년 자유당의 글래드스턴 총리 당시 통과된 교육법은 잉글랜드와 웨일스에서 5세~12세 아동에 대해 정부가 지원한다는 초등교육의 기초를 닦았다. 1880년에 이 연령기 아동의 등교가 의무로 규정되었고 무료 교육이 시작된 것은 1891년이다.

영국의 역사학자 마틴 위너(Martin Wiener)는 영국 경제가 서서히 쇠퇴하게 된 이유를 산업을 경시하는 문화에서 찾았다. 산업자본가들은 자녀들을 옥스브리지에 보내 이들이 제조업이 아닌 신사의 직업으로 간주되는 상업과 금융에 종사하기를 바랐고 실제로 그랬다는 게 그의 논지다. 당시 옥스브리지 교육은 인문학에 치중돼 있었다. 기업가정신이 부족한 게 아니라 산업을 경시하는 문화적 이유 때문이었다. 하지만 이 주장을 반박하는 견해도 많다. 옥스브리지를 졸업한 산업자본가 자녀들 중에는 부친의 직업을 버리기보다 계승한 경우가 적지 않았다.

노동조합의 멀고도 먼 합법화
산업혁명과 노동자

1870년대에 가서야 노동조합이 합법화됐다. 이전에 노동자들의 삶은 아무런
보호도 없이 시장의 광폭한 힘에 내팽겨 처졌다.

1834년 신구빈법과 노동자의 고난의 삶

"노동자들이 거주하는 집을 밤에 가보면 개탄스럽다. 아버지와 어머니,
아이들이 여러 침대에서 함께 자고 있다. 바닥은 이들이 벗어놓은 더러
운 옷과 다양한 짐 꾸러미로 뒤덮여 있다. 이런 광경은 바로 노동자들의
박탈감을 표현하고 도덕적·사회적 무질서를 드러낸다. 이곳의 질식할
듯한 악취와 열기는 외부에서 들어온 사람이 거의 참을 수 없을 정도이
며 건강에 해롭다."

— 구빈법 위원회 에드윈 채드윅Edwin Chadwick 사무국장의 보고서 중에서

엘리자베스 1세 시대 때 제정된1601 구빈법이 1834년 개
정되었다. 이 법이 제대로 지켜지는지 감독하는 구빈법위원회에서
사무국장을 맡았던 에드윈 채드윅은 대도시, 여러 산업 분야에 근

무중인 노동자들의 위생 상태를 조사했다. 그는 1842년 「영국 노동자들의 위생 상태에 관한 보고서Report on the Sanitary Conditions of the Labouring Population of Great Britain」를 제출했다. 공식 보고서이지만 노동자들의 주거와 위생 상태를 '적나라하게' 표현했다. 맨체스터 면직공장 노동자들의 근로와 생활을 정밀하게 분석한 프리드리히 엥겔스의 『영국 노동계급의 상황The Condition of the Working Class in England』(1844년)은 이보다 훨씬 더 세밀하게 인간 이하의 생활을 감내해야만했던 노동자들의 생활상을 묘사한다.

1834년 신구빈법은 가난한 사람의 구제 주체를 교구에서 각 지방자치단체로 이관했다. 이것보다 훨씬 더 중요한 것은 새로운 법이 자조self-help의 정신에 바탕을 두었다는 점이다. 즉 몸이 성한 사람은 스스로 일해서 벌어 먹여야 하며, 이런 바탕에서 국가 지원을 최소화했다. 이 법에 따라 몸이 건강한 사람은 국가가 만든 구빈원을 제외하고는 당국으로부터 어떤 도움도 받을 수 없었다. 구빈원에 수용된 사람들은 가족과 떨어져서 생활해야 했고, 구빈원 자체의 환경도 감옥보다 열악했다. 일한 대가도 그저 무료 숙식제공이다였다. 당국은 수용자들에게 자조를 가르치려 했고, 건강한 사람을 노동시장으로 내보내려 했다. 이 때문에 구빈원은 '채드윅의 바스티유 감옥'이라고 불렸다.

1795년 중부 버크셔 주의 소도시 스피넘랜드Speehamland에서 치안판사들은 노동자들에게 최소 소득을 보장했다. 산업혁명 초기였던 당시에 노동자들의 임금은 너무 낮았고, 경기가 어려워지면 노동자들이 특히 더 어려움을 겪었다. 그래서 물가에 가장 민감한 식빵 값의 변동을 감안해 빵 가격이 오르면 노동자 가족 구성원 수에 따라 임금 이외에 임금 보조금을 지급하기로 했다. 스피넘랜드의 최소 소득 보장은 의회에서 법으로 통과된 것은 아니었지만 농촌과 대다수의 도시에서 그대로 시행되었다. 신구빈법은 이를 폐지했다. 자본가는 경기변동에 따라 저임금의 노동자를 노동시장에서 거의 아무런 규제도 받지 않고 고용할 수 있었다. 그러나 노동자는 조직화하지 않아서 구조적으로 매우 불리했다. 개정된 구빈법은 '현대적 의미의 자유로운 노동계약 체결'을 가능하게 했지만, 그 결과 노동자들은 결코 달갑지 않은 상황을 맞이해야 했다. 국가가 보호 장치를 마련해주기까지는 그 뒤로도 한참을 기다려야 했다.

1870년대에야 보장된 노동조합

노동자들이 힘을 뭉쳐 자본가에 대해 권익을 요구하고 보호할 수 있는 노동조합은 1871년에 가서야 노동조합법으로 보장을 받았다. 자유로운 노동시장의 형성부터 37년이나 지난 뒤였다. 1875년에 이 법은 일부 개정되었다. 노동조합법은 노조를 합법화했다. 노조의 기금을 민사적 손해배상 소송에서 보호했고, 평화적으로 피켓을 들고 시위하는 권리를 보장했다. 주로 기계공과 목공과 같은 숙련 노동자들이 의회 안에서 노동자의 권리를 인정받기 위한 법 제정 운동에 앞장섰다. 1867년 2차 선거법 개혁으로 도시 남성 근로자 대부분이 참정권을 얻은 것도 노조의 합법화를 앞당겼다.

당시 영국은 '세계의 공장'이라 불리며 한창 경제가 번창하는 중이었기 때문에 늦게나마 노동자들의 권리를 보장하고 근로조건을 점진적으로 개선할 수 있었다. 1870년대부터 모든 공장 노동자들의 근무시간은 1주일에 56.5시간으로 제한되었고, 토요일 오후의 휴무가 규정되었다.

어린이 노동 규제와 노동조합법

1833년 공장법

직물공장에서 9살 미만의 어린이 노동 금지
9살~13살 어린이 노동은 하루에 8시간,
14세~17세 소년은 12시간(1주일에 최대 68시간)으로 제한

1842년

탄갱에서 부녀자와 10살 미만 소년의 고용금지

1847년 공장법

부녀자와 18세 미만 소녀의 근로시간을 하루에 최대 10시간으로 제한

1871년 · 1875년 노동조합법

노조의 합법화
노조의 기금을 민사적 손해배상 소송에서 보호
평화적인 피켓 시위 권리를 보장

노동조합의 합법화가 아주 더디게 이루어진 반면 어린이 노동의 개혁은 이보다 앞서갔다. 박애주의자들과 지식인들이 인도주의적인 이유로 어린이 노동의 고통을 줄이자는 운동을 펼쳐왔다. 자세한 통계는 없지만 1800년대 초 영국의 공장에서 노동자 절반 이상은 14살 미만의 어린이였다. 이들은 하루에 최소한 14~15시간을 광산이나 공장에서 일하곤 했다. 성인 노동자들은 게으르고 결근하곤 했지만 어린이들은 그렇지 않았다. 4살 어린이가 일하는 것이 흔했고 가난한 집의 어린이들은 가사를 돕기 위해 일하는 게 지극히 정상으로 여겨졌다. 어린이들은 재워주고 먹여주는 대신 임금을 받지 않거나 대개 성인 임금의 10~20퍼센트 정도만 받았다. 기업주에게는 어린이 고용이 박애사업이자 수지맞는 장사였다.

하지만 몇 차례 점진적으로 공장법이 제정되어 어린이들의 고용이 금지되고 최대 근무시간도 제한되었다. 1833년 공장법은 직물 공장에서 9살 미만의 어린이 노동 금지, 9살~13살 어린이 노동은 하루 8시간, 14세~17세 소년은 12시간(1주일에 최대 68시간)으로 제한했다. 1842년에는 탄갱에서 부녀자와 10살 미만 소년의 고용이 금지되었다. 1847년의 공장법은 부녀자와 18세 미만 소녀의 근무시간을 최대 10시간으로 제한했다. 1833년부터 법의 철저한 이행을 감독하기 위해 공장감독관이 임명되었다.

이 절 첫머리에 인용된 채드윅의 보고서 발간 후 6년이 지난 1848년에 공중보건법(Public Health Act)이 제정되었다. 이 법은 수도와 하수 시설의 개선, 쓰레기와 오물 처리, 식품 안전 관리 등을 규정했다.

자본주의는 반드시 망한다
카를 마르크스의 경고

카를 마르크스는 거의 35년간 런던에서 무국적자로 살았다. 그는 자본주의가 최고로 발달한 영국에서 자본주의를 심층 연구해 자본이 축적되고 집중된다는 자본주의 운동법칙을 제시했다.

대영박물관 열람실에서 연구에 열중한 마르크스

1858년 대영박물관에 있는 둥근 열람실Reading Room 한 모퉁이에서는 매일 이곳에 오는 덥수룩한 수염의 까무잡잡한 독일 학자를 만날 수 있었다. 그렇게 낯설지 않은 이름의 소유자, 칼 마르크스가 바로 그 사람이었다.

1848년 프랑스에서 2월혁명이 발발한 후 독일 프로이센 왕국에서도 혁명의 조짐이 일었다. 당시 독일 쾰른과 파리를 오가며 혁명 현장을 지켜보고 이를 보도하는 기자로 활동하던 카를 마르크스1818~1883는 프랑스 당국에 의해 위험인물로 낙인찍혀 추방되었다. 그는 잠시 체류하겠다는 생각으로 1849년 6월 초 영국 런던으로 왔지만 1883년에 사망할 때까지 런던을 떠나지 못했다. 무국적자로서 극심한 가난에 시달렸던 그는 허기진 배를 부여잡고 자본주의 발달의 운동법칙을 서술한 『자본론』을 완성했다. 1857년, 시민들이 와서 책을 읽고 연구할 수 있는 대영박물관의 둥근 열람실이 신축되었다. 그는 이 박물관 열람실에서 무료로 책을 보고 영국 하원의 각종 보고서와 자료를 이용할 수 있었다. 마르크스는 자본주의가 가장 발달한 영국에서 자본주의가 펼쳐지는 역사의 현장을 지키며 학자, 실천가, 혁명가로서 삶을 마감했다.

변증법적 유물론과 역사발전

독일 베를린대학에서 철학박사 학위를 얻은 카를은 급진적인 성향 때문에 교수가 되지 못했다. 그는 1843년부터 파리와 브뤼셀, 쾰른과 같은 여러 도시에서 급진적인 신문에 글을 쓰고 혁명 현장에도 참여했다. 학문과 현실 참여로 그가 고안해낸 분석 틀이 변증법적 유물론이다.

변증법은 사회의 발전을 정반합의 지속으로 설명한다. 정치적·사회적 사건은 처음에는 '정'의 상황에 있다. 이런 상황은 모순(반)에 부딪히고 이를 해결하는 게 합이다. 이런 과정이 계속해서 끊임없이 전개된다. 독일 철학자 헤겔은 변증법에 따라 절대정신의 실현 과정을 역사발전으로 해석했다. 그러나 마르크스는 경제적 토대(생산력과 생산관계)를 역사의 원동력으로 보았다(변증법적 유물론). 물질적 토대가 변하면 이념(법이나 문화 등)이 변한다고 마르크스는 주장했다. 원시공산사회와 고대노예사회, 중세봉건사회, 자본주의 사회로 역사가 이행되어 왔다. 각각의 사회에서 누가 생산을 하고 생산수단(예컨대 중세에는 물레방아, 자본주의 사회에서는 기계, 토지 등)은 어떻게 변했는가, 그리고 이런 역사의 진행 경로를 살펴보면 자본주의

마르크스가 제시한 자본주의의 장기적인 운동 법칙

자본은 축적되고 집중된다

이윤율은 하락하고 자본가와 노동자 간의
계급투쟁은 불가피하다

과잉생산과 주기적인 경제위기는 불가피하다

사회 다음에는 사회주의 사회가 온다고 마르크스는 진단했다.

애덤 스미스는 분업이 생산력을 크게 높인다고 긍정적으로 평가했다. 반면 마르크스는 분업이 인간을 하나의 톱니바퀴로 전락시켜 인간소외를 초래한다며 부정적으로 평가했다. 스미스는 자본주의 초기에 분업의 유용성을 봤다. 그러나 마르크스는 자본주의가 폭발적으로 성장하는 시기에 비참한 노동자들을 직접 보고 한없는 연대감을 느꼈다. 그는 사유재산제가 폐지되어야 노동자들이 해방될 수 있다고 봤다.

1867년 출간된 『자본론』 1권 및 이전의 여러 책에서 그는 자본주의의 장기적인 운동 법칙을 규명했다. 그에 따르면 자본은 축적되는 경향이 있다. 자본가들은 자본을 축척해야 경쟁에서 승리할 수 있다. 그래서 자본가들은 더 많은 이득을 얻으려 한다. 이를 위해 자본가들은 노동자에게는 적은 임금을 주고, 상품 생산과 유통에서 잉여가치를 만들어낸다. 유사한 맥락에서 자본은 또 집중된다. 자본가들의 치열한 경쟁 결과 승자는 더 많은 자본을 투자해 시장 점유율을 높이고 그만큼 특정 산업에서 몇 개 기업이 시장을 장악한다. 마르크스는 또 이윤은 장기적으로 하락하며 자본가와 노동자(프롤레타리아) 간의 계급투쟁을 피할 수 없을 것이라고 봤다. 자본주의의 무한경쟁에 따라 과잉생산이 이루어지고 주기적인 경제위기는 불가피할 것으로 전망했다. 이윤이 하락하면 노동자들의 급여는 추가적으로 더 떨어질 수밖에 없다.

그는 자본주의가 최고조로 발달한 영국에서 노동자들이 주도하는 사회주의 혁명이 일어날 것으로 봤다. 자본주의가 발달할수록 자본가의 초과 이득(잉여가치)은 늘어나고 노동자들은 더 착취를 당한다. 착취를 당한 노동자들은 계급의식을 형성하고 단결해 혁명을 일으켜서 족쇄를 풀어헤칠 것으로 예상했다.

"만국의 노동자여, 단결하라! 잃을 것은 족쇄뿐이다."

1848년 발간된 『공산당선언』의 마지막 구절은 이런 격문으로 끝난다.

하지만 '인민의 윌리'라는 글래드스턴 자유당 총리가 1870년대에 노동조합을 합법화했다. 또 1832년부터 시작된 세 차례의 선거법 개정으로 성인 남자 노동자들이 선거에 참여했다. 영국의 지배계급은 너무 늦지 않게 노동자에게 양보를 하여 이들이 급진적인

런던 하이게이트 묘지의 카를 마르크스 무덤

운동에 참여하는 것을 억지할 수 있었다. 이런 개혁 덕분에 영국에서 마르크스의 사상은 제한적인 영향만 미쳤을 뿐이다.

40여 년간을 마르크스의 동지로 극심한 가난에 처한 친구를 자주 도와주었던 프리드리히 엥겔스Friedrich Engels, 1820~1895는 1883년 친구의 장례식장에서 그를 아래와 같이 평가했다.

"찰스 다윈이 유기체의 발전법칙을 발견한 것처럼 카를 마르크스는 인간 역사의 발전법칙을 발견했다. 인간은 정치나 과학, 예술이나 종교 활동을 하기 전에 무엇보다도 먹고, 마시고, 휴식처와 옷을 구한다는 것은 단순한 사실이다. 그런데 이런 사실조차 이념의 과잉성장으로 이제까지 감추어져 있었다."

장례식 연설 마지막 구절은 "그의 이름은 수백 년에 걸쳐 지속될 것이고 그의 저서도 그럴 것이다"라고 끝을 맺는다. 마르크스의 명성과 저서는 이후 전개된 역사에 따라 부침을 거듭했다. 1990년대 소련을 비롯한 공산주의 국가들이 붕괴하고 상당수가 시장자본주의 체제로 전환하며 마르크스와 그의 책은 점차 잊혀져갔다. 그러나 2008년 미국발 경제위기가 발발하고 선진국인 여러 나라에서 경제적·사회적 불평등이 커지면서 마르크스는 다시 부활했다.

마르크스가 본 토대(생산력과 생산관계)와 상부구조

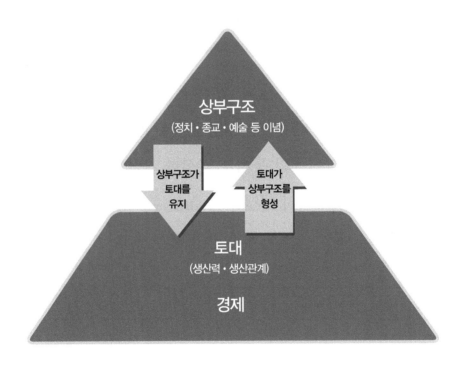

『공산당선언』은 1848년 영국에서 독일어로 처음 출간되었다. 영어판이 출간된 것은 1850년이다. 이 책의 초판은 2013년 유네스코 세계기록유산으로 지정되었다.

런던 세계박람회와 산업혁명의 절정

19세기 중후반 영국은 산업혁명의 절정에 있었다. 세계 최강국으로서 국가의 위신을 전 세계 만방에 보여준 게 1851년 런던에서 열린 세계박람회다.

세계의 중심 런던

"우리는 세계박람회장에 갔다. 기계 전시장에 두 시간 정도 머물렀는데 아주 흥미로웠고 교훈적이었다. 이런 멋진 발명품을 고안하여 만들어낸 인간 지성의 위대함에 경탄한다. 이런 발명품은 인류의 복지와 편안함에 기여한다. 과거 손으로 몇 달 걸리던 일을 이제는 가장 아름다운 기계가 몇 초 만에 마친다. 올덤(Oldham, 맨체스터 인근의 소도시)에서 만들어진 최초의 방직기계를 봤다."

— 빅토리아 여왕의 일기 중 세계박람회 방문을 기록한 1851년 6월 7일자 기록

빅토리아 여왕재위 1837~1901은 대영제국의 절정기를 통치했다. 1819년에 태어나 불과 18살의 나이에 삼촌 윌리엄 4세가 서거하자 즉위했다. 빅토리아 여왕의 치세는 63년 7개월에 걸쳤고

런던 세계박람회가 열린 수정궁 내부 모습

1876년에는 인도의 황제로 등극했다.

여왕은 1851년 런던에서 열린 세계박람회를 몇 차례 관람한 뒤 보고 느낀 점을 세밀하게 일기에 기록해 역사가들이 연구에 활용할 수 있는 귀중한 자료를 남겨주었다. 여왕이 감탄한 이 박람회는 영국뿐 아니라 세계 각지의 사람들을 자석처럼 끌어 들였다.

런던 세계박람회London Great Exhibition는 5월 1일부터 10월 15일까지 5개월 반 동안 열렸다. 런던 버킹엄궁 인근 하이드파크 서쪽 끝에는 수정궁Crystal Palace이 지어졌다. 주철에 유리를 합성한 거대한 건축물로 속이 훤하게 드러나 보여서 이렇게 불렸다. 박람회에 출품된 물품은 약 10만 여 점으로, 증기기관부터 방적기, 전보 등 당시 산업혁명의 현장에서 사용되는 첨단 물품들을 볼 수 있었다. 절반 정도의 전시물은 영국제였고 나머지는 다른 나라에서 왔다. 세계 각지에서 1만4천여 명의 참가자들이 물품을 전시하러 왔다.

당시 인구 조사에 따르면 영국 전체 인구는 2천1백만 명이었는데, 무려 6백만 명의 유료 관람객이 몰렸다. 외국인 관람객이 그리 많지 않았다고 추정하면 영국인 네 명 가운데 한 명 이상이 여기에 온 셈이다. 20여 년 전에 개통된 철도가 영국 전역을 사통팔달로 연결하면서 시골에서도 많은 사람들이 와서 구경할 수 있었다.

박람회에서는 당시 계급 구조가 분명하게 드러났다. 5월 1일 개막식에는 귀족들만이 참관할 수 있었다. 시즌 입장권을 가진 사람과 3기니를 지불한 신사, 2기니를 낸 숙녀만이 개막식에 참석했는데 모두 귀족이었다. 기니guinea는 당시 유통되던 금 동전으로 1파운드 1실링 정도였다. 2기니는 기계공과 같은 숙련공의 5일치 임금과 같은 액수였다. 평민은 개막일을 제외하고 다른 날에 이곳에 들렀다. 귀족과 중간계급, 하층 계급이 관람하는 경로가 별도로 정해져 이들이 전시회를 둘러보는 중에 서로 부딪히지 않도록 했다.

"모든 국가들의 위대한 산업 전시회를 열자"는 여왕의 남편 알버트 공의 아이디어에서 이 박람회 개최가 준비되었다. 당시 수정궁 건설에 소요된 총 공사비는 2백만 파운드, 2019년 말 가치로 환산하면 2억8천만 파운드(약 4,400억 원) 정도다. 수정궁은 길이가 564미터였고 내부 높이는 39미터였다. 현대 규모로 봐도 꽤 크다.

"영국 역사상 가장 성대하고, 아름다우며 영예로운 날이었다."

여왕은 전시회 폐막일 일기에 이렇게 적었다. 영국이 세계의 중심이었다.

철도의 개통과 물류 혁신

영국인 4분의 1 이상이 박람회를 관람할 수 있었던 것은 철도가 있었기 때문이다. 최소한 수만 명의 시골 사람들이 처음으로 기차를 타고 런던으로 와서 진귀한 물품을 지켜보며 당시 세계 최고 국가의 국민으로서 자부심을 느꼈다.

1906년경의 런던 지하철역 모습.
셜록 홈즈 시리즈에 나오는 베이커 가의 지하철역이다.

영국 최초의 철도는 잉글랜드 북동부 선더랜드 인근의 두 도시 스톡턴과 달링턴 노선에 부설되었다(1825년 9월). 광물 운송에만 사용되었고 조지 스티븐슨George Stephenson이 개발한 증기기관차가 그 위를 달렸다. 1830년 공업도시 리버풀과 맨체스터 사이를 증기기관차 '로켓'호가 시속 31킬로미터로 달리면서 사람을 수송하는 최초의 현대 철도가 개통되었다. 1834년부터 영국 전역에 철로 부설 공사가 시작되어 1850년에는 철로 총 길이만 1만 킬로미터를 넘었다. 잉글랜드와 웨일스, 스코틀랜드까지 주요 도시가 철도로 연결되었다. 석탄과 철의 운반, 면직생산물, 각종 공업제품, 농산물을 운반하는 데 철도가 차지하는 비중이 크게 늘어났다.

철도와 증기선 관련 주요 연표

1819년	증기선 최초로 대서양 횡단(미국 도착)
1825년	스톡턴과 달링턴 화물 철도 부설(조지 스티븐슨이 설계 제작)
1830년	리버풀—맨체스터 구간을 '로켓'호가 시속 31km 달림
1834년	영국 전역에 철로 부설 공사 시작
1840년	대서양 횡단 증기선 운항
1840년	영국 전국 단일우편요금서비스 시작
1850년	철로 총 길이 1만km
1851년/1866년	영국과 유럽 대륙, 영국과 미국을 연결하는 해저 케이블 완공
1863년	런던 지하철 개통
1914년	철도 총 길이 36,800 km

비단 땅 위뿐 아니라 땅 밑으로도 기차는 지나갔다. 1863년 1월, 런던에서 세계 최초로 지하철이 개통되었다. 현재의 패팅턴 역과 패링턴 거리Farringdon를 연결하는 6킬로미터 노선이다. 기관차는 증기기관차였고 객차는 나무로 제작되었다. 개통 첫날 3만 8천 명이 지하철을 이용했다. 프랑스 파리에서는 1900년 세계박람회 개막에 맞춰 지하철이 개통됐다.

철도망 건설은 대서양을 횡단해 미국까지 가는 증기선과 연계되었다. 1819년 증기선이 최초로 대서양을 횡단해 미국에 도착했다. 1840년부터 대서양을 횡단하는 증기선이 운항되었다. 1845년 아일랜드 감자 대기근이 발생했을 때 수십만 명의 아일랜드 사람들이 증기선 삼등칸에 짐 꾸러미를 싣고 미국으로 떠났다. 미국 대평원에서 재배된 값싼 곡물이 영국으로 들어온 것은 1870년대부터다. 대서양을 가로지르는 증기선에 실려 들어온 곡물은 영국에서 철도망을 타고 전국에 운반되었다. 경제학자 토머스 맬서스Thomas Malthus, 1766~1834의 암울한 예언이 빗나간 것은 인구의 대이동과 미국의 값싼 곡물이 영국으로 수입되었기 때문이다.

다른 통신망도 개설되었다. 1840년에 전국 단일우편요금서비스the Uniform Penny Post가 시작되었다. 시민들은 1페니를 지불하면 영국 전역 어디로든 편지를 보낼 수 있었다. 영국과 유럽 대륙 간 그리고 영국과 미국 간의 해저 케이블이 각각 1851년, 1866년 완공돼 전보가 가능해졌다.

빅토리아 여왕은 평생 일기 141권을 썼다. 2012년부터 일반인도 온라인으로 이 일기를 읽을 수 있다. http://qvj.chadwyck.com/marketing.do

맬서스의 인구폭발이 일어나지 않은 이유
'암울한 학문' 경제학의 발전

19세기 산업혁명의 와중에 경제학은 융성했다. 자유무역이 주창되었고 인구함정도 나왔다. 우리가 세계를 이해하는 틀 가운데 다수가 이때 논란 속에서 등장했다.

낙관론을 비관론으로

애덤 스미스는 자본주의의 큰 틀을 그렸고 미래를 낙관적으로 봤다. 개인이 열심히 일하면 보이지 않는 손이 개인의 이익과 사회 전체의 이익을 조화롭게 만들어준다고 여겼다. 그런데『국부론』(1776)이 발간된 지 22년 후에 나온 소책자가 이런 낙관론을 송두리째 뒤집었다. 토머스 맬서스Thomas Malthus, 1766~1834가 1798년 익명으로 출간한『인구론An Essay on the Principle of Population』이다. 당시에 인구증가는 장려되었다. 나폴레옹전쟁 시기 총리로 재직한 소 피트가 산모에게 출산 장려금을 줄 정도였다. 인구가 많은 게 국력이고 국방과 경제에 좋다고 여기는 게 통념이었다. 산업혁명 초기, 현대식 공장이 전국 각지에 들어섰고 자연과학이 발달하면서 사회가 진보한다고 생각했다.

이 책에서 목사 맬서스는 단순명쾌한 결론을 내린다. 토지는 유한하기에 식량 생산에는 한계가 있다. 그런데 인간의 욕망(성욕)은 끝이 없고, 경작을 거듭한 토지는 지력이 약해져 수확이 줄어든다(수확 체감). 인구는 기하급수적으로 증가하지만 식량 생산은 산술급수적으로만 늘어난다. 결국 인류는 생존의 절벽으로 몰린다고 봤다. 『인구론』을 읽은 19세기 역사가 토머스 칼라일Thomas Carlyle, 1795~1881은 이 때문에 경제학을 '암울한 학문dismal science'이라고 불렀다.

맬서스는 대책으로 부부 관계를 자제해 출생률을 낮출 것을 촉구했다. 그리고 기근이나 전쟁이 사망률을 획기적으로 높이지 않는 한 대규모 기근과 최저 수준의 생활이 불가피하다고 전망했다. 그는 이 책에서 노동자들이 아이들을 10명 넘게 '퍼질러 낳는다'며 정부가 빈민을 구제하면 더 많은 빈민을 만들기 때문에 빈민 구제를 중단해야 한다고 주장했다. 목사였지만 자신이 신념이 옳다고 확신했기 때문이다.

맬서스는 인구와 경제성장의 관계를 명쾌하게 제시했다. 이전에는 이 두 개가 연관되어 있으리라고 어렴풋하게만 인식했을 뿐이다. 과도한 인구증가는 1인당 소득을 줄이기 때문에 함정에 빠진다고 해서 이를 '맬서스의 함정' 혹은 '인구함정'이라고 부른다. 아직까지도 논란이 있는 이 핵심문제는 220여 년 전 목사가 도발적으로 제시한 것이다. 그러나 '논란이 있다'고 서술했듯, 맬서스의 결론이 현실과 정확하게 들어맞지는 않았다.

농업과 같은 1차산업 비중이 아주 높은 후진국이나 개발도상국에는 아직도 맬서스의 함정이 설득력이 있다. 아프리카의 많은 나라에서는 인구의 급속한 증가를 산업이나 농업생산이 따라잡지 못해 1인당 소득에 악영향을 끼친다.

하지만 선진국은 이 함정에 빠지지 않았다. 소득 수준이 높은 부유층뿐만 아니라 빈곤층도 산아제한을 배웠다. 산업혁명으로 농업사회도 공업사회로 변모했다. 농업사회에서는 자녀가 많을수록 농사를 짓는 데 유리했다. 하지만 국민이 주로 도시에 거주하는 산업사회에서는 자녀가 많으면 더 가난해질 수 있었기에 빈곤층도 점차 자녀를 적게 낳았다. 영국이나 다른 유럽국가에서는 또 19세기 중반이나 후반에 신대륙 미국으로 대량이주하면서(특히 1845년 아일랜드 감자 대기근으로 아일랜드인이 대규모로 미국으로 이민갔다) 인구폭발이 일어나지 않았다. 신대륙의 값싼 곡물이 영국으로 대량 수입되면서 식량 부족 문제도 해결됐다.

비교우위론으로 자유무역을 주창한 데이비드 리카도

맬서스의 막우였던 데이비드 리카도David Ricardo, 1772~1823도 인구증가가 사회발전에 장애라는 점에서 그와 의견이 일치했다. 그래도 맬서스는 지주의 이익을 옹호하는 곡물법 유지를 지지했으나 리카도는 폐지를 요구했다. 증권과 채권에 투자해 제법 큰돈을 번 리카도는 땅을 구입해 대지주가 됐지만 곡물법이 지주계층의 이익을 보호해주는 보호무역이라며 부당성을 비판했다. 자유무역의 논리에서 임금은 공정하고 자유로운 시장 경쟁에 맡겨 두어야 하며 정부나 노동자가 개입해서는 안 된다고 자연스럽게 논리 전개가 됐다.

리카도는 국제무역을 설명하는 데 기여했다. 비교우위론으로 자유무역이 모든 국가에게 혜택을 준다고 설명했다. 아래 표에서 보듯 포르투갈은 옷과 포도주 생산에서 영국보다 훨씬 더 적은 노동력이 들어간다. 절대우위론에 따르면 포르투갈은 이 두 개를 다 생산해 무역을 할 수 있다. 그러나 비교우위론에 따르면 포르투갈은 더 값싸게 만들 수 있는 포도주를, 영국은 옷을 만들어 교역을 하면 두 나라 모두가 이득을 올린다는 것이다. 애덤 스미스나 다른 정치경제학자들은 한 나라가 값싸게 생산할 수 있는 것은 모두 만들어야 한다는 절대우위론을 주장했다.

리카도의 비교우위 설명 도표
(생산에 필요한 최소 노동시간)

	옷	포도주
포르투갈	90	80
영국	100	120

리카도는 비교우위론을 『정치경제학과 과세의 원리On the Principles of Political Economy and Taxation』(1817)라는 책에서 쉽게 설명했다. 나온 지 200년이 넘은 이 학설은 아직도 국가 간 무역의 필요성과 이득을 설명할 수 있다.

맬서스와 리카도 모두 자유무역을 주창했으나 분배에 주목하지는 않았다. 여성 참정권을 주장한 존 스튜어트 밀John Stuart Mill, 1806~1873은 자유방임주의에 동조했지만 분배도 눈여겨봤다. 부를 창출하는 것은 자연스런 경제법칙에 따라 이루어지나 이를 분배하는 것은 인간의 의지와 제도로 결정해야 한다고 봤다. 그는 소득이 많은 사람이 세금을 더 내는 누진세, 보편적 교육과 노동조합 활동을 지지했다. 현대 복지국가에서는 당연한 상식이지만 당시에는 그렇지 않았다. 1848년 출간돼 19세기 정치경제학 교과서로 가장 인기가 있었던 『정치경제학 원리Principles of Political Economy』에서 이런 급진적인 논지가 전개됐다.

21세기에 들어서 국가 간에 자유무역협정FTA 체결이 자주 이루어진다. 수입품에 부과되는 관세를 점차 줄여 보통 FTA 체결국 간에는 무역이 늘어난다. FTA 체결 후 국가 간 교역은 늘어나지만 분배는 자동적으로 되는 게 아니라 정부의 정책이 필요하다. 시장 개방으로 더 큰 피해를 입는 취약계층에 대한 정책적 지원 말이다. 170여 년 전 영국에서도 이런 견해가 나왔다. 밀의 혜안이 놀랍다.

정치경제학에서 경제학으로: 앨프리드 마셜

애덤 스미스부터 맬서스, 리카도, J.S. 밀, 카를 마르크스에 이르기까지 이들은 경제학이 아니라 정치경제학이라는 용어를 썼다. 이들은 사회라는 큰 틀 안에서 생산, 분배 및 무역 등을 살펴봤고 이에 작용하는 권력 관계도 연구했다. 당연히 정치와 경제가 긴밀하게 연관됐다는 전제가 깔려 있다. 그런데 케임브리지 대학교 교수였던 앨프리드 마셜Alfred Marshall, 1842~1924이 1890년에 『경제학 원리Principles of Economics』를 출간했다. 경제원론에 나오는 수요와 공급, 한계 효용과 같은 개념이 이 책에 나온다. 그는 경제학 분석에서 아주 정교하고 치밀한 수학을 사용했다. 이 책은 합리적인 개인을 경제의 주체로 세운다. 합리적인 개인이란 이익과 비용을 계산하고 고민을 해서 선택하는 개인이다. 또 "현실을 살아가는 사람이 무시할 수 없는 많은 정치적 이슈를 멀리한다. …… 이 때문에 이것은 …… '정치경제학'이라는 더 협소한 용어보다는 '경제학'이라는 더 넓은 용어로 더 잘 설명된다"라며 경제학의 목표를 밝힌다.

현대 경제학이 기본 전제로 내세우는 합리적인 개인과 정치한 수학적 모델을 중요하게 여기는 경제학의 흐름이 여기에서 시작되었다. 정치경제학이 경제학으로 바뀐 것은 빅토리아 시대의 자유방임주의와 개인의 자유를 중시하는 시대 흐름이 반영되었기 때문이다. 그는 케임브리지 대학교에 들어온 천재 학생 존 메이너드 케인스에게 학계에 남으라고 간청했다. 케인스는 처음에 학자가 아니라 공무원이 되었다. 이 천재가 훗날 제1차 세계대전 후 영국의 외교정책을 통렬하게 비판하고 경제학의 틀을 바꿔 놓는 큰일을 하게 된다. 물론 스승과는 다른 방향에서.

영국에서 공식 인구 조사는 1801년에 시작되었다. 이후 10년마다 인구 조사가 이어졌다. 그 이전 인구는 역사학자들이 세금 납부 기록과 세례자 등록 대장과 같은 자료를 토대로 추정한다. 1800년도 이후 영국은 50년마다 인구가 두 배로 증가했다. 1600년 영국과 웨일스의 인구는 약 400만 명이었지만 1801년에는 1천만 명을 넘어섰고 1851년에는 2천만 명이 넘었다. 그러나 산업혁명에 앞서 농업 생산력이 급증한 농업혁명이 있었기에 이런 인구 급증에도 맬서스의 비관적 예측은 실현되지 않았다.

중국에게 '치욕의 백년'이 된 아편전쟁

영국의 동인도회사는 중국을 아편으로 물들였다. 중국의 아편 몰수가 재산권 침해라며 영국이 1839년 아편전쟁을 일으켜 압도적인 무력으로 중국을 굴복시켰다. 중국 역사는 이때부터 1949년 중국 건국시기까지를 '치욕의 백년'으로 본다.

"발발원인이 더 불공평하고 우리나라를 영원한 치욕으로 뒤덮을 전쟁."

"파머스턴의 아편전쟁", "중국에 대한 우리의 사악한 죄 때문에 신이 잉글랜드에 내릴 심판이 두렵다."

윌리엄 글래드스턴 당시 보수당 의원의 아편전쟁에 반대한 의회 연설중 일부

영국, 아편으로 중국을 침략하다

영국은 1793년 매카트니 경을 포함해 2번이나 사절을 보내 중국에 시장개방을 요구했으나 거절당했다. 동인도회사는 19세기에 들어 중국에 아편을 팔아 재미를 톡톡히 봤다. 특히 이 당시 유명해진 아편 브랜드가 파트나Patna다. 파트나는 1818년부터 영국령 인도 파트나에서 생산된 아편 브랜드로 중독성이 강했다. 이 제품은 20세기 중반까지 아편과 동의어로 쓰일 정도로 가장 많이 판매되었다. 1839년 중국의 아편 수입량은 1천만 명의 중독자가 사

용할 양이었고 20세기 초, 중국에서는 4천만 명 정도의 중독자가 생겨났다. 중국은 아편 수입에 은을 지불해야 했다. 적게 잡아도 1801년~1826년 사이 약 7,470만 달러, 1827~1849년 사이 약 1억 3,370만 달러 정도의 은이 중국을 빠져 나간 것으로 추정된다. 아편 수익이 동인도회사가 아시아에서 벌어들이는 수익의 7분의 1 정도를 차지했다. 이 회사는 중국산 차를 수입하느라 중국에 지불했던 막대한 양의 은을 아편을 팔아 다시 받아 올 수 있었다.

많은 양의 은이 유출되자 중국에서는 은의 가치가 급격하게 올라 디플레이션이 발생했다. 불경기가 닥치면서 아편이 주로 수입되던 강남 지방의 토착 금융기관이 일부 파산했다. 청나라 황제를 비롯한 대신과 같은 핵심 지배계층 일부도 아편에 중독됐다. 청나라의 엘리트 군대인 팔기군조차 아편에 노출되어 있었다. 중국 조정에서는 아편을 합법화해서 세금을 받자는 의견과 금지하자는 의견이 맞섰으나 전면 금지로 결정이 났다.

황제 도광제는 1839년 임칙서(린쩌쉬 林則徐, 1785~1850)를 흠차대신(欽差大臣, 황제가 내린 특별 임무를 처리하는 고위 관리)으로 임명했다. 황제의 전권을 위임받은 임칙서는 광둥廣東성 영국 상인들로부터 2만3천여 상자의 아편을 압수해 불살라버렸다. 그리고 그곳에 거주하던 영국 상인들을 내쫓아 버렸다. 그는 아편 중독으로 친동생을 잃었고 이 년 전 황제에게 아편수입을 금지하는 상소를 올린 적 있다. 시장개방을 두 번이나 거절당하고 중국을 손볼 기회를 노리던 영국에게는 임칙서의 강경 조치는 '울고 싶은 사람 뺨 때려준 격'이 됐다.

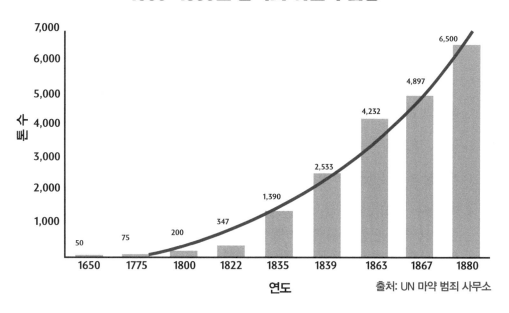

1650~1880년 중국의 아편 수입량

출처: UN 마약 범죄 사무소

아편이 재산이라고?

휘그파의 영국 정부는 아편은 금수품이 아니라 재산이라고 주장하며 중국의 행위를 규탄했고 전쟁을 결정했다. 영국인의 생명과 재산을 지키기 위해 필요한 전쟁이라고 당시 외무장관 파머스턴은 전쟁의 이유를 밝혔다. 그는 아편이 전쟁의 원임임을 숨기지 않았다. 글 첫머리에 인용된 보수당 글래드스턴 의원의 연설은 아무런 소용이 없었다. 1840년, 영국은 육해군 포함 1만9천여 명의 병력에 37척의 군함을 파견했다. 최강 영국군은 중국군을 손쉽게 물리쳤다. 중국군은 20여만 명이었지만 대부분 오합지졸이었다.

대승을 거둔 영국군은 1842년 중국과 난징조약을 체결했다. 홍콩의 할양과 광동·아모이 등 5개 항구의 개항, 영사관 설치, 재산 피해 배상 등 매우 불평등한 조약이다. 이 조약으로 영국은 두 번이나 거부당한 것 이상을 중국으로부터 얻어냈다고 여겼다. 중국은 이듬해 미국, 프랑스와 잇따라 조약을 체결했다.

아편전쟁 이후 중국이 맺은 조약들

— 난징조약(1842년) —

1. 홍콩의 할양

2. 광동·아모이·복주·영파·상해 등 5개 항구의 개항

3. 개항장에 영사관을 설치할 것

4. 전비戰費 배상금으로 1천200만 달러, 몰수된 아편 배상금 600만 달러, 공
   행公行(외국상인들과 교역을 허용받았던 중국 상인조합)의 부채 300만 달
   러까지 합계 2천100만 달러를 3년 이내에 지불할 것

5. 공행의 무역 독점 폐지

6. 관세의 협정

7. 대등 관계의 확인

* 1843년 7월, 이를 명시한 통상장정通商章程: 영사 재판권, 최혜국 조관, 5항에서의 군
  함 정박권 등이 보충됨.

— 텐진조약(1858년) 및 베이징조약(1860년) —

1. 4개국(영국, 프랑스, 러시아, 미국)은 베이징에 외교 공관을 개설

2. 난징과 한커우를 비롯한 10개 항구 추가 개항

3. 상선을 포함한 모든 외국 선박이 양츠 강에서 자유롭게 항해할 권리

4. 외국인들이 중국의 내륙 지방에서 자유롭게 여행할 권리

5. 영국에게 배상금으로 은 4백만 냥, 프랑스에게 2백만 냥 지급(1860년 베이
   징조약에서 각각 8백 만 냥으로 증액됨)

6. 주룽반도를 영국에게 할양, 기독교 포교 허용과 아편무역의 합법화

1856년 시작된 2차 아편전쟁에서도 영국은 압승을 거두어 중국과 톈진조약1858, 베이징조약1860을 체결했다. 1차 아편전쟁 후 중국 민중은 광둥을 중심으로 영국을 배척하는 운동을 계속해서 벌였다. 영국은 1차 아편전쟁 승리 후에도 중국 시장 개척이 뜻대로 되지 않자 다시 시장을 넓힐 기회를 엿보았다. 선교사 피살을 구실로 프랑스도 영국과 함께 군대를 파견해 베이징까지 쳐들어가 중국을 압박했다. 당시 영국-프랑스군은 자금성을 불태울 것도 고려했으나 대신 황제의 여름 궁전인 원명원을 불살랐다. 결국 중국은 1858년과 1860년 영국, 프랑스, 미국, 러시아와 불평등 조약을 체결했다. 항구를 추가로 개방했고 아편 무역도 합법화했다. 청 황제가 마지막까지 거부했던 외국 공관이 베이징에 개설되었다.

중국은 1차 아편전쟁이 시작된 1839년부터 1949년 중국이 건국된 시기까지를 '치욕의 백년'으로 규정한다. 세계 최강국 중국이 부정부패로 서구 제국주의의 먹잇감이 되었다고 본다. 2012년 취임한 시진핑 주석은 '중국의 꿈'을 언급하며 2049년을 강조한다. 중국 건국 후 백년이 되는 해이다. 이때쯤 중국은 "민주적이며 조화로운 사회주의 국가가 된다"고 중국은 전망한다.

인도의 직할통치와
러시아와의 대게임

인도는 1858년부터 영국 정부가 총독을 파견해 다스리는 직할 식민지가 됐다.
영국은 러시아의 인도 진입에 이를 수 있는 길을 사전에 차단하는 대게임을
벌였다.

'제국 왕관의 유일한 보석' 인도

"이제까지 인도인들은 가장 큰 괴롭힘을 당하고 품위를 훼손당한 사람들이다. 거대하고 고문을 가하는 미신에 바탕을 둔 인도의 브라만(사제) 제도 때문에 인도 사람들의 마음은 몸보다 더 참을 수 없을 정도로 쇠사슬에 묶여 있다. 즉 전제주의와 브라만 제도 때문에 인도 사람들은 인류 가운데 몸과 마음이 가장 노예 상태에 있는 사람들이다."

제임스 밀의 『인도사』 중에서

1600년 설립된 동인도회사는 인도는 물론 중국을 비롯한 아시아 지역의 무역을 독점했다. 이 회사는 7년전쟁(1756~1763년) 시기 플라시 전투에서 인도군을 물리친 후 점차 이 지역에서 세력을 확대했다. 1830년대에는 북서부의 편잡 지역과 네팔 인근까지 진출한 후 1856년 이곳을 정복했다. 이듬해 5월 세포이Sepoy 항쟁

이 일어났다. 동인도회사 벵골 군대에 고용된 인도 병사가 세포이이 일어났다. 대부분 힌두교도였던 이들에게 영국은 서구화 정책을 강요했다. 기독교 선교사가 와서 포교 활동을 벌였고 힌두교 관습과 풍습은 무시되기 일쑤였다. 한때 델리로 진격하기도 했으나 모든 지역의 세포이가 동조한 것은 아니었고, 민중들의 지지도 얻지 못해 이 항쟁은 1858년 연초에 진압되었다. 1858년 영국 의회는 인도를 직접 통치하게 하는 법을 통과시켰다. 이에 따라 정부가 파견한 총독이 인도를 다스리게 되었다. 동인도회사의 인도 내 영토와 재산은 정부에게 넘겨졌다.

정부가 인도를 접수하게 된 것은 이 나라가 '제국 왕관의 유일한 보석'이었기 때문이었다. 이곳에서 거대한 부가 나왔다. 동인도회사는 인도에서 생산되는 향료와 면화, 아편을 중국에 팔고 중국에서 차와 도자기를 사왔다. 이 지역은 또 신비한 동경의 대상이었다. 이 글의 첫머리에 인용된 제임스 밀James Mill, 1773~1830의 『인도사』는 1817년에 출간되었다. 그는 인도가 후진적이기 때문에 영국의 지배를 받는 게 당연하다고 봤다. 유럽식 예의범절과 예술, 제도와 법을 인도에 도입해야 한다고 주장했다. 한마디로 미개인을 문명화시켜야 한다는 것이다. 이 책은 19세기 후반기까지 영국인의 인도를 보는 시각에 큰 영향을 끼쳤다. 책은 영국인이 인도에 오기 전에 힌두 문명이 존속했다는 사실을 부정했다. 전제주의와 브라만(사제) 계급은 악이라는 게 그 이유였다. 이런 문명화 시각이 영국 제국주의 정책의 기초 철학이 되었다.

보석에 이르는 길(바다)을 안전하게 지키기 위해 영국은 진입로가 될 수 있는 지역을 식민지로 만들었다. 이집트와 동부 아프리카는 지중해를 통해 인도로 갈 수 있다. 인근의 아프가니스탄은 러시아가 중앙아시아를 거쳐 인도로 이르는 통로다. 1820년대와 1850년대, 1880년대에 영국은 버마와 전쟁을 벌였고, 1885년 영국령으로 병합했다. 싱가포르, 홍콩(1842년)도 영국의 수중으로 들어왔다.

러시아의 남하를 막아라

영국의 제국 운영에서 위협이 된 국가 중 하나는 러시아였다. 러시아제국은 19세기에도 계속해서 영토를 확장했다. 중앙아시아 및 서아시아로 영토를 확장중이었는데 아프가니스탄이 인도로 이르는 길목이었다. 19세기 중앙아시아 및 서아시아, 인도를 둘러싼 러시아와 영국의 외교적·군사적 경쟁을 대게임Great Game이라 부른다.

영국 입장에서는 아프간을 최소한 중립지역으로 두거나 아니면 굴복시켜야 했다. 1839~1842년 1차 아프간 전쟁에서 영국군은 별다른 성과를 거두지 못했다. 오히려 크게 패배해 제국으로서 위신이 말이 아니었다. 영국군은 4천 미터가 넘는 고산지대를 넘어야 했고, 동상 때문에 힘겨운 싸움을 벌였다. 무엇보다 전선이 길어져 군수품 보급이 아주 어려웠다. 1878년~1880년, 2차 아프간 전쟁에서 영국군은 승리를 거두었다. 이후 아프간은 러시아와 영국 간의 완충지대가 되었다. 역사학자들은 1차 아프간 전쟁이 다소 성급하고 불필요했다고 평가한다. 사실 러시아가 아프간에 진출하는 것은 쉽지 않았다. 다만, 당시 아프간의 통치자가 영국과 관계 정상화를 협상하며 영국을 압박하기 위해 러시아 사절도 초빙해 협상을 벌였을 뿐이다. 그러나 영국은 이를 러시아와의 관계 정상화로 오인해 선제공격했다. 두 제국의 경쟁은 이념상의 차이에서도 기인했다. 러시아는 1832년 영국의 선거권 개혁을 곱지 않은 시선으로 봤다. 반면 영국은 러시아의 전제정치를 싫어했다.

식민지 인도와 아시아 관련 연표

1757년	플라시 전투(인도 콜카타 인근), 영국의 클라이브가 인도군을 물리침
1824/1826년	버마 식민지화
1839~1842년	1차 아프간 전쟁(영국군 대패)
1857년	세포이 반란
1858년	영국, 인도를 직접 통치하기 시작함
1878 ~ 1880년	2차 아프간 전쟁에서 영국군 승리, 아프간이 러시아와 영국 간의 완충지대가 됨.

『정글북』의 작가로 유명한 영국 소설가 러드야드 키플링(Rudyard Kipling)은 인도 뭄바이(봄베이)에서 출생했다. 그는 1899년 『백인의 부담』이라는 시를 발표해 미국에게 필리핀을 식민지로 만들어 문명화할 것을 권고한다. 키플링은 영국이 인도 등 각국을 식민지로 만드는 것이 "신이 부여한 책무"이듯 미국에게도 문명화라는 백인의 부담을 질 것을 촉구한다. 당시 상당수 지식인들이 지녔던 제국주의를 정당화하는 논리다.

세력 균형과
영국의 평화 Pax Britannica

19세기는 '영국의 세기'다. 최강국으로서 제국 운영에 필요한 항해의 자유를
유지했다. 유럽대륙에서 강대국이 부상해 자국의 안보를 위협하지 않는 한
대륙의 일에 관여하지 않는 영광스러운 고립 정책을 실행했다.

빈회의와 현상유지

1814~1815년, 나폴레옹전쟁에서 승리를 거둔 전승국들이 오스트리아의 수도 빈에 모여 전후 유럽 질서를 어떻게 짤지를 논의했다. 전쟁 승리의 일등공신인 영국을 중심으로 동맹에 가입했던 오스트리아, 러시아, 프로이센 등의 고위 외교관들이 모였다. 전쟁 이전의 현상유지 복귀가 이 회의에 참석한 강대국들이 합의한 주내용이다. 나폴레옹전쟁 이전인 1792년 전의 정치 질서로 되돌아가야 한다는 것이다. 이에 필요한 것이 세력 균형과 정통주의 원칙이다.

프랑스가 다시 강대국이 되어(혹은 다른 강대국이 대두해) 유럽 질서를 교란하는 것을 저지하는 것이 세력 균형이다. 정통주의는 왕정 복고를 의미하며, 이는 자유주의와 민족주의를 저지하는 것이다. 이에 따라 유럽의 주요 강대국들이 비공식적인 합의를 통해 독립을 꾀하려는 분쟁지역에 군을 파견하거나 압력을 행사해 기존 질

서를 유지하려 했다. 이 회의에서 합의된 결정은 30여 년간 유럽 정치에 적용되었다. 흔히 외교사에서 빈체제로 불린다.

19세기를 제1차 세계대전 발발 전인 1913년까지로 본다면 나폴레옹전쟁 종결부터 이때까지는 '영국의 세기British Century'다. 최초의 산업혁명 국가인 영국은 이 시기에 자유무역을 선도했고 이에 필요한 금본위제를 실행해 다른 주요 국가들도 무역을 하려면 이를 도입해야만 했다. 외교 정책에서는 세력 균형을 핵심 정책으로 실행했다. 세계 최강대국이자 제국을 운영하는 영국이 만들어낸 영국의 평화가 유지되었다.

영국의 입장에서 볼 때 세력 균형은 유럽 대륙에서 자국을 위협하는 강대국이 대두하지 않도록 유연한 정책을 구사하는 것을 의미했다. 자국이 위협받을 정도가 아니면 유럽 대륙의 일에 개입하지 않고, 위협이 커지면 위협 세력에 대항하는 동맹 결성에 주도적으로 개입해 세력 균형을 지키는 정책이었다. 영국은 유럽 대륙에 일어나는 사건들을 면밀하게 지켜보면서 경제발전과 해외 식민지 개척에 열중했다. 19세기 영국의 외교 정책은 '영광스러운 고립splendid isolation'이라 불린다. 필요에 따라 유연하게 대응할 수 있는 세력균형 정책이다. 18세기 초와 중반에 각각 스페인 왕위계승전쟁, 오스트리아 왕위계승전쟁이 있었다. 당시 영국은 경쟁국인 프랑스의 강대국화를 막기 위해 반프랑스 동맹에 가담했다. 그러나 19세기 영국은 최강대국이라는 좀 더 유리한 입장에서 세력 균형을 깨뜨리려는 국가에 앞장서 대응했다. 크림전쟁과 1878년 '동방문제'가 불거졌을 때 영국은 이 기준에 맞춰 행동했다.

크림전쟁(1853~1856년)과 러시아 남하 저지

나폴레옹전쟁이 종결된 지 거의 40년 만에 영국과 러시아, 프로이센, 오스트리아와 같은 유럽 강대국이 참전한 크림전쟁이 발발했다. 1853년 7월 러시아가 오스만투르크제국과의 경계에 있는 다뉴브 강 연안의 공국들(지금의 몰다비아)을 점령했다. 이곳에 거주하는 그리스 정교도를 보호한다는 명목을 내세웠다. 투르크제국은 영국의 지원을 받아 강경하게 맞섰다.

러시아는 흑해 진출에 사활을 걸고 있었다. 이곳을 확보하면 유럽이나 아시아로의 진입이 아주 쉬워지기 때문이다. 영국은 인도에 이르는 길목을 보호하기 위해 프랑스, 오스트리아와 함께 투르크 지원에 나섰다. 40여 년간 평화를 누리던 영국은 군수품이 부족해 전쟁 초기인 1854년에 매우 고전했다. 플로렌스 나이팅게일(1820~1910)은 30여 명의 간호사를 데리고 전선으로 나와 부상병들을 헌신적으로 돌보았다. 그리고 사상 처음으로 일간지『더타임스*The Times*』(런던에서 발간)에서 종군기자가 파견되어 전쟁 상황을 생생하게 전했다. 국내 여론이 호전되고 파머스턴 경이 다시 총리로 취임해 전세가 역전되었다. 1855년 9월 영국과 프랑스 연합 함대가 크림반도 세바스토폴Sevastopol 항구를 함락시키며 러시아의 흑해 진출은 저지되었다. 이듬해 파리조약이 체결되었다. 영국이 대륙으로 함대를 파견했지만 강대국 간의 전쟁이 더 커지지는 않았다.

나이팅게일은 전쟁 기간 동안 위생이 건강에 매우 중요하다는 것을 깨닫고 야전병원에서 이를 적용했다. 함께 온 간호사들에게

세바스토폴 전투

상황에 맞는 간호사 교육을 시켰고 환자를 위한 휴식시설과 부엌을 운영했다. 당시 그가 목도한 야전병원은 아수라장이었다. 부상자들을 위한 침상이나 담요가 없었고, 다친 병사들은 벼룩이 들끓는 곳에 거적때기를 덮고 널브러져 있을 뿐이었다. 그는 전쟁중에도 중립을 지키는 간호사의 역할을 정립했고 1870년 영국 적십자사 창설에 기여했다.

투르크의 불가리아인 학살과 동방문제(1876~1878)

오스만투르크제국의 지배를 받던 불가리아인들이 1876년 4월과 5월에 대규모 반란을 일으켰다. 반란 진압에 동원된 투르크제국의 비정규군(알바니아인과 쿠르드인으로 주로 구성됨)이 반란군과 주민들을 한곳에 모아 놓고 불을 지르고 닥치는 대로 살해했다.

크림전쟁
(1853 ~ 1856)

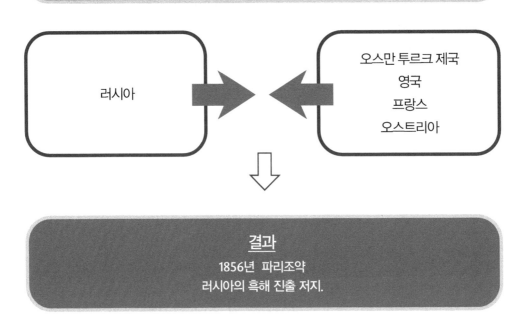

발발 원인

러시아가 오스만투르크제국 내 러시아 정교도를 보호한다며
투르크 내 다뉴브 강 연안 공국(현재 몰다비아 지역)을 공격
영국과 프랑스, 러시아 남하 저지를 위해 투르크에 함대를 지원

러시아

오스만 투르크 제국
영국
프랑스
오스트리아

결과

1856년 파리조약
러시아의 흑해 진출 저지.

당시 야당인 자유당의 당수였던 윌리엄 글래드스턴은 총리였던 적수 디즈레일리에 맹공을 퍼부었다. 투르크제국을 지원해 러시아의 남하를 막는다는 외교정책이 이런 만행을 묵인하게 했다며 비도덕성을 규탄했다. 학살에 분노를 느낀 글래드스턴은 『불가리아의 참상과 동방문제』라는 소책자를 출간했다. 책자는 한 달 만에 20만 부가 나갈 정도로 선풍적인 인기를 끌었다. 그해 6월 영국 일간지가 이 만행을 보도하면서 영국 여론도 더 들끓었다. 영국 정부는 이스탄불 주재 대사관에 진상조사를 지시했고 여기에 미국 대

사관과 미국, 독일 언론도 동행했다. 현장을 방문하고 생존자들을 면담한 후 작성된 진상보고서는 58개 마을, 5개 수도원이 파괴되었다고 적었다. 약 1만2천 명(영국 보고서), 1만5천 명(미국 보고서)의 사망자 수를 기록했다.

러시아는 이때를 틈타 1877년 5월 투르크에 전쟁을 선포했다. 영국은 러시아 남

알렉산드르 2세
로마노프 왕조의 차르이며 1877년 투르크에 전쟁을 선포했다

하 저지가 외교정책의 기조였기에 이런 대학살에도 불구하고 투르크를 지원했다. 이듬해 러시아가 승리해 발칸반도로 진출할 길을 확보했다. 당시 디즈레일리 총리는 이 지역에 함대를 파견해 러시아와 일촉즉발의 위기 상황까지 치달았다. 독일의 비스마르크 총리가 주재한 베를린회의에서 러시아는 불가리아의 핵심 지역을 투르크에 넘겨줬다. 1878년 불가리아는 독립했다. 영국은 이번에도 러시아의 동지중해 진출을 저지했다.

영국은 러시아의 아시아 진출 저지를 위해 아프가니스탄에서 두 차례나 전쟁을 치르면서 러시아와 대게임을 벌였다. 유럽대륙에서도 영국은 러시아를 비롯한 다른 강대국들이 세력균형을 파괴하여 영국의 식민지와 해상 교역로를 위협할 수 없도록 하는 정책을 실행했다. 파머스턴 경은 아편전쟁과 크림전쟁에서 각각 외상과 총

리를 역임하며 19세기 중반 영국 외교 정책을 대표했다. 그는 "영국에게는 영원한 우방이나 적이 없다. 이해관계가 영원하고 이를 실행하는 게 우리의 의무다"라고 말했다. 1만 명이 넘는 민간인을 살해한 투르크조차 러시아의 남하를 저지한다는 명목으로 영국의 동맹국이 되었다. 그때나 현재나 냉혹한 국제정치의 현실이다.

2020년은 WHO가 정한 간호사와 산파의 해이다. 나이팅게일 출생 200주년을 기념해 지정되었다. 나이팅게일은 병원 내 통계기록을 정비해 통일된 필수 정보를 기록하게 했다. 그는 또 크림전쟁의 경험을 바탕으로 위생상태가 건강에 미치는 영향을 계속 조사했고 영국군도 이를 체계적으로 조사해 적용하게 했다. 통계자료를 쉽게 설명하기 위해 오늘날도 사용하는 파이 모양의 그래프를 활용했다. 나이팅게일은 여성으로서 최초로 영국통계학회 회원이 되었다.

인간을 격하시킨 다윈의 진화론 제국주의 정당화에 오용되다

찰스 다윈은 인간이 수백만 년간 진화했다는 진화론을 주창했다. 진화론은 강대국이 식민지를 정복하고 약탈하는 논리로 악용됐다.

기독교 중심의 세계관에 파란을 일으키다

찰스 다윈Charles Darwin, 1809~1882은 19세기 세계관에 큰 변화를 가져온 사람이다. 다윈의 진화론이 발표되던 시기까지는 구약성경에서 나오는 창조론이 대세였다. 물론 지질학자를 중심으로 창조론의 모순을 지적하는 분석이 종종 나오기도 했다.

다윈은 22살의 나이에 영국 정부의 남미 탐사선 비글 호The Beagle를 타고 4년 10개월간 남미를 둘러보았다. 세계 각지에서 제국 건설이 한창이던 영국은 남미 해안을 측량하고 지질과 자연을 조사하기 위해 비글 호를 남아메리카에 보냈다. 그는 이 여정의 하나로 남미 대륙, 현재의 에콰도르에서 서쪽으로 906킬로미터 떨어진 갈라파고스 제도의 되새류와 여러 동식물을 관찰하고 기록했다. 특히 되새류는 이곳의 13개 큰 섬별로 다양한 종이 있었다. 크기 10센티미터의 작은 새부터 두 배 크기가 되는 것, 부리의 모양도 뾰족한 것부터 뭉툭한 것까지 아주 다양했다. 박물학자로 승선한 그는 탐사하는 곳의 동식물과 광물, 화석 등 각종 표본을 수집하고 분석하는 게 일이었다. 또 세계 각지의 동식물 표본 수집가들로부터 자료를 구입하고 관련 연구도 꼼꼼하게 검토해 종의 유래와 다양성이 어디에서 오는지를 심층적으로 분석했다. 다윈은 20년이 넘는 연구를 집대성하여 진화론을 전개했다.

1859년 『자연 선택을 통한 종의 기원에 관하여 또는 생존 투쟁에서 선호된 품종의 보존에 관하여*On the Origin of Species by Means of Natural Selection or the Preservation of Favoured Races in the Struggle for Life*』라는 긴 이름의 책이 출간되었다. 우리가 잘 아는 『종의 기원』이다.

모든 생명체는 기하급수적으로 증가하는 경향이 있는데 이 가운데 일부는 생존하고 일부는 사라진다. 그는 생명체에게 유리한 변이가 발생한다면 이 때문에 일부 개체는 생존 투쟁에서 생존할 가능성이 높아진다고 보았다. 생존한 개체의 특성은 대물림되면서 유사한 자손을 낳는다. 다윈은 이를 자연선택natural selection으로 규정했다. 19세기 빅토리아 여왕 시대에 영국인들은 비둘기를 많이 사육했다. 서로 다른 비둘기를 교배해 다른 품종의 비둘기를 얻는 일이 흔했다. 이처럼 사람들이 품종을 개량하는 것은 인위적 선택이라 할 수 있고 이에 상대되는 게 자연 선택이다. 사람들도 손쉽게 동식물의 품종을 개량할 수 있는데 하물며 자연은 어떻겠냐는 질문을 이 박물학자는 던진다. 자연선택을 통해 여러 종들이 변화한다(진화evolution라는 다윈은 용어를 1871년에 가서야 사용한다). 이 과정은 아주 점진적이어 수천 년, 수만 년이 걸릴 수도 있었다.

다윈은 생명의 나무tree of life를 제시했다. 생명이 나뭇가지가 성장하듯이 진화한다고 설명했다. 봄에 새 가지가 나오고 이 가지에서 수많은 잔가지가 돋아난다. 그 과정에서 오래된 가지는 말라 죽는다(특정 종의 사라짐, 멸절). 가지가 무성하게 자라면 인근의 식물은 여기에 가려서 성장이나 발육이 제한받을 수 있다. 무럭무럭 자라난 큰 가지와 그 나무가 생존 투쟁에서 승리하는 셈이다. 아주 큰 가지와 여기에 연결된 수많은 잔가지는 종의 분화를 나타낸다.

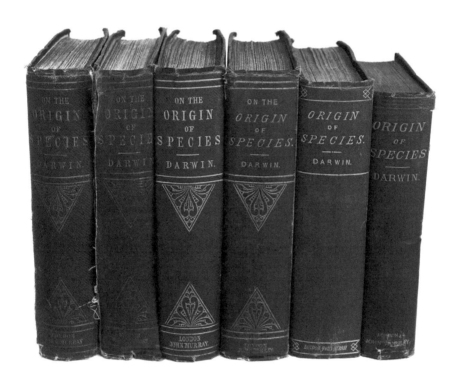

다윈의 종의 기원
(1876년에 출간된 6판)

창조론은 전지전능한 존재가 한 번에 온갖 생명체를 만들어 지구에서 살게 했다는 주장이다. 이는 창조 이후 그 생명체가 변화가 없음을 전제로 한다. 다윈은 이를 반박하면서 같은 종도 지역에 따라 아주 다른 변이가 있음을 세계 각지의 표본이나 연구를 토대로 보여준다. 16세기 폴란드의 천문학자 코페르니쿠스는 지구가 우주의 중심이 아님을 증명했다. 19세기 중반 찰스 다윈은 지구에서도 인간은 중심이 아니라 무수한 생명체중의 하나라고 설파했다. 결국 다윈의 진화론은 기독교 중심의 세계관을 정면으로 부정한 하나의 혁명적인 사상이었다. 프랑스와 독일 등 유럽 각국으로 전파되었고 중국과 일본, 조선에도 이 이론이 들어왔다.

진화론에서 사회진화론으로

다윈의 진화론은 사회학과 정치학, 역사학과 같은 여러 학문에 적용되었다. 당시 사회학자 허버트 스펜서Herbert Spencer, 1820~1903는 사회가 진보한다는 견해를 지녔는데 여기에 다윈의 진화론을 일부 수용했다. 스펜서는 사회를 생물처럼 하나의 유기체로 보았고 사회 안에서 개인이나 계급도 치열한 생존투쟁을 벌여 승자가 자연선택이 된다고 여겼다. 이 사회진화론은 적자생존을 제시했고 사회와 국가 간 불평등을 정당화한다. 제국주의, 인종주의에도 정당성을 부여했다. 강자가 부자가 되고 강국이 약소국을 침탈하는 게 하나의 법칙으로 당연시된다. 19세기 말 영국의 산업혁명이 절정에 이르렀을 때 자본주의자들은 사회진화론을 편의에 맞게 의도적으로 이용했다. 그러나 다윈 자신은 진화론을 주장했을 뿐 이런 견해를 밝힌 적이 없었다.

한편 19세기 말부터 20세기 초 일제의 침략으로 조선의 운명이 바람 앞의 등불처럼 위태로워졌을 때 일부 선각자들도 사회진화론을 수용했다. 그나마『서유견문』을 쓴 유길준이나 사학자 신채호는 이 이론을 소개하며 조선왕조가 스스로 힘을 키워야 한다는 자강론을 강조했다. 조선이 힘을 키워 계몽을 해야 하고 근대화해야 한다는 논리였다. 반면 친일적 사회진화론자들은 황인종의 맹주 일본을 중심으로 백인의 제국주의 침탈에 맞서야 한다는 논리로 일제의 야욕을 정당화했다. 같은 사회진화론이라도 강대국에서는 그들의 제국주의 정책을 정당화하는데 이용되었다. 반대로 제국주의의 침탈에 맞서는 조선과 같은 약소국에서는 사회가 이렇게 발전하기 때문에 우리도 스스로 국력을 키워야한다는 점에 역점이 주어졌다.

다윈은 비글 호의 항해가 끝나기도 전에 이미 유명인사가 되어 있었다. 항해 중 틈틈이 기록한 내용을 전보를 통해 계속해서 영국에 보냈기 때문이다. 그러나 정작 『종의 기원』은 다윈의 신중한 성격 탓에 항해가 끝난 1836년에서 23년이 지난 1859년에야 출간되었다.

금본위제의 확산과
기축통화 파운드

19세기 중반 영국은 금본위제를 명문화하고 이를 확산했다. 독일과 미국을
비롯한 주요국들도 이를 수용해 자유무역이 확산됐다.

금본위제, "지폐는 언제나 금으로 바꿀 수 있다"

금이나 은과 같은 귀금속은 고대 그리스부터 화폐로 사용
되어 왔다. 근대에 들어 국가 간 무역이 급증하면서 귀금속을 화폐
로 사용하는 단점이 두드러졌다. 고액의 경우 운반도 쉽지 않았고
도난의 위험도 컸다.

영국은행은 1694년부터 지폐를 발행했다. 지폐는 금은과 같은
실물화폐와 비교해 편리한 점이 많다. 고액이라도 운반이나 보관
이 편했다. 영국에서는 발행한 지폐를 금의 일정량과 교환해준다
는 원칙이 1717년부터 관례적으로 통용되어 왔다. 1844년 은행허
가법Bank Charter Act(혹은 당시 필 총리의 이름을 따서 필의 은행법)은 이를
법적으로 명시했다. 이 법은 지폐를 발행할 권리를 영국은행으로
한정했다. 발행하는 지폐를 금으로 교환해준다고 명시하면서, 금
보유고를 초과하는 지폐 발행 한도액을 규정했다. 종이쪽지에 불
과한 지폐에 신뢰성을 더해주는 정책이었다.

1846년 곡물법 폐지, 1860년 프랑스와의 자유무역협정 체결로 영국은 자유무역을 선도하는 국가가 되었다. 영국과 교역하려는 국가들도 자연스레 금본위제를 채택했다. 독일은 1871년 통일 후 시행했고 미국도 1900년부터 금본위제를 도입했다(미국은 이보다 21년 전에 사실상 이를 채택했었다). 프랑스는 1878년, 러시아는 1897년에 이를 시행했다. 이 제도를 채택한 나라들은 자국 화폐 가치를 금의 일정 단위에 고정했다. 즉, 환율이 고정되어 있었다. 예를 들어 금 1온스를 미국은 1백 달러에 교환해주고 영국은 50파운드에 교환해준다고 가정해보자. 영국 파운드화의 가치가 미 달러보다 두 배 정도 높다. 즉 £1=$2인 셈이다. 당시 영국의 파운드화는 현재 미 달러처럼 기축통화였다. 세계 최강국의 화폐였으니 미국이나 독일 등 여러 나라가 영국과 교역할 때 파운드화를 받았고 이를 영국은행에 제시하면 금과 교환할 수 있었다.

영국이 중심이 된 국제 금본위제, 이후의 표준으로

금본위제는 교역 국가 간 무역수지의 흑자와 적자가 어느 정도 시간이 흐르면 자동으로 조절됨을 가정한다. 예를 들어 영국이 미국과 무역을 하는데 수입이 수출보다 많아서 무역수지가 적자라고 가정해보자. 이럴 때 영국은 미국에 초과로 수입한 만큼의 금을 넘겨주어야 한다. 그 결과 통화가치에 비해 보유한 금이 줄어들기에 통화량 역시 줄여야 한다.

통화량이 줄면 상대적으로 이자가 높아지기 때문에 영국의 경제

금본위제의 자동조절 과정
(영국, 미국과의 무역에서 적자를 가정)

영국, 미국에 금을 공급

영국, 통화량 감소
(금 보유고에 따라 통화량 조절)

통화량 감소로 이자 상승, 경제활동 위축

영국의 대미 무역 수입 감소, 금 보유고와 통화량의 균형

활동이 줄어들어 미국에서의 수입량이 감소한다. 이런 과정을 거치면 영국에서 금 보유고와 통화량이 균형을 맞춘다. 반대로 미국은 금 보유고가 많아지면 통화량이 증가한다. 미국 경제가 좋아 수입량이 늘게 되면 위의 영국과 같은 과정을 거쳐 균형점을 찾는다. 1870~1914년까지 영국은행은 무역수지가 적자일 때 이자를 올려 균형점을 빨리 찾도록 하는 정책을 시행했다. 반대로 무역수지가 흑자일 때에는 영국은행이 이자를 내렸다.

금본위제는 통화정책뿐 아니라 정부의 재정정책도 제한했다. 경제위기 때에만 정부가 이런 조치를 정지할 수 있었다. 정부가 돈을 더 찍어 내 선심성 사업을 하려 해도 법으로 정해놓은 중앙은행의

발권액(화폐 발행액)을 어길 수 없었다. 19세기 중후반 영국 정치의 영원한 맞수 글래드스턴과 디즈레일리가 서로 여야 당수로 의회에서 치고받을 때 예산안 부결 방안이 주로 사용되었다. 자유당이던 글래드스턴은 자유무역과 균형예산, 긴축을 국가재정의 핵심으로 삼았다.

영국이 중심이 된 금본위제는 제1차 세계대전으로 국제무대에서 사라졌다. 1920년대에 영국이 다시 금본위제로 복귀했으나 다른 주요 국가들이 관심이 없었다. 당시 미국은 이미 세계 제1의 경제 대국이 되었지만 동참하지 않았다.

기축통화란 국가 간 결제나 금융 거래에서 기본이 되는 화폐다. 17~18세기에는 은화인 스페인 달러였고, 금본위제가 시행된 이후에는 영국의 파운드화가 기축통화였다. 브레튼우즈 체제 이후에는 미국의 달러였다. 1971년 미 대통령 닉슨의 금본위제 포기 선언으로 고정환율제가 무너진 뒤에도 달러는 여전히 기축통화의 자리를 차지하고 있다.

장기 불황(1873~1896)과
아프리카 식민지 쟁탈전

1870년대 영국 농업에서 불황이 시작됐다. 자원 공급지와 공산품과 자본 수출지로서 식민지 개척이 치열해지고 아프리카가 주무대가 됐다.

농업에서 시작된 장기 불황

1873년부터 1896년까지는 영국사에서 불황의 시기라 불린다. 세계의 공장으로 불리며 지속적으로 성장하던 경제가 성장세가 꺾이고 크게 하락했다.

시작은 농업이었다. 미국에서 생산된 값싼 밀이 대서양을 횡단하는 기선과 철도망을 통해 영국으로 쏟아져 들어왔다. 뉴질랜드에서 쇠고기와 양고기도 대량으로 들어왔다. 값싸고 품질 좋은 미국산 밀과 뉴질랜드산 육류에 경쟁할 수 없었던 영국의 많은 농부들이 몰락했다. 19세기 중엽 영국에서 농업은 국민소득의 20퍼센트 정도를 차지했으나 20세기 초에는 6.4퍼센트까지 떨어졌다. 1872년 절정에 이르렀던 수출액은 1879년에 20퍼센트가 줄었다. 모직물과 금속 공업이 큰 타격을 입었다.

농업에서 불황이 계속되면서 귀족과 젠트리의 사회경제적 지위가 크게 떨어졌다. 이들의 부와 지위를 지탱해주던 토지 가격이 급속하게 떨어졌기 때문이다. 농업과 제조업의 위상은 하락했지만 '더시티The City (영국은행을 비롯해 전 세계 금융회사가 몰려 있는 런던의 지역. 런던 금융계를 보통 더시티라 부른다)'의 금융서비스 산업은 위상이 더 올라갔다. 수도 런던은 농수산물이 교역되는 창고였고 공산품을 사고파는 거래가 대규모로 이루어지는 장소였다. 더시티는 이런 거래에 필요한 단기 신용대부의 중심지가 되었다. 상업은행과 투자은행이 곳곳에 설립되었다. 금융자본은 국내뿐 아니라 해외 투자자도 적극 물색해 갔다.

영국이 성장세 하락으로 고전을 면치 못하는 동안 독일과 미국이 무섭게 추격해왔다. 영국의 국내총생산은 1819~1853년에 연평균 3.5퍼센트 정도 증가했으나 1870~1913년 사이에는 2.2퍼센트 늘어나는 데 그쳤다. 독일은 이 기간 해마다 평균 4.1퍼센트 경제성장률을 기록했고 미국도 비슷한 성장률을 보였다. 후발주자들은 과감하게 신기술을 받아들이고 불황을 극복하기 위해 기업을 합병하고 자본을 집중해 거대기업을 만들었다. 영국은 자유방임주의 전통에 따라 이런 변화를 수용하는 게 어려웠다.

아프리카 식민지 쟁탈전

경제 불황의 시기에 아프리카 식민지 개척이 더욱 활발해졌다. 1880년대부터 개척된 식민지에는 원자재 공급뿐 아니라 공산품 수출과 자본투자 목적도 컸다. 국내에서 과잉생산된 공산품을 식민지에 내다가 팔수 있었다. 금융자본도 더 높은 수익을 올릴 수 있는 해외 투자처를 찾고자 했다.

1880년대에 영국은 아프리카 식민지 쟁탈전에 뛰어들었다. 프랑스와 독일이 이곳에 눈독을 들이고 있어 서둘러야 했다. 초기에는 인도처럼 왕이 허가해주는 회사를 주로 활용했다. 1886년 설립된 왕립니제르회사가 니제르 삼각주 일대의 무역을 독점했고 나이지리아를 식민지로 만들었다. 영국동아프리카회사는 1887년 케냐와 우간다를 확보했다. 1888년에는 세실 로즈Cecil Rhodes가 운영하는 영국남아프리카회사가 잠비아를 포함해 로디지아를 식민지화했다. 이에 앞서 영국은 군을 파견해 1882년 이집트를 사실상 식민지로 만들었다. 이집트 바로 밑의 수단은 1898년에 정복했다. 이당시 나일 강 상류 파쇼다에서 영국군과 프랑스군이 충돌해 군사적 긴장이 크게 고조되었으나 프랑스가 양보했다. 당시 프랑스군은 현재의 남수단 지역을 영국보다 2달 전에 점령했었다.

보어전쟁(1899~1902)과 영국의 강제수용소 운영

아프리카 식민지 개척 기간 동안 영국은 현재의 남아프리카공화국에서 가장 크게 고전했다. 1652년 네덜란드는 아프리카 남단 희망봉 인근에 무역과 농업 본거지를 세웠다. 동인도로 가는 길목의 경유지였다. 영국은 나폴레옹전쟁 시기에 이곳을 점령했다. 이곳에 정착해 거주하던 네덜란드인은 주로 농부였고 보어Boer(네덜란드어로 농민)인으로 불렸다. 1833년 영국이 제국에서 노예제를 폐지하자 이들은 할 수 없이 현재의 남아프리카공화국 북쪽과 남쪽 내

류으로 들어가 트랜스발Transvaal(혹은 남아프리카공화국)과 오렌지자유국Orange Free State을 각각 설립했다.

1886년 현재의 남아프리카공화국 수도 요하네스버그 인근에서 금광이 발견되었다. 트랜스발의 대통령 파울루스 크루거Paulus Kruger는 이곳으로 몰려든 영국을 비롯한 외국인들의 광산 채굴에 대해 높은 세금을 부과했다. 영국은 이에 불만을 갖고 이곳을 차지하려 했다. 당시 영국 정부는 이곳에 일확천금을 노리고 갔던 자국민들에게 투표권을 줄 것을 요구하는 등 무리한 요구를 했다. 1899년 보어인들이 선제공격을 가하면서 시작된 전쟁은 초기에 이들에게 유리했다. 보어 기병들이 영국군을 손쉽게 이겼으나 영국 본토에서 44만 명이 넘는 대군이 파견되었다. 6만여 명의 보어인들은 2년 넘게 게릴라전으로 끝까지 대항했다. 영국군은 퇴각하면서 적에게 넘어갈 수 있는 모든 것—토지와 건물 등—에 불 지르는 초토화 작전을 실행했고 보어인 민간인을 질병이 들끓는 강제수용소로 몰아넣었다. 이 강제수용소에서 2만6천여 명의 여성과 아이들이 숨졌다. 보어인은 약 4천 명이 전쟁에서 숨졌지만 영국인 전사자는 2만 2천 명을 넘었다.

문명화가 책무라던 영국의 제국주의는 이 전쟁에서 치욕스런 면을 고스란히 드러냈다. 같은 백인이던 보어인 노약자들을 강제수용소에서 죽음에 이르게 했다.

강화조약은 비교적 보어인에게 관대한 내용을 담았다. 영국은 보어인에게 보상금을 지불했고 1906년에 자치정부를 허용했다. 4년 후 영국은 보어인의 두 개 공화국과 인근에 이들을 견제하

1897년 대영제국
─유럽·아프리카·아시아·오스트레일리아─

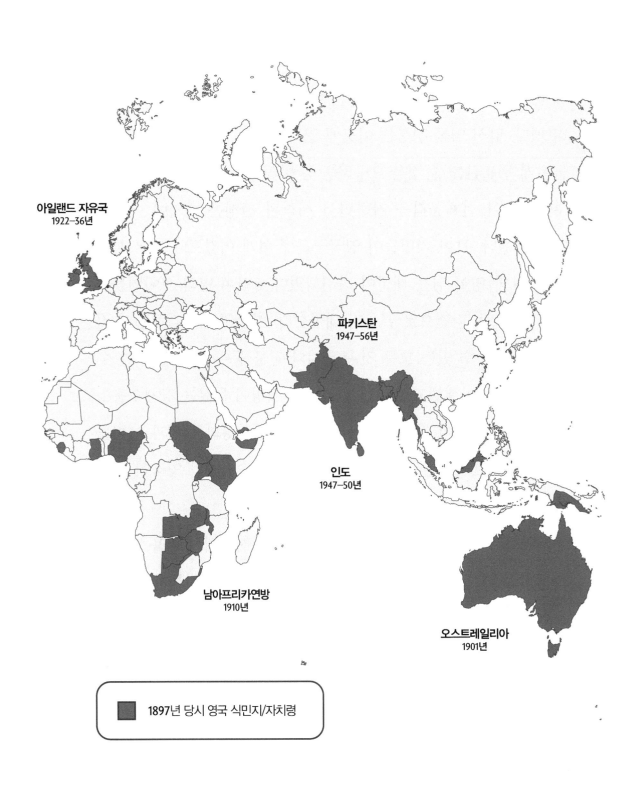

아일랜드 자유국
1922-36년

파키스탄
1947-56년

인도
1947-50년

남아프리카연방
1910년

오스트레일리아
1901년

1897년 당시 영국 식민지/자치령

1897년 대영제국
―뉴질랜드 · 북아메리카 · 남아메리카―

캐나다
1867년

뉴질랜드
1907년

기 위해 설립한 식민지 나탈Natal등을 묶어 남아프리카연방Union of South Africa을 세웠다. 캐나다와 오스트레일리아, 뉴질랜드에 이어 이 연방은 영국의 네 번째 자치령이 되었다. 자치령은 식민지가 완전한 독립을 획득하기 전의 단계다. 자치령에는 영국에서 총독이 파견되지 않고 그곳 주민들이 의회와 행정부를 거느려 자치를 누린다. 캐나다와 호주 등 식민지들은 자치령 단계를 지나 영국에서 독립했다. 제2차 세계대전 후 인도와 파키스탄도 자치령을 몇 년 거쳐 헌법을 제정한 후 독립국가가 됐다.

로디지아를 비롯한 식민지 아프리카에서 광산업으로 거금을 번 세실 로즈는 유언에서 자신이 이름을 딴 장학재단을 설립하게 했다. 1902년부터 로즈 장학금(Rhodes Scholarship)이 시행되었다. 초기에는 미국과 캐나다 등 영연방 국가 출신의 대학생에게만 장학금을 주어 로즈의 모교인 옥스퍼드 대학교에서 최대 3년까지 공부하게 했다. 현재는 전 세계 대학생들에게 개방되어 있다. 빌 클린턴 전 미국 대통령(1993~2001)이 1968년 이 장학금을 받아 영국에 체류했다. 미국 정치인이나 학자, 판사 등 고위 관리가운데 이 장학금을 받아 영국에서 공부한 사람들이 제법 있다. 2020년 민주당 대선 예비후보로 나왔던 피터 부티지지도 이 장학생이다. 이 장학금은 창립자가 원했듯이 영국과 영어 사용국가 간의 상호이해에 기여했다. 특히 미국 장학생의 경우 영국 체류 때 각종 인적 네트워크를 맺고 영국을 좀 더 우호적으로 바라볼 수 있게 해준다. 이는 미국과 영국의 특별한 관계 형성에 도움을 주는 하나의 버팀목이다.
2016년 로즈의 모교 오리엘컬리지에서 학생들은 그의 동상 철거를 요구했다. 남아공에서 시작된 수탈자 로즈 철거 운동이 영국으로 왔다.

자치에서 독립투쟁으로, 아일랜드 독립의 멀고도 먼 길

19세기 말 자유당은 아일랜드 자치법안을 두고 분열했다. 결국 아일랜드는 제1차 세계대전 후 유혈투쟁을 통해 영국의 손아귀에서 벗어났다.

자유당을 분열시킨 아일랜드 자치법안

1800년 나폴레옹전쟁 때 소 피트 총리는 아일랜드를 합병했다. 아일랜드는 의회를 폐지하고 상하 의원을 런던의 의회에 보냈다. 하지만 합병 후에도 아일랜드에서 대지주와 소작농의 갈등은 계속됐다. 이곳의 대지주는 개신교도로 주로 잉글랜드 출신의 부재지주가 많았다. 소작농들은 아일랜드 원주민으로 가톨릭 신자가 대다수였다. 1879년 농업 불황의 와중에 아일랜드에 흉작이 닥쳤다. 아메리카에서 값싼 농산물이 수입되면서 수많은 소작농들이 파산했고 이들은 가혹한 소작료 요구를 규탄하며 지주의 집에 불을 지르기도 했다. 이들의 토지 소유권을 옹호하며 자치를 요구하는 아일랜드민족당이 이곳에서 제1정당으로 부상했다.

글래드스턴이 1886년 아일랜드 자치법안Irish Home Rule을 제출한 것은 국내정치적 요인이 컸다. 그가 이끄는 자유당은 1885년 말 선거에서 제1당이 되었지만 가까스로 과반만 넘겼을 뿐이었다. 자치를 요구하는 아일랜드민족당의 지원에 힘입어 글래드스턴은 다시 총리가 될 수 있었다. 자치법안에 따르면 외교와 국방, 조세, 통화정책과 같은 제국 문제는 여전히 런던에서 권한을 행사한다. 아일랜드는 다시 자체 의회를 설립하고 입법과 행정에서 자치를 누린다는 내용이다. 비교적 온건한 조치였다.

그러나 자유당 내 통합왕국 유지를 요구하는 자유통합(왕국)파Liberal-Unionist들이 강력하게 반발했다. 이들은 당수가 만든 자치법안을 반대했다. 93명이 보수당을 지지해 이 법은 부결됐다. 이 때문에 글래드스턴의 자유당 내각은 실각했다. 자유통합파는 이후 보수당으로 통합됐다. 자유당은 이 사건 후 1892년부터 3년을 제외하고 20년간 보수당에게 정권을 내줘야 했다. 아일랜드에게 제한적으로 자치를 허용하는 법이었지만 보수당은 이를 제국의 상실로 규정했다. 유권자들에게 애국정당임을 호소한 전략이 효과가 컸다. 중간계급뿐만 아니라 일부 노동자들도 보수당 지지로 돌아섰다.

1892년 4번째로 총리로 취임한 글래드스턴은 이듬해 다시 한 번 아일랜드 자치법안을 의회에 상정했다. 이번에도 그는 아일랜드민족당의 도움으로 총리가 됐고 문제를 해결할 방법은 자치밖에 없다고 여겼다. 1893년 아일랜드 자치법안은 하원을 통과했으나 상원에서 부결됐다. 상원 의원 일부는 아일랜드에 토지를 소유한 대지주였다. 보수당은 자치법을 반대한 후 아일랜드 소작농을 회유하는 정책을 취했다. 정부는 소작농들에게 대출을 해주었고 지주가 의무적으로 팔아야 하는 토지를 사들일 수 있게 도움을 주었다.

1922년 아일랜드 지도

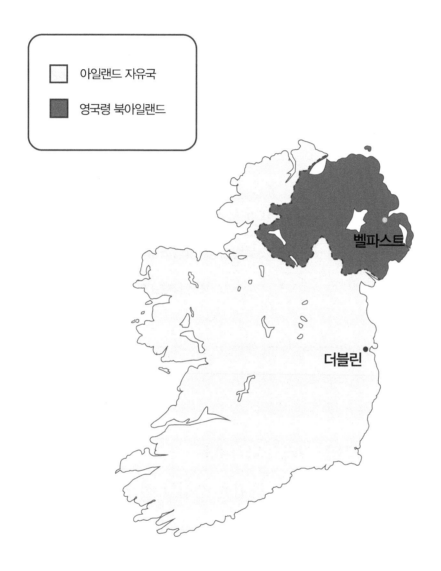

아일랜드 자유국

영국령 북아일랜드

벨파스트

더블린

이런 회유에도 아일랜드의 독립을 향한 바람을 꺾을 수 없었다. 아일랜드 문제는 제1차 세계대전 때 다시 불거져 나왔다.

영국과 아일랜드 관계 연표

1800년	소 피트 총리, 아일랜드를 연합왕국으로 편입
1886년 · 1893년	자유당의 글래드스턴 총리, 아일랜드 자치법안 부결
1914년	아일랜드 자치법안 비준, 제1차 세계대전 발발로 실행 연기
1916년	아일랜드에서 신페인을 중심으로 부활절 폭동
1919 ~ 1921년	아일랜드 독립전쟁, 영국과 아일랜드 조약 체결
1922년	아일랜드 자유국(영국의 자치령)
1937년	아일랜드 공화국

부활절 폭동과 독립전쟁, 그리고 자치 획득

아일랜드는 제1차 세계대전을 독립을 쟁취할 절호의 기회로 보고 시기를 노렸다. 아일랜드민족당은 전쟁중 보수당을 중심으로 야당 노동당이 참여한 거국정부를 지지하지 않았다. 1914년 자치법안이 비준됐으나 제1차 세계대전으로 실행이 연기됐다. 전쟁중 아일랜드인은 자치가 아니라 독립을 원했다.

제1차 세계대전이 한창이던 1916년 부활절을 기해 더블린에서 아일랜드의 독립을 쟁취하기 위한 대규모 무장투쟁이 전개됐다.

이 무장투쟁은 4월 말부터 6주 정도 지속됐다. 더블린에서 기자로 활동중이던 아서 그리피스Arthur Griffith는 1906년 아일랜드의 독립을 목표로 신페인Sinn Fein(아일랜드어로 우리 자신이라는 의미)당을 만들었다. 신페인당과 공화주의자들이 아일랜드공화국을 선포하고 우체국을 점거하면서 투쟁이 시작됐다.

영국은 무자비하게 이 반란을 진압했다. 이 봉기로 아일랜드인 420여 명이 숨지고 2천6백 명이 넘는 사람들이 다쳤다. 영국은 주동자들을 처형하고 수천 명을 투옥하는 등 강경대응책으로 일관했다. 전쟁중 독일이 아일랜드를 지원하고 이곳을 후방 전선으로 이용할 수 있다는 우려가 있었다.

1918년 12월 제1차 세계대전 직후 치러진 선거에서 신페인당이 압승했다. 이들은 영국인 신교도가 3분의 2를 차지한 북아일랜드(얼스터, Ulster) 지역을 제외하고 아일랜드에 배정된 105석 하원 의석 가운데 73석을 차지했다. 이들은 이듬해 더블린에서 아일랜드 의회를 구성하고 1916년 선포된 공화국을 다시 부활시켰다. 아일랜드는 독자적인 사법과 치안 제도를 마련하기 시작했다. 과격파는 의용군을 아일랜드공화국군Irish Republican Army, IRA으로 재편했다. IRA는 영국군과 경찰을 대상으로 게릴라전을 전개했다. 영국 정부는 주로 제대군인으로 구성된 카키색과 흑색제복을 입은 '검정황갈대원Black and Tans'을 파견해 약탈을 자행하게 했다. 1921년 7월 영국군은 IRA를 거의 분쇄했지만 잔학한 행동은 영국 안에서 야당은 물론이고 언론과 교회의 강력한 비판을 받게 되었다. 결국 그 해 12월 신페인당과 영국 정부 간에 영국-아일랜드조약이 체결되었다. 1922년 아일랜드는 영국의 자치령으로 탈바꿈해 아일랜드 자유국Irish Free State이 됐다.

하지만 아일랜드 문제는 끝나지 않았다. 신페인 급진파는 자치령이 아니라 완전독립을 원했다. 북부 얼스터 지역의 9개 주 가운데 6개 주는 자유국에 포함되지 않았다. 이 지역은 1920년에 영국의 자치안을 수용했다. 나머지 3개주는 아일랜드자유국 영토가 됐다. 결국 1800년 연합왕국에 포함됐던 아일랜드는 122년 만에 이탈했다. 이제 그레이트브리튼과 북아일랜드United Kingdom of Great Britain and Northern Ireland가 영국의 정식 명칭이 됐다. 1937년 아일랜드는 자치령을 벗어나 독립 공화국이 됐다. 그러나 제2차 세계대전 후 북아일랜드 문제는 영국 정치의 미해결 문제로 다시 대두한다.

글래드스턴 총리가 처음으로 의회에 아일랜드 자치법안을 제출한 게 1886년이다. 30년 후 부활절 폭동, 그리고 제1차 세계대전 종전 후 2년이 넘는 독립전쟁을 거쳐 아일랜드는 자치령이 됐다. 자유당의 노총리 '윌리'는 시대를 너무 앞섰다. 주로 아일랜드에서 수많은 희생이 있었다. 역사는 때때로 바람직한 것보다 현실적으로 가능한 것이 상당 기간 지속된다.

아일랜드의 국가 제목은 〈전사의 노래〉다. 아일랜드인을 영국에 맞서 싸우는 전사로 표현했다. 1907년 처음 작곡된 이 곡은 IRA들 사이에서 널리 불리다가 1926년에 국가로 지정되었다

후발주자 독일의 산업혁명
'메이드 인 저머니'가 영국산을 제친 이유

영국은 1887년 공산품의 원산지 표기를 의무화하는 상품표기법Merchandise Marks Act을 만들었다. 범람하는 독일산 제품의 수입을 줄이기 위한 방편이었다. 그러나 정반대의 결과가 나왔다. 영국 소비자들이 값싸고 품질 좋은 독일제품을 앞 다투어 구매했다. '메이드 인 저머니'가 '메이드 인 브리튼'을 제쳤다. 독일은 급속한 산업화 정책으로 1870년대부터 많은 제품을 영국으로 수출했다. 독일산은 당시 최고로 여겨진 영국산으로 표기돼 수출됐다. 하지만 20년도 채 안 되는 사이에 독일 제품의 경쟁력이 그만큼 높아졌다.

독일의 산업화 정책은 영국보다 훨씬 뒤늦은 19세기 중반부터 시작됐다. 1871년에야 프러시아의 철혈재상 오토 폰 비스마르크의 주도로 독일이 통일됐다. 통일 후 비스마르크 정부는 중화학 공업을 육성하고 보호관세를 부과해 수입을 억제하는 정책을 실시했다. 뒤늦게 산업혁명을 시작하는 후발주자의 따라잡기 전략이다. 1979년부터 개혁개방정책을 실시해 급속한 경제발전을 기록중인 중국의 산업발전 전략도 독일과 유사하다.

후발주자의 산업화 전략은 이론으로도 뒷받침됐다. 19세기 중반 독일의 경제학자 프리드리히 리스트Friedrich List는 이들의 산업화전략에서 보호무역을 강조했다. 후발 산업국가는 경제발전을 위해 보호무역이 필요하며 수입품에 관세를 매기게 되면 국내 산업발전이 촉진된다고 여겼다. 아직 국내 산업이 발전하지 않았기 때문에 경쟁력을 갖출 때까지 관세를 매겨 산업을 보호해야 한다는 것이다. 관세를 국가의 생산성 제고를 위한 투자로 본 것이다.

최초의 산업혁명 국가 영국도 산업화 초기에는 관세를 부과했다. 산업혁명이 절정에 이른 후 영국은 1860년 프랑스와 자유무역협정을 체결하는 등 보호무역을 탈피해 자유방임정책을 실시했다. 영국의 산업혁명은 아주 점진적으로 추진되었고 후발국가와 비교해 국가의 정책적 개입도 비교적 적었다.

1913년 세계 제조업 생산에서 독일이 영국을 앞질렀다. 1880년 영국은 세계 제조업 생산의 23퍼센트를 차지했으나 1913년에는 9퍼센트가 줄었다. 반면 이 기간 독일의 비중은 9퍼센트에서 15퍼센트로 급증했다. 미국은 32퍼센트로 두 배 넘게 증가했다(1880년에는 15퍼센트였다). 제1차 세계대전 전에 이미 미국은 세계 최대의 공업국으로 발돋움했다. 후발주자들이 최초의 산업혁명 국가 영국을 앞지른 것이다.

셜록 홈즈
가장 널리 알려진 영국인

왓슨 박사는 군의관으로 2차 아프가니스탄 전쟁1878~1880에 참여했다가 어깨에 총을 맞고 구사일생으로 살아났다. 전쟁의 후유증으로 악몽에 시달리던 그는 런던으로 와서 여기저기를 배회했다. 방세를 아끼려고 우연히 만난 이방인이 셜록 홈즈다. 홈즈는 만나자마자 왓슨의 부상을 보고 아프간 전쟁에 참전했냐고 단번에 맞춘다. 최고 학벌의(런던대학교) 의사라는 자부심을 지녔던 왓슨은 깜짝 놀란다. 비싼 런던에서 방세를 아끼려고 베이커 거리 221번지 B, 이층집에서 두 사람이 함께 살게 된다. 이렇게 셜록 홈즈 시리즈의 첫 작품,『 주홍색 연구』가 세상에 소개됐다.

셜록 홈즈는 가장 널리 알려진 영국인이다. 명탐정하면 떠오른다. 대문호 셰익스피어를 모르는 사람은 있어도 홈즈는 알 것이다. 어렸을 적부터 홈즈의 소설을 읽으며 명쾌한 사건 해결에 감탄하며 영국을 그리는 사람들이 많을 터이니.

홈즈의 절친이던 왓슨 박사가 친구와 함께 해결한 사건을 설명해준다. 일부는 친구의 부탁으로 그가 사망한 후 사건을 공개하기도 한다. 빅토리아 치세의 황금 시기, 부모님들이 자녀들에게 화롯가(벽난로)에 앉아 재미있는 이야기를 들려주는 식으로 소설이 구성된다.

소설은 당시 시대 상황을 비쳐 주는 거울이다. 보헤미아 왕국의 왕이 유

명한 오페라 여가수와 남몰래 사귀었는데 스캔들이 나지 않게 해달라는 부탁을 한다. 세계 최고의 나라, 최고의 명탐정을 왕이 변장을 하고 찾아왔다. 쫀쫀한 왕이기에 탐정은 막대한 수임료를 요구한다. 반면 시골에 사는 여자 가정교사가 물어물어 찾아왔을 때 홈즈는 수수료를 거의 받지 않고 사건을 해결해준다. 영국식 공평무사함이다. 주식에 투자했다가 망한 이가 벌이는 범죄, 아프리카로 가서 광산 투자로 큰돈을 번 사람들이 유산 분쟁에 휘말리는 사건 등 소설은 당시의 시대상을 적지 않게 드러낸다.

홈즈의 면도날 같은 냉철한 이성과 왓슨의 다정다감한 모습이 사건을 해결하는 데 서로를 보완해준다. 이들은 기차를 타고 영국 전역을 돌아다니며 전보를 친다. 또 신문에 광고를 내어 제보자나 유력한 용의자도 제 발로 탐정을 찾게 만든다. 셜록 홈즈 소설에는 당시 대영제국 시대, 빅토리아 황금시기 런던과 영국의 모습이 곳곳에 녹아 있다.

홈즈는 유행한 소설을 넘어 사회 전반에 영향을 미쳤다. 영국이나 미국, 프랑스 등에서 지문 수사 기법을 도입할 때도 셜록 홈즈에 나오는 첨단 수사기법이라는 말 한 마디로 도입이 됐다. 수사 드라마는 동서양을 막론하고 두 명이 한 조를 이루어 나온다. 이 역시 셜록 홈즈에서 유래한 것이다. 런던의 베이커 가에는 셜록 홈즈 박물관이 있다. 전 세계에서 해마다 수십만 명이 이곳을 찾는다. 실존인물보다 더 유명한 셜록 홈즈는 독특한 개성을 자랑하면서도 사람들에게 영국인의 전형으로 남아 있다. 베이커 가도 원래는 없었는데 홈즈가 너무 유명해지자 일부러 같은 이름의 거리를 만들었을 정도다.

영국사		세계사

1900년

8월 4일, 독일에 선전 포고 ——— 1914년
1차 세계대전 시작

1919년 ——— 베르사이유 조약

아일랜드 자유국 수립 ——— 1921년

남녀 보통 선거권 보장 ——— 1928년

1929년 ——— 10월 24일, 미국에서 대공황 시작

1933년 ——— 미국, 프랭클린 루스벨트 대통령 당선
뉴딜정책 시작
독일 히틀러 집권

1937년 ——— 중일전쟁 발발

체임벌린 사퇴 ——— 1940년

1939년 ——— 2차 세계대전 시작

1941년 ——— 6월, 독일의 소련 침공
12월, 일본 진주만 공격
미군 참전

처칠의 거국정부 수립

8월, 2차대전 종결 ——— 1945년

1944년 ——— 6월 6일, 노르망디 상륙작전

국민보험법, 국민보건법 제정 ——— 1946년

1948년 ——— 8월 15일, 대한민국 건국

조지 6세 사망, ——— 1952년
엘리자베스 2세 즉위

1950년 ——— 6월 25일, 한국전쟁 발발

1964년 ——— 통킹만 사건, 베트남 전쟁 확전

유럽경제공동체 가입 ——— 1973년

1975년 ——— 베트남 전쟁 종전

북해 석유 생산 시작 ——— 1975년

마거릿 대처 총리 취임 ——— 1979년
포클랜드 전쟁에서 아르헨티나에 승리 ——— 1982년

1989년 ——— 중국, 천안문 사태
베를린장벽 붕괴

대처 사임, 존 메이저 총리 취임 ——— 1990년

1990년 ——— 독일 통일

1991년 ——— 소련 붕괴

토니 블레어 노동당 정부 수립 ——— 1997년

2000년

2001년 ——— 9월 11일, 미국 9.11 테러 발생

3월, 미국과 영국 주도 이라크 침공 ——— 2003년

노동당의 고든 브라운 총리 취임 ——— 2007년

2008년 ——— 미국발 경제위기 발생

보수당 데이비드 캐머런 총리 취임 ——— 2015년
6월 23일, 국민투표 브렉시트 결정 ——— 2016년
1월 31일, 영국, EU에서 탈퇴 ——— 2020년

제6장

20세기부터 브렉시트까지:

양차 세계대전과 제국의 상실, 그리고 유럽

20세기에는 두 차례나 유럽 국가들이 '내전'(1차, 2차 세계대전)을 치렀다. 제1차 세계대전은 영국을 비롯한 프랑스, 러시아 대 독일과 오스트리아–헝가리 등 주요국 간의 제국주의 쟁탈전이었다. 제2차 세계대전은 제1차 세계대전의 책임을 독일에게 너무 과중하게 부과해 독일에서 극우 파시즘이 대두하면서 발발했다. 이 전쟁으로 유럽은 국제무대의 중심에서 변방으로 밀려나게 됐다.

영국은 양차 대전에서 승전국이었으나 희생이 컸다. 제1차 세계대전으로 국가 총자산의 15퍼센트를 잃었고, 제2차 세계대전으로 나머지의 28퍼센트를 상실했다. 이 막대한 경제적 손실은 19세기 후반부터 시작된 영국의 쇠퇴를 재촉했다. 또 1930년대 대공황으로 19세기 중반부터 유지해온 자유방임주의를 포기해야만 했다.

제2차 세계대전 직후 집권한 클레멘트 애틀리의 노동당 정부는 어려운 여건임에도 전 국민 무료 의료보험을 실시했고 질병과 상해 등을 당했을 때 소득을 지원해주는 국민보험법을 마련했다. 철도와 석탄, 전기 등 기간산업을 국유화했다. 이런 복지국가의 기틀은 이후 30년간 정권교체에도 불구하고 유지됐다.

1979년 집권한 '철의 여인' 마거릿 대처는 복지국가의 틀을 개조했다. 작은정부와 규제완화, 민영화를 실행에 옮겼다. 하지만 대처의 정책은 부자를 더 부자로 만들고, 가난한 사람을 더 가난하게 만들어 사회를 분열시켰다. 1997년부터 13년간 집권한 노동당은 대처의 이런 정책을 상당 부분 수용했다.

제2차 세계대전 후 제국을 잃은 영국은 국제무대에서 독자적인 역할을 수행할 수 없음을 알고 유럽통합이 시작된 지 20여 년 만에 아주 뒤늦게 유럽통합에 합류했다. 그러나 보수당, 노동당과 같은 주요 정당 내 유럽통합에 대한 합의가 없고, 유럽통합을 주로 경제적인 이익의 관점에서만 본다. 게다가 집권 정당이 당내 분열을 극복하기 위해 유럽통합 지속 여부를 국민투표에 두 번이나 회부했다.

2016년 6월 국민투표에서 영국 유권자들은 유럽연합 탈퇴(브렉시트)를 지지했다. 영국은 2020년 1월 유럽연합에서 탈퇴했다. 제2차 세계대전 후 독자적인 역할이 어려움을 깨닫고 유럽통합에 합류했지만 21세기 들어 20년 동안 국제무대에서 영국의 위상은 중국의 부상으로 상대적으로 더 낮아졌다. 미국이 보호무역을 앞세워 국제질서가 매우 불확실한 상황에서 영국은 국제무대에서 홀로서기를 해야 한다. 해도가 없는 바다를 항해하는 셈이다.

유럽 강대국들의 첫 번째 '내전' 제1차 세계대전

유럽 주요국 간의 제국주의 경쟁과 범게르만주의, 범슬라브주의 등이 겹치면서 제1차 세계대전이 발발했다. 전쟁 말기에 미국이 영국, 프랑스 등의 삼국협상측에 개입해 협상 측이 승리했다. 이 전쟁으로 유럽의 쇠퇴가 가속화했다.

동부 · 서부 전선의 참호전

1910년 5월 20일 에드워드 7세재위 1901~1910의 장례식이 런던에서 거행됐다. 버킹엄궁을 출발한 운구 행렬은 인근 의사당 안의 웨스터민스터홀에서 추모행사를 가졌다. 이어 운구는 런던 중심가를 차례로 지나 패딩턴 역으로 간 후 기차로 윈저 궁으로 운반되었다. 행렬의 첫 줄에는 갓 즉위한 조지 5세재위 1910~1936와 서거한 왕의 동생, 그리도 독일의 황제 빌헬름 2세가 말을 타고 운구를 뒤따랐다. 독일 황제는 서거한 왕의 조카였다. 뒤 행렬에는 프란츠 페르디난트Franz Ferdinand 오스트리아-헝가리제국의 황태자, 그리고 오토만제국의 유수프 왕자 등이 말을 탄 채 뒤따랐다. 거리에 운집한 수만 명의 시민들이 황금빛의 왕관을 쓰고 행렬에 참가중인 70여 개 나라를 대표하는 왕과 왕자들을 경외스러운 눈으로 지켜봤다.

"9명의 왕들이 말을 탄 채 에드워드 7세의 운구행렬을 뒤따라갔던 1910년의 5월 아침은 너무나 화려했다." 그리고 이는 "구세계의 태양이 다시는 보지 못할 화려한 빛 속에서 지고 있었다". 제1차 세계대전 초기를 심층 분석한 역사책『8월의 총성*The Guns of August*』은 글의 첫머리를 위 장례식으로 시작한다. 그 뒤 4년 3개월도 채 지나지 않아 서로 총부리를 겨눌 유럽 주요 국가의 왕과 지도자들이 그날에는 분쟁도 뒤로한 채 한 자리에 모였다.

이날 장례식에 참석했던 오스트리아의 페르디난트 황태자는 1914년 6월 28일 보스니아의 수도 사라예보에서 세르비아 민족주의자에게 암살당했다. 오스트리아는 독일의 지원을 등에 업고 7월 말 세르비아에 선전포고했다. 러시아가 세르비아 편에 섰고, 독일은 세르비아와 러시아, 프랑스에 대해 전쟁을 선포했다. 영국은 독일이 중립국 벨기에를 침략하자 참전했다. 베네룩스 3개국은 영국으로 이르는 통로여서 영국은 이곳을 적대국의 손에 맡겨 둘 수 없었다.

제1차 세계대전은 위에서 묘사한 전쟁에 이른 직접적인 사건 말고도 여러 가지 원인이 누적돼 일어났다. 러시아를 중심으로 하는 범슬라브주의, 독일을 중심으로 게르만 민족을 하나로 보는 범게르만주의가 충돌했다. 유럽 강대국 간의 식민지와 군비 경쟁이 지속됐으나 이를 제어할 국제체제는 없었다. 독일은 1890년 철혈재상 비스마르크가 사임한 후 빌헬름 2세가 제국주의 경쟁에 뒤늦게 뛰어들었다. 프랑스는 1904년 영국과 식민지 분쟁을 종식한 우호협정entente cordiale을 체결했다. 영국은 프랑스의 모로코 개입을 인정하고, 프랑스는 영국의 이집트 내 권리를 인정했다. 영국은 또

에드워드 7세 장례식에 참석한 9명의 유럽 각국의 왕이 운구 행렬을 따르고 있다

1907년 러시아와도 유사한 양해에 이르렀다. 러시아와 합의해 영국은 페르시아와 아프간, 아시아에서의 식민지 경쟁에서 한숨을 돌릴 수 있었다. 1907년 영국과 프랑스가 미리 맺은 협상에 러시아가 가담해 삼국협상이 결성됐다. 반면 독일은 해군과 육군 증강에 열을 올렸고 영국은 협상을 통해 이 문제를 해결할 수 없었다. 프랑스와 러시아, 양국으로부터 포위당했다고 느낀 독일은 1913년부터 계속해서 프랑스나 러시아와 전쟁 시 중립을 유지해달라고 영국에 요구했다. 영국은 19세기부터 계속해서 외교정책으로 유지해온 세력균형 정책에 따라 이를 거부했다. 독일은 1882년에 오스트리아-헝가리 제국, 그리고 이탈리아와 삼국동맹을 체결했다. 이탈리아가 도발을 하지 않았는데도 프랑스의 침략을 받는다면 양국이 이탈리아를 군사적으로 지원한다는 게 핵심내용이다. 이 조약은 계속 연장되다가 1915년 더 이상 연장되지 않았다. 이후 이탈리아

는 삼국협상 측에서 참전했다.

8월에 전쟁이 시작됐을 때 대부분의 참전국 병사들은 늦어도 성탄절은 집에서 보낼 수 있으리라 여겼다. 그러나 전쟁은 4년 3개월간 계속됐다. 10만 명의 영국 원정군British Expeditionary Force, BEF이 8월 하순 프랑스로 건너가 서부전선에서 독일군의 신속한 전선 돌파를 저지했다. 그 해 12월 스위스 국경부터 영국해협에 이르는 1천 킬로미터에 가까운 긴 참호가 구축됐다. 1914년 말 동부전선에서도 역시 그리 큰 변화 없이 거의 4년간 교착상태가 지속된다.

미국의 참전과 종전

전쟁 4년째에 접어든 1917년, 전세를 뒤집을 만한 두 가지 변화가 일어났다. 독일은 1915년부터 무제한 잠수함 공격을 감행해 상선이나 여객선을 침몰시켰다. 여객선 루시태니아가 잠수함 공격을 받아 128명의 미국인이 숨졌다. 1917년 침머만Zimmermann 전보가 미국을 삼국협상 편에 참전하게 했다. 독일의 침머만 외무장관이 멕시코 주재 독일 대사에게 비밀지령을 내렸다. 미국이 제1차 세계대전에 참전하면 멕시코에게 참전을 독려하고 독일이 지원한다. 멕시코는 참전의 대가로 미국에게 빼앗긴 뉴멕시코 등을 다시 얻을 수 있다는 내용이었다. 영국 해군이 이 비밀 전보를 해독해 미국에게 전달했다. 그해 4월 미국은 독일에게 선전포고했다.

1917년 10월 러시아에서 10월혁명이 일어나 레닌이 이끄는 공산당이 집권했다. 이듬해 독일은 러시아와 브레스트-리토프스크Brest-Litovsk 강화조약을 맺었다. 독일은 동부 전선의 병력을 빼내 서부전선에서 총공세를 감행했다. 그러나 미국의 압도적인 병력 앞에 전세가 반전되어 삼국협상

1차대전 중의 참호에서 휴식중인 군인들

측에 유리하게 됐다. 독일 편에 섰던 오스트리아-헝가리제국, 오스만투르크, 불가리아 등이 패배했다. 결국 1918년 11월 11일 독일은 휴전에 서명했다.

총력전과 거국 내각, 여성의 선거권 획득

1915년 당시 집권 자유당은 보수당의 지지를 받아 그해 치르려 했던 총선을 무기한 연기했다. 그리고 그해 5월 보수당뿐 아니라 신생 정당이었던 노동당까지 참여하는 거국내각이 구성됐다. 거국내각은 전쟁에 필요한 모든 인적·물적 자원을 동원하는 총력전을 결의했다. 캐나다와 호주, 뉴질랜드, 남아프리카공화국과 같은 자치령의 군대까지 전쟁에 동원됐다. 무려 800만 명의 병사들이 참전했다. 이듬해에는 영국 역사상 최초로 징병제가 도입됐다. 참호전으로 전쟁이 장기화하면서 계속해서 엄청난 병력이 필요해졌기 때문이었다. 전쟁 첫 해에는 45만 명이 지원했으나 이듬해에는 5만5천 명만 군에 지원했다. 징병제가 불가피했다.

제1차 세계대전 연표

1904년 4월	영국과 프랑스 우호협정 체결
1907년	영국–러시아 우호협정 체결, 영국과 프랑스, 러시아 삼국협상 형성
1914년 8월	제1차 세계대전 발발
1915년	이탈리아, 삼국동맹에서 탈퇴해 협상 측에 참전, 영국 자유당 중심의 거국 내각 구성, 총선 무기한 연기
1916년	영국 최초로 징병제 도입
1917년	독일의 침머만 전보, 미국 참전 결정
1918년	영국 선거법 개정, 모든 성인 남성, 31세 이상 여성 선거권 보유
1918년 11월 11일	휴전
1919년 6월	승전국, 독일과 베르사유조약 체결
1928년	선거법, 21세 이상의 남녀 선거권 보유

전쟁은 여성의 지위 향상에 크게 도움이 됐다. 남성들이 전선으로 나가자 군수공장 등에서 수많은 여성이 일했다. 수천 명의 여성들이 간호사 등으로 전선으로도 나갔다. 1918년 1월 무렵에는 약 500만 명 가까운 여성들이 공장에서 일했고 이 가운데 70여만 명이 군수공장에서 무기를 만들었다. 1918년 모든 성인 남성에게 선거권이 주어졌다. 30세 이상의 여성 대부분도 이때부터 투표권을 행사할 수 있었다. 전후 1928년 제정된 선거법으로 21세 이상의 여성은 남성과 마찬가지로 재산 소유와 관계없이 선거권을 가지게

됐다. 제1차 세계대전중 여성은 남성 노동자들과 함께 총력전에 톡톡히 기여를 했고 이를 인정받게 됐다.

산업혁명 후 총력전으로 벌어진 이 전쟁에서 약 4천만 명이 넘는 군인과 민간인이 사망한 것으로 추정된다. 영국군 75만, 프랑스군 132여만, 러시아군 181여만, 독일군 2백여만 명이 숨졌다. 참호와 철조망을 뚫을 수 있는 영국의 마크1 전차가 첫 등장했다. 잠수함과 전투기, 기관총 등 대규모 살상이 가능한 첨단 무기가 총동원됐다. 19세기 세계 전역에 제국을 건설하면서 서로 경쟁하던 유럽의 주요국들은 이번 '내전'으로 점차 쇠퇴하게 된다.

전쟁 첫 해인 1914년 성탄절 이브부터 3일간 서부전선의 독일군과 영국–프랑스군은 비공식 휴전을 했다. 서로 싸우던 군인들이 각국 참호 진지의 중간쯤에서 만나 선물을 교환하고 성탄절 노래를 불렀다. 일부는 축구 경기를 가졌다. 100년이 지난 2014년 12월 중순 미국의 워싱턴 D.C.에서 독일과 영국 외교관들이 이 날을 기념하는 친선 축구 경기를 가졌다.

2차 '내전'을 가져온 베르사유체제
케인즈의 경고 무시되다

제1차 세계대전의 전후 처리를 결정한 베르사유조약은 전쟁의 책임을
독일과 주축국에게만 돌린 승자의 재판이었다. 독일은 너무 과도한 배상금을
지불해야 했기에 경제가 망가졌다. 경제학자 케인즈는 대독일 강경정책이
유럽에 또 다른 재앙을 가져올 것을 경고했지만 무시됐다.

승자의 재판이 된 베르사유조약

1919년 1월 프랑스 파리로 전승국 27개 대표가 속속 모여
들었다. 참전으로 제1차 세계대전의 전세를 바꾼 미국의 우드로 윌
슨Woodrow Wilson 대통령은 거의 6개월간 파리에 머물렀다. 영국의
데이비드 로이드조지 총리David Lloyd George, 프랑스의 조르주 클레
망소Georges Clemenceau 총리, 이탈리아의 비토리오 에마누엘레 오
를란도Vittorio Emanuele Orlando 총리 등 4명의 지도자가 파리강화회
의의 주요 내용을 최종 승인했다. 전후 질서가 주요 4개 승전국에
의해 결정됐다.

1919년 6월 패전국 독일은 삼국협상 측과 베르사유조약을 체결
했다. 독일은 해외의 모든 식민지를 잃었고, 영토 일부도 상실했다.
군비도 제한되었다. 전쟁 책임을 떠안게 돼 1,320억 마르크(330억
달러)의 배상금을 지불해야 했다. 독일 경제가 도저히 감당할 수 없
는 천문학적인 액수였다. 독일과 오스트리아-헝가리, 오스만투르

크제국의 식민지는 영국과 프랑스 등이 나누어 차지했다. 영국은 아프리카에서 독일령 동아프리카, 중동에서는 이라크와 팔레스타인 등을 얻었다. 중동의 국가들은 우선 국제연맹의 위임통치를 받은 후 영국령이 됐다.

파리강화회의의 4대 승전국 지도자들
사진 왼쪽부터 로이드 조지, 오를란도, 클레망소, 윌슨

영국은 260만 제곱킬로미터의 식민지를 추가했다. 1922년 대영제국은 세계 인구의 4분의 1, 지표면적으로도 4분의 1을 차지했다.

베르사유조약은 프랑스의 대독일 강경 요구가 그대로 반영됐다. 1871년 프러시아와의 전쟁에서 패배해 알자스-로렌 지역을 빼앗기고 막대한 배상금을 지불했던 프랑스는 복수의 칼날을 갈았다. 프랑스의 클레망소 총리는 독일의 완전한 굴복과 막대한 손해 배상금을 원했다. 조약이 서명된 베르사유 궁은 1871년 전쟁에서 승리한 프로이센이 프랑스에게 항복 문서를 받은 바로 그 장소다. 프랑스는 치욕의 장소에서 독일에 치욕을 되갚았다. 영국의 로이드조지는 휴전 직후인 1918년 12월에 총선을 치렀는데, 당시 여론은 독일에 대한 강경 조치를 요구했다. 그는 독일의 경제적 상황을 감안해 프랑스의 강경 요구를 누그러뜨리려 했으나 허사였다. 반면 미국은 새로운 국제질서에만 관심을 가졌다. 윌슨 대통령이 요구한 국제평화유지 기구인 국제연맹League of Nations이 영국의 지지로 설립되었다. 그가 내세운 민족자결주의는 패전국에만 적용됐다. 고립주의를 탈피해 뒤늦게 제1차 세계대전에 참전한 미국이었지만 전후 국제질서 형성에서 리더십을 행사하려 하지 않았다.

파리강화회의와 승전국과 패전국(추축국)이 맺은 조약
(영토상실과 배상금을 다룸)

독일과 베르사유조약

오스트리아와 생제르맹조약

헝가리와 트리아농조약

불가리아와 뇌이조약

터키(오스만투르크)와 세부르조약

유럽의 갱생이 아니라 파괴에 몰두한 회의

유명한 경제학자 존 메이너드 케인즈John Maynard Keynes는 1919년 상반기 6개월 동안 파리강화회의에 참가했다. 영국 재무부 부의 대표단 일원으로 참가한 그는 강화회의에서 독일 배상금 책정 과정에 관여했다. 그는 프랑스가 강력하게 요구한 독일이 부담할 수 없는 과도한 배상금의 문제점을 계속 지적했지만 수용되지 않았다. 이에 반발해 그해 6월초 사표를 제출하고 케임브리지 대학교로 돌아갔다. 이 경제학자는 불과 6개월 만에 일필휘지로 『평화의 경제적 귀결 *The Economic Consequences of Peace*』(1919)을 출간했다. 출간 후 이 책은 영국과 유럽 대륙, 미국에서 베스트셀러가 됐다. 그는 파리강화회의를 유럽의 파괴에만 몰두한 회담이라고 규정지었다.

"파리강화조약 참가자들은 앞으로 유럽이 어떻게 살아갈지 신경을 쓰지 않았다. 참가자들은 유럽의 생존 방식에 관심이 없었다. 선인이건 악인이건 참가자들은 국경과 소수민족, 세력균형, 제국의 확대에 관심이 있었다. 강력하고 위험한 적을 약화시키고 복수하고 그네들이 부담할 수 없는 재정적 부담을 패전국에 전가하는 데 관심을 가졌을 뿐이다."

— 『평화의 경제적 귀결』 4장 첫 문단에서

케인즈는 이런 강요된 평화가 유럽의 경제를 파괴해 독일의 보복을 불러올 것이라 경고했다. 그는 제1차 세계대전 발발 전 유럽경제가 독일을 핵심축으로 하여 돌아갔음을 알기 쉬운 통계자료로 설명했다. 러시아와 오스트리아-헝가리, 영국, 프랑스, 이탈리아, 벨기에, 네덜란드와 같은 상당수의 유럽 국가들에게 독일은 첫 번째 혹은 두 번째 수출시장이었다. 그런데 프랑스의 요구대로 독일경제가 감당할 수 없는 배상금을 지불하게 되면 경제가 파괴된다. 전후 유럽을 다시 살리려는 회담이 되어야 하는데, 지금 회담은 독일을 무너뜨려 결국에는 유럽을 파괴하는 회담이라고 케인즈는 맹공을 퍼부었다. 그리고 독일이 부담할 수 있는 합리적인 배상금과 같은 여러 대안을 제시했다. 하지만 그의 경고는 철저하게 무시됐다. 20년 후 1939년 9월 1일 독일의 히틀러는 다시 유럽에서 두 번째 '내전'을 일으켰다.

이 책의 마지막 문단은 지금 읽어도 섬뜩한 경고다.

"경제적 궁핍은 평이한 단계로 진행되며 사람들이 인내심으로 고통을 견디는 한 외부세계는 아무런 신경도 쓰지 않는다. 육체의 효율성과 질병에 대한 저항이 점차 줄어든다. 그러다가 마침내 인간 인내의 한계에 도달한다. 이때 절망과 광기의 조언이 위기를 앞서는 무력감에서 고통받는 인간을 일깨운다. 그 때까지 인생은 어쨌든 진행된다. 이런 상황에서 인간은 무력감을 떨쳐 버리고 관습의 힘이 느슨해진다. 이념의 힘이 막강해지고 하늘에서 전해지는 어떤 종류의 희망이나 환영, 복수의 지시라도 사람들은 경청한다……. 그러나 고통을 겪어온 사람들이 어느 정도 인내할 수 있을지, 혹은 마침내 고통 받는 사람들이 어느 방향으로 불행에서 탈퇴하려 하는지 누가 말할 수 있을까?"

1920년대 말부터 급속하게 세력을 불린 독일의 아돌프 히틀러는 베르사유조약 폐기를 제1공약으로 내세웠다. 이 조약이 승자의 강요로 독일인들을 노예로 만들었다고 비판했다. 위에 인용된 케인즈의 마지막 문단을 보면 왜 독일 사람들이 히틀러의 연설에 열광했는지 짐작이 간다. 파리강화회의가 만들어낸 베르사유체제는 1929년 대공황이 발생하자 무너졌다.

프랑스가 요구한 막대한 배상금을 지불하느라 독일은 돈을 마구 찍어냈다. 독일 최초의 민주주의 실험이었던 바이마르공화국은 1923년부터 수십만 퍼센트가 넘는 초인플레이션으로 정치적 혼란에 휩싸였다. 수도 베를린에서 빵 한 조각을 사는 데 천억 마르크가 들었다. 1년 전 가격은 160마르크였다. 히틀러의 나치는 이런 혼란 속에서 세력을 키워나갔다. 그가 내세운 복수와 희망의 메시지에 독일인들은 열광했다.

나치당의 정식 명칭은 국가사회주의독일노동자당(National Socialist German Workers' Party)이다. 이를 줄여서 나치로 부른다. 독일어로 국가 혹은 민족을 뜻하는 'National'의 발음이 나치와 비슷했기 때문이다.

자유당의 한 분파에서 제2정당으로
제1차 세계대전과 노동당의 부상

노동자 대표들은 초기에는 자유당의 공천을 받아 의회에 진출했다.
1906년 노동당이 출범했고 제1차 세계대전을 거치면서 노동조합의 세력이
급성장했다. 1924년 노동당이 제1당이 되어 첫 집권했다.

노동조합이 중심이 된 노동대표위원회

1884년 3차 선거법 개정으로 상당수의 노동자들이 선거권을 보유하게 됐다. 19세기 후반에 노동자 대표들은 대개 자유당의 공천을 받아 의회에 진출했다. 1900년 태프 베일Taff Vale 재판이 이들의 조직화를 촉진했다. 이 해 태프 베일 철도회사에서 파업이 일어났다. 법원은 파업중 경영주가 입은 손해를 노동자에게 배상할 것을 판시했다. 이 일을 계기로 노동조합과 사회주의 단체들은 노동대표위원회Labour Representation Committee(1900)를 조직했다. 이 위원회는 노조의 지지를 받은 의원들을 지원하고 노동자의 이익을 대변했다.

이 단체는 1906년 노동당으로 이름을 바꾸었다. 노동자 출신으로 독자적으로 처음으로 하원의원이 된 케어 하디Keir Hardie가 초기에 의회 노동당 대표를 맡았다. 정당으로 출범했지만 노동자 권익 대변이 목표였다. 독일이나 스웨덴의 사회민주당과 다르게 영

국 노동당은 처음에는 정권 획득을 목표로 하지 않았다. 이 해 선거에서 29명이 하원의원에 당선되었고 광부노조도 당에 참여했다. 노동당 의원들은 자유당을 도와 태프 베일 판결을 무효화했다. 1910년 총선에서는 42명이 의회에 진출해 노동당은 점차 세력을 확대했다.

제1차 세계대전과 노동조합의 급성장

제1차 세계대전으로 수백만 명의 젊은이들이 전선으로 나갔다. 전쟁터에서는 귀족과 평민이 서로 한 부대에 소속되어 전투를 해야만 했다. 상당수의 병사들은 처음으로 이런 경험을 했다. 그간 영국사회의 칸막이와 같았던 뚜렷한 계급적 구분과 가부장적 위계제가 어느 정도 느슨해졌다.

정부는 막대한 군수품과 소비재를 만드느라 노동자들의 협력이 필요했다. 정부가 노동조합을 상대역으로 인정하면서 조합원 수가 급증했다. 전쟁 전 400만 명에서 1918년 전쟁 말에는 650만 명으로 1.6배 정도 늘어났다. 노동당 하원의원들은 전쟁중 잇따라 거국내각에 장관으로 참여했다.

정권에 참여한 후 노동당은 당의 전략도 시대 변화에 맞게 수정했다. 1918년 당헌을 개정해 4조에 생산수단의 국유화를 명시했다. 독일과 스웨덴 등 대륙의 사회민주당과 유사한 강령이 마련됐다. 이 해 성인남자 보통선거권이 도입된 것도 노동당의 세력 확대에 도움을 주었다.

1924년 노동당의 첫 집권

제1차 세계대전중인 1916년, 자유당이 리더십을 두고 분열했다. 데이비드 로이드조지가 총리로 재직중이던 자당의 허버트 헨리 애스퀴스를 불신임해 총리가 됐다. 이후 자유당은 두 지도자 지지층으로 둘로 나뉘어 분열했다. 당연히 보수당이 제1당이 되었다. 이 틈을 노려 노동당은 자유당이 강세를 보였던 탄광이나 공업 지역에서 세력을 꾸준하게 확장했다.

노동당 대두 연표

1900년	태프 베일 판결(파업중 발생한 손실을 노조가 배상, 1906년 무효)
1900년	노동대표위원회 결성
1906년	노동당 창당, 케어 하디가 의회 노동당 대표가 됨
1914 ~ 1918년	제1차 세계대전 중 노동조합원 수 400만에서 650만 명으로 급증
1918년	노동당 당헌 4조에 생산수단의 국유화 명시
1924년	제임스 램지 맥도널드 첫 노동당 총리(소수정부)
1929년	노동당, 총선에서 처음으로 제1당이 됨

1924년 1월 제임스 램지 맥도널드James Ramsay MacDonald가 노동당 출신의 첫 총리가 됐다. 그는 노동대표위원회에서 서기로 근무했고 노동자 권익을 위해 일해왔다. 총선에서 어느 정당도 과반을 확보하지 못한 상황에서 자유당이 노동당을 지지했기 때문에 그가

총리가 됐다. 소수 내각으로 첫 집권한 노동당 정부 시기는 겨우 9개월에 그쳤다. 국내 정책에서는 자유방임정책을 수용해 보수나 자유당과의 정책 차이가 없었다. 하지만 외교 정책에서는 확연하게 기존 정당과 차별성이 있었다. 베르사유조약에 따라 독일에 부과된 과도한 전쟁 배상금을 덜어주는 도스안Dawes Plan 타결에 맥도널드 정부가 기여했다. 1917년 10월혁명 후 국제사회에서 소외됐던 소련을 승인하고 재정 지원도 약속했다. 1929년 남녀 보통선거로 첫 총선이 치러졌다. 이 선거에서 노동당이 보수당보다 더 많은 의석을 얻어 맥도널드 총리의 2차 노동당 내각이 들어섰다.

영국 노동당의 1대 대표인 케어 하디는 열 살 때부터 랭커셔의 탄광에서 광부로 일했다. 그곳에서 노동조합 활동을 시작하여 스물세 살 때인 1879년에 지역 노조위원장으로 선출되어 두 차례에 걸친 파업을 이끌었다. 1888년에는 하원의원의 자리에 올랐다.

섣부른 금본위제 복귀
1930년대 대공황과 블록 경제

영국은 1925년 다시 금본위제를 채택했으나 미국이나 다른 주요국들은 이에 동참하지 않았다. 1929년 미국에서 발생한 대공황이 영국을 비롯한 유럽으로 확산되면서 영국은 파운드화 블록을 결성했고 보호무역 정책을 실시해 불황을 극복했다.

1925년의 섣부른 금본위제 복귀

제1차 세계대전에서 승리했지만 영국 경제는 여러 가지 어려움에 직면했다. 제1차 세계대전으로 영국은 국가 총자산의 15퍼센트를 잃었다. 전쟁 때 파업을 자제하고 국가위기에 동참했던 노동자들은 전쟁중 사회의 한 축으로 대접을 받아 대거 노동조합에 참여했다. 전후 정부는 국가 자산이 줄어든 상황에서 주택과 교육에 더 많은 재정을 투입해야만 했다. 전후 세계경제의 회복은 더뎠다. 무역이 줄어들었고 영국 경제는 구조적인 어려움을 겪었다.

1919년 수출량은 전쟁 전보다 18퍼센트나 줄었다. 미국이 자동차와 냉장고, 청소기, 라디오 등의 가전제품에서 수출 대국으로 부상했다. 영국이 강세를 보였던 직물과 철강 산업도 경쟁력이 떨어졌다. 후발 산업국가들의 경쟁에 직면한 영국은 실업자 급증으로 골머리를 앓았다.

1924년 말 집권한 보수당은 이런 상황에서 금본위제로 복귀했다. 제1차 세계대전 발발 전인 1914년의 가치인 1파운드화당 4.86미 달러 교환비율로 1925년 1월 금본위제를 다시 채택했다. 당시 파운드화 가치는 4달러에 미치지 못했지만 이처럼 높은 환율을 정했다. 그런데 파운드화 가치가 이처럼 높게 평가되면 수출상품의 가격이 높아지는 셈이어서 수출에 매우 불리했다. 석탄 수출은 더욱더 경쟁력을 잃었고 탄광주들은 이에 맞춰 임금을 삭감했다. 미 달러는 기축통화로 점차 파운드화를 대체해왔다. 하지만 영국은행과 런던 금융가는 세계 금융허브라는 지위를 유지하려고 이처럼 높은 비율에 금본위제로 복귀하도록 정부를 종용했다. 대공황 시기인 1931년 9월에 가서야 영국은 이 제도를 폐기했다.

대공황과 1931년~1939년의 거국내각, 그리고 제국특혜관세제도

1929년 10월 24일, 이른바 '검은 목요일'에 미 뉴욕 주식시장에서 주가가 폭락했다. 1920년대 미국 경제는 유례없는 호황을 누렸었다. 시민들은 너나 할 것 없이 돈을 빌려 주식에 투자했다. 그러다 주식 거품이 터지면서 주식시장이 망가졌고 은행과 기업도 잇따라 파산했다. 영국에도 이런 여파가 그대로 전해졌다.

세계 무역에 크게 의존하던 영국은 교역량이 급격하게 줄면서 기업이 무너지고 실업자가 급증했다. 대공황이 발생하기 전 1929년 6월 영국 내 실업자는 120만 명 정도였다. 대공황 이후인 이듬해 3월에는 160만 명으로 늘어났고 연말에는 250만 명으로 치솟았다. 1931년 5월에는 독일 은행들이 잇따라 파산했다. 영국은 도스안에 따라 독일의 배상금 경감을 도와주었고 영국 금융기관들은 독일에 많은 돈을 빌려주었다. 금융기관이 도산하면서 기업도 문을 닫았다. 이런 상황에서 정부는 재정지출을 대폭 줄여 균형예산을 이루고 금본위제를 유지하려 했다. 1930년대 경제공황의 와중에 경제학자 케인즈는 정부가 재정을 대폭 풀어서 대규모 공공사업을 펼쳐 실업자를 구제해야 한다는 주장을 폈다. 그러나 영국 정부는 그때까지도 자유방임주의 정책을 신봉했다.

1931년 8월 노동당을 중심으로 제2정당이던 보수당, 그리고 3당인 자유당까지 모두 참여한 거국내각이 구성되었다. 국가 위기를 극복하기 위해서 정당들이 힘을 합쳤다. 영국은 제국특혜관세제도를 도입했다. 보호무역이 핵심인 이 제도는 1846년 곡물법 폐지후 도입된 자유방임체제를 종결시켰다.

1932년 수입관세법에 따라 원료와 식량, 그리고 영제국 자치령 생산품 이외의 모든 수입품에 10퍼센트 관세가 부과됐다. 이후 영제국 내 교역의 경우 무역 관련 특혜조치가 확대됐다. 이런 조치로 제국 내 무역은 확대됐고 영국과 비제국 간의 교역은 줄었다. 1930년 영국의 제국으로부터의 수입량은 전체 수입의 27퍼센트를 차지했으나 1935년에는 39퍼센트로 크게 늘었다. 농산물을 보호하기 위해 농민에게 보조금을 지급하고 수입 농산물 쿼터를 책정했다. 석탄과 면직물에도 쿼터를 정했고, 철강 수입품에는 50퍼센트라는 아주 높은 관세를 매겼다. 금본위제 폐기도 영국 경제 회복에 도움이 됐다. 1931년 9월 금본위제가 폐기된 후 1파운드의 가치는 3달러 선으로 떨어졌다. 그 덕에 영국 수출업자의 경쟁력이 강화됐고 이자율도 낮아져 국내 투자도 늘어났다. 영국은 대공황 극복책으로 식민지 및 자치령으로 파운드화 블록을 구성하고 제국특혜관세 제도를 운영할 수 있었다.

제1차 세계대전의 전후 처리를 강력하게 비판해 명성을 얻은 케인즈는 모교인 케임브리지 대학교로 돌아갔다. 미국에서 시작된 대공황이 영국을 비롯한 유럽 각국에도 확산되자 그는 처방책을 제시했다. 세입과 세출 균형을 맞추고 정부의 개입을 최소화하는 자유방임주의의 정책을 과감하게 바꾸라며 인식 전환을 촉구했다. 정부가 과감하게 돈 주머니를 풀어 실업자를 구제하고 대규모 인프라 투자를 하라는 내용이었다. 그의 정책은 영국보다 미국에서 먼저 채택됐다. 1930년대 대공황에 빠졌던 미국에서 프랭클린 루스벨트 대통령이 뉴딜 정책을 실행했다.

유화냐 강경대응이냐
히틀러 침략 야욕 막을 수 있었을까?

제1차 세계대전이 끝난 지 불과 20년 만에 영국을 비롯한 유럽 주요국들은 다시 '내전'을 벌였다. 제1차 세계대전과 마찬가지로 미국이 참전해 영국은 전쟁에서 승리할 수 있었다. 그러나 두 번의 대전은 영국의 쇠퇴를 더욱 촉진했다.

너무 짧았던 "우리 시대의 평화"

1938년 9월 30일. 69살의 네빌 체임벌린 총리가 시민들의 환호성을 받으며 비행기 트랩을 내려왔다. 그는 독일의 총통 아돌프 히틀러와 서명한 쪽지를 보여주며 합의 내용을 읽어 내려갔다.

"이번 체코슬로바키아 문제 해결은 유럽이 평화를 찾을 수 있는 더 큰 해결을 위한 서론입니다. 여기에 히틀러 씨와 제가 함께 서명했습니다. 영국과 독일 관계는 양국뿐만 아니라 유럽의 평화에도 매우 중요함에 합의했습니다. 어제 합의한 체코문제해결(뮌헨협정)과 영독해군협정은 우리 두 나라가 다시는 전쟁을 벌여서는 안 된다는 바람을 상징합니다."

유명한 '우리 시대의 평화' 연설이다. 당시 그의 연설은 BBC에서 방송됐다. 하지만 총리의 평화 갈망은 채 1년도 지속하지 못했다. 1939년 9월 1일, 독일이 폴란드를 전격적으로 침략해 제2차 세계대전이 발발했다.

1933년 정권을 장악한 히틀러는 베르사유체제를 차츰 무력화했다. 베르사유조약이 요구한 무장 제한을 지키지 않았고, 중립국인 라인란트로 진군했다. 1938년에는 300만 명 정도의 독일인들이 거주중인 체코슬로바키아 주데텐Sudeten 지역을 강제로 합병하겠다고 위협했다. 근거로는 민족자결주의를 내세웠다. 이에 체코 정부가 군을 동원해 일촉즉발의 위기가 조성됐다. 결국 영국의 체임벌린 총리와 프랑스의 에두아르 달라디에, 이탈리아의 베니토 무솔리니 총리가 독일 뮌헨으로 가서 히틀러를 만났다. 영국 총리가 주도적인 역할을 하여 주데텐 지역을 할양해주는 조건으로 히틀러가 더는 체코 영토를 요구하지 않는다는 약속을 받아냈다. 글머리에 나온 체임벌린의 연설이 이 협상의 결과로 나왔다.

그러나 이듬해 3월 히틀러는 약속한 주데텐 지역뿐 아니라 나머지 체코슬로바키아 지역을 강제로 합병했다. 뮌헨협정은 흔히 뮌헨의 배신이라고도 불린다. 유럽의 강대국들이 약소국 체코슬로바키아를 히틀러에 팔아 넘겼다는 것이다.

체임벌린 총리는 독재자에게 굴복해 히틀러의 야욕을 더 키웠다고 하여 유화정책의 폐단으로 비판받는다. 하지만 제1차 세계대전이 종결된 지 채 20년이 되지 않았고 대공황도 겨우 극복해 나가는 마당에 또 다른 전쟁은 막아야 한다는 여론이 영국에서는 우세했다. 독일에게 너무 가혹한 베르사유조약 체결에 영국도 일말의 책임이 있다는 인식도 깔려 있었다. 영국에서 재무장이 지지부진했던 것도 이런 이유다. 평화를 갈망했지만 독재자의 야욕을 키워줬고 더 큰 참화를 야기했다는 질타가 빗발치자 체임벌린은 1940년 5월 총리직에서 사임했다. 이후 영국은 윈스턴 처칠 총리가 주도하는 거국내각이 구성돼 제2차 세계대전을 극복하게 된다. 처칠은 체임벌린이 히틀러와 맺은 합의를 '완전한 패배'라며 대독일 강경정책을 주문했었다.

'가장 멋진 순간', 영국본토항공전Battle of Britain

1940년 5월 거국내각의 총리가 된 윈스턴 처칠은 히틀러와의 일전을 준비했다. 그해 5월 말 프랑스 칼레의 인근 항구 덩케르크에서 40만 명 정도의 영국, 프랑스군 등이 고립됐다. 이들의 철군작전에 영국의 전 역량이 동원됐다. 어선과 화물선, 소형선박까지 영국 시민들까지 발 벗고 나섰다. 처칠은 "해안에서 싸우고, 들판에서, 거리에서 싸우고…… 결코 항복하지 않을 것이다"며 사기를 북돋웠다. 독일 기갑부대와 공군의 지속되는 공격 속에서 5월 26일부터 6월 4일까지 약 34만 명가량의 영국과 프랑스 군이 영국 본토로 무사히 탈출했다. 이때 탈출한 병사들이 4년 후 노르망디 상륙작전 등에서 혁혁한 전과를 올렸다.

덩케르크 철군 다음 달인 1940년 7월 초부터 10월 말까지 영국의 하늘에서 독일 공군과 영국 공군 간의 혈투가 벌어졌다. 독일 공군의 전투기는 2천5백 대가 넘었고, 영국 공군은 2천 대가 채 되지 않았다. 독일 공군은 잉글랜드 남부 해안의 항만과 호송 선단, 그리고 런던을 비롯한 주요 도시까지 공습을 감행했다. 9월 7일 런던대공습에서는 버킹엄 궁 일부가 파괴되기도 했다. 이후 독일 공군의 공습은 주로 야간으로 바뀌었다. 1941년 5월에는 런던 중심가 소재 하원 의사당도 파괴되었다. 영국은 전투기가 부족했지만 전국에 걸쳐 촘촘한 레이더 기지를 운용하여 독일군의 침입을 사전에 탐지했다. 조종사들의 전투력도 우수해서 공군의 스핏파이어Spitfire 전투기가 한 대당 1.2대꼴로 독일 전투기를 격추시켰다. 영국은 가장 어려운 전투에서 승리했다. 처칠 총리는 "전쟁 역사에서 이처럼 적은 사람이 이처럼 많은 사람을 구한 적이 없었다"라고 참전 용사들을 극찬했다. 공중전에서 패배한 히틀러는 소련 침공에 나서게 된다.

19세기 초 유럽 대륙 대부분의 나라들이 나폴레옹의 말발굽에 짓밟혔지만 영국은 건재했다. 1백30여 년이 지난 1940년에도 영국은 히틀러의 군홧발에 짓밟히지 않은 극소수의 나라 중 하나가 되었다. 영국사에서 '가장 멋진 순간the finest hour'이었다.

미국의 참전과 전후 질서의 구축

처칠은 전쟁기간 중 수시로 미국의 프랭클린 루스벨트 대통령을 만났다. 1941년 3월 미국에서 무기대여법이 통과돼 영국은 미국으로부터 대규모의 군사물자를 지원받았다. 그 해 8월 중순 두 지도자는 대서양헌장Atlantic Charter에 서명했다. 이 헌장은 전쟁 종결 후 만들려는 국제질서를 어렴풋이 그려냈다. 두 나라는 이 전쟁에서 영토를 확장하지 않을 것이며 민족자결에 반하는 영토 변화는 없을 것이고, 민족자결을 존중하고 무역장벽을 축소하겠다고 천명했다. 1941년 12월 8일 일본의 진주만공습으로 미국은 다시 한 번 유럽에서 시작된 두 번째 세계대전에 참전했다. 처칠은 진주만공습 훨씬 이전에도 계속해서 루스벨트에게 제2차 세계대전의 참전을 권유했다.

미국이 참전하고, 소련이 미국과 영국, 프랑스 편에 가담하면서 제2차 세계대전은 연합국의 승리로 끝이 났다. 유럽의 이 두 번째 '내전'에서 약 7천만~8천5백만 명의 군인과 민간인이 숨졌다. 영국은 군인 38만 명을 포함해 45만 명이 넘는 사람들이 숨졌다.

전쟁 종결을 일 년 앞둔 1944년 7월, 미국의 뉴햄프셔 주 인근 브레튼우즈에서 전후 국제질서의 틀을 짜는 회의가 열렸다. 경제학자 케인즈가 이 회담에 영국 대표로 참여했다. 이곳에서 달러를 기축통화로 하는 달러 금본위제 제도의 합의가 이루어졌고, 국제통화기금IMF과 세계은행World Bank이 창설됐다. IMF는 경제위기에 빠진 국가를 돕는 기구이고 세계은행은 주로 후진국과 개도국의 경제개발을 지원한다. 대공황을 겪은 주요 국가들은 역사에서 교훈을 얻어 경제위기에 대처하는 경제기구를 설립했다. 영국은 제2차 세계대전의 주요 승전국으로 전후 국제질서 구축에 나름대로 기여했다. 전쟁의 영웅 처칠은 최악의 적 히틀러를 격파하려고 그렇게 증오하던 공산주의 소련과 동맹을 맺었다. 제2차 세계대전 후 미국이 영국을 제치고 국제정치경제에서 최강대국으로 등장한다.

2차대전 주요 연표

1938년 9월	뮌헨협정
1939년 9월 1일	독일, 폴란드 침공으로 제2차 세계대전 발발
1940년 5월	처칠을 총리로 하는 거국내각 구성
1941년 6월	독일의 소련 침공
1941년	8월 14일 대서양헌장 서명(처칠과 루스벨트), 미국이 중립을 포기
1941년 12월	일본의 진주만 공습으로 미국 참전
1944년 6월 6일	노르망디상륙작전
1944년 7월	브레튼우즈 회의(전후 국제경제질서 합의)
1945년 5월 7일	독일 연합군에 무조건 항복
1945년 8월	연합국이 일본에 원자탄 투하, 제2차 세계대전 종결

일본의 진주만공습은 선전포고 없이 이루어졌다. 실제 일본이 미리 보냈다고 주장하는 선전포고문은 진주만공습 직전 근무하는 이조차 없는 주미대사관으로 전달되었고, 선전포고문 내 어디에도 '전쟁을 선포한다'는 구절은 들어 있지 않았다. 영문과 일본어로 두서없이 길게만 쓰여진 이 선전포고문이 미국에 번역되어 전달된 시간은 진주만공습이 이루어지고 한 시간이나 지난 뒤였다.

제2차 세계대전 후 노동당의 집권과 복지국가의 기틀 마련

제2차 세계대전 후 총선에서 승리한 노동당은 복지국가의 기틀을 마련했다.
국민보건법과 국민보험법을 만들어 무료 건강보험과 함께 시민들에게
기본적인 소득을 보장해줬다.

미래 비전을 제시한 노동당의 압승

유럽에서 전쟁이 종결된 지 채 두 달이 지나지 않은 1945년
7월 5일 영국에서 총선이 치러졌다. 전쟁을 승리로 이끈 구국의 지도
자 처칠은 승리를 자신했기에 서둘러 총선을 치렀다. 하지만 클레멘
트 애틀리Clement Attlee가 이끄는 노동당이 압승을 거두었다. 1935년
대공황의 와중에 치러진 총선 후 10년 만에 처음 있는 선거였다. 애
틀리 당수는 시대의 흐름을 읽었다. 선거구호도 '미래를 맞이하자'
였다. 두 번의 '내전'으로 지친 국민들은 새로운 변화를 원했다. 유권
자들은 '요람에서 무덤까지'의 복지를 약속한 노동당을 압도적으로
지지했다. 하원의원 640석 가운데 노동당은 393석을 얻어(보수당은
216석) 과반보다 훨씬 더 많았고 창당 39년 만에 첫 단독 집권을 하게
됐다.

복지국가의 기틀 마련과 기간산업의 국유화

국민보험 제도와 국민보건사업이 복지국가의 두 개 기둥을 이루었다. 국민보험법National Insurance Act(1946년 발효)은 질병과 실업, 노령과 같은 위험에 빠진 시민에게 소득을 보장해주는 종합적인 사회보험이다. 고용주와 근로자, 국가가 갹출한 기금으로 실직자와 퇴직자에게 실업수당과 노령연금을 지급했다. 국민보험법에 포함되지 않은 극빈자를 보살펴주는 국민부조법National Assistance Act(1948년 발효)도 제정돼 구빈법이 사라졌다.

무료 건강보험인 국민보건법National Health Services Act(이하 NHS)은 1948년 7월부터 시행됐다. 이 법에 따라 영국인 누구라도 무료로 의사의 진료를 받을 수 있었다. 근로자들은 급여에서 일정 비율의 국민보건법 기여금을 납부하고 나머지는 국가가 재정을 투입했다. 처음에는 최저층도 부담할 수 있게 소득에 관계없이 최소한의 동일한 기여금이 부과됐다. 그러다 정부 재정 압박이 커지자 1960년부터 소득에 따른 차등 부담으로 변경됐다. 이 법에 가장 거세게 반대한 이들은 의사였다. 이들은 의사가 사실상 국가가 운영하는 의료체계의 공무원이 될 수 있고, 그 경우 임금이 저하될까 우려해 강력하게 반대했다. 노동당은 이들에게 개인적인 개업을 허용하는 선에서 설득했다.

이밖에 교육법Education Act은 만 16살, 고등학교 교육까지를 무상으로 받을 권리를 규정했다. 새로 집권한 노동당은 그 이전 1944년 거국내각 때 제정된 교육법에서 의무교육 연령을 15세에서 16세로 한 살 더 올린 뒤 철저하게 이행했다.

철도와 전기, 수도, 석탄과 같은 주요 산업이 국유화됐다. 전쟁 기간 동안 이런 기간산업이 사실상 정부 통제에 있었기 때문에 국유화를 반대하는 목소리는 별로 없었다.

런던 시내 라임하우스 공공도서관 앞의 클레멘트 애틀리 총리 동상

당시 영국 정부의 재정은 그리 좋지 않았다. 제2차 세계대전에서 파시즘 국가 독일을 물리쳤으나 상처뿐인 승리였다. 제1차 세계대전에 이어 두 번의 유럽 국가들 간 '내전'으로 영국은 2세기 만에 채권국에서 채무국이 됐다. 부채가 250억 파운드를 넘었다. 1947~1948년에는 식량과 의류가 부족해 배급이 실시되기도 했다. 제1차 세계대전으로 영국은 국가 총자산의 15퍼센트를 잃었다. 제2차 세계대전으로는 나머지의 28퍼센트를 상실했다.

노동당이 이처럼 어려운 시기에 복지국가의 기틀을 확립한 것은 전쟁중인 1942년 발표된 「베버리지 보고서Beveridge Report」의 영향이 컸다. 당시 거국내각은 전쟁이 끝난 후에 만들 새로운 사회의 모습을 그려보기 위해 자유당의 사회개혁가 베버리지 경에게 개혁의 틀을 주문했다. 전쟁에 지친 국민에게 새 희망을 제시하기 위해서였다. 이 보고서의 핵심 내용이 '요람에서 무덤까지', 즉 국민의 질병과 실업, 재난 등에 국가가 책임을 지는 복지국가의 비전이었다. 처칠의 보수당은 이를 그다지 달가워하지 않았다. 반면 노동당은 이를 수용했고 총선에서 승리했다.

당시 복지부장관으로서 국민보건법 도입에 결정적 역할을 한 어나이린 베번Aneurin Bevan은 차후 인터뷰에서 국민보건법은 필요했기에 도입했다고 강조했다. 국민보건법 시행에 정부 재정을 얼마나 투입해야 하고, 앞으로 지속가능하게 운영할 수 있을지까지는 치밀하게 계산되지 않았다. 복지국가의 틀을 마련하는 데 필요하고 당연히 국가가 먼저 해야 할 일이라 여겼다고 밝혔다.

어려운 시기에 확립한 복지국가의 기틀은 이후 30여 년간 유지됐다. 1951년 보수당의 처칠이 다시 총리가 되었고 이후 몇 번의 정권교체가 있었지만 보수당조차 이 근간을 건드리지 않았다. 1979년 집권한 철의 여인 마가릿 대처가 단계적으로 이 틀을 허물게 된다.

2004년 여론조사업체 입소스 모리Ipsos MORI가 134명의 학자들을 대상으로 실시한 설문조사에서 애틀리는 처칠과 대처를 제치고 20세기의 가장 위대한 총리로 뽑혔다. 전후 어려운 상황에서도 그는 복지국가의 기틀, 그리고 합의에 기초한 정치 스타일을 만들어냈다.

대처 총리는 1995년 회고록에서 애틀리 총리를 존경한다고 밝혔다. "클레멘트 애틀리 총리를 존경한다. 아주 진중한 사람이었고 애국자였다. 1990년대 정치인들의 일반적인 행태와 다르게 그는 콘텐츠가 풍부한 사람이었고 쇼를 하지 않았다"라고 평가했다. 복

지 국가의 기틀을 허문 보수당의 총리 대처조차 클레멘트 애틀리의
업적을 부정할 수는 없었다.

"어머니가 갑자기 아파서 병원에 가셨는데 치료비로 한 달 치 생활비를 다 썼습니다.
우리 가족은 내내 굶주림에 시달렸습니다. NHS가 1948년에 도입된 후 이런 걱정을
할 필요가 없었습니다." 노동자 집안 출신의 팔순이 넘은 노인은 이처럼 NHS를 자랑
스럽게 여긴다. 1930년대 대공황 당시의 아픈 추억을 회고하면서 그는 NHS에 영리적
성격을 도입하려는 어떤 정책도 반대함을 분명하게 밝혔다. 영국의 진보 감독 켄 로치
(Ken Loach)가 제작했고 2013년 2월 베를린 영화제에서 상영된 〈1945년의 정신〉에
나오는 장면이다. 당시 이를 도입한 노동당의 애틀리 총리와 주요 장관들, 의사들의 반
대. NHS를 시작한 주역과 민초들의 생생한 목소리가 흑백필름에 고스란히 녹아 있다.

보석을 잃고 '변화의 바람'을 맞다
제2차 세계대전 후 식민지의 독립

영국 제국의 보석 인도가 1947년 8월 15일 독립했다. 1950년대 초 처칠은
식민지의 독립을 저지했으나 이후 식민지 독립이 잇따랐다. 영국도 더 이상
식민지 독립을 저지할 의지나 무력이 없어 1960년대에 아프리카 및 아시아
식민지들이 상당수 독립했다.

제국의 보석 인도를 피로 물들이고 떠나다

1757년 프랑스와의 7년전쟁 결과 로버트 클라이브가 인
도에서 승리를 거뒀다. 이후 인도는 가장 크고 가장 중요한 식민지
이자 대영제국의 보석이었다. 하지만 제2차 세계대전 후 국력이 쇠
잔해진 애틀리의 노동당 정부는 인도의 독립을 허용하기로 결정
했다.

식민지에 최소한의 피해만 가는 질서정연한 정책이 필요했지만
그렇지 못했다. 애틀리 정부는 1947년 6월에 인도/파키스탄 분할
계획을 발표했다. 불과 두 달 후인 8월 15일에 인도 총독부 철수도
밝혔다. 원래 그해 초 영국 정부는 1948년 6월까지 총독부를 철수
한다고 선언했지만 불과 몇 달 지나지 않아 일정을 10개월 앞당겨
인도의 혼란을 부채질했다.

1946년 치러진 인도 총선에서 북인도와 남인도가 확연하게 나
뉘는 결과가 나왔다, 북인도는 무슬림연맹이 주도하는 무슬림 정

당이 압승을 했고, 남인도는 힌두교 지지를 받은 국민회의당의 자와할랄 네루가 이겼다. 무슬림과 힌두교도들은 인도 각지에 흩어져 살았다. 하지만 불과 몇 달 만에 이들은 서둘러 새로 건국된 무슬림의 나라 파키스탄 혹은 힌두교의 나라 인도로 돌아가든지 아니면 각지에 불어 닥친 종교 간 유혈분쟁에 휘말려야 하는 선택의 기로에 놓여버렸다. 1947년 8월과 9월 두 달 사이에 50만여 명이 유혈분쟁으로 사망한 것으로 추정된다. 신생 독립국가 인도와 파키스탄은 이 당시의 역사적 트라우마를 아직도 간직하고 있다.

아프리카에 불어온 '변화의 바람'

1951년 75살에 총선에서 이겨 다시 총리가 된 보수당의 윈스턴 처칠은 이후 4년간 식민지의 반란을 강경하게 진압하며 제국을 지켜내려 했다. 하지만 그의 후임자에 이르러 더는 식민지 독립을 저지하는 게 어려워졌다. 1956년 11월 수에즈 위기 이후 제국의 해체가 가속화했다. 영국은 현실적으로 제국을 유지하는 게 어려움을 깨달았다. 1960년대 아프리카와 아시아에서는 반식민지주의 열풍이 불었다. 보수당의 해럴드 맥밀런 총리는 1960년에 앞으로 식민지의 독립을 저지하지 않겠다고 발표했다. 1960년 2월 초 남아프리카연맹의 의회 연설에서 그는 "아프리카 대륙 전역에서 변화의 바람이 불고 있다. 싫든 좋든 이곳에서 민족의식의 성장은 정치적 사실이다"라며 현실을 인정했다. 제국 영국은 독립을 저지할 힘도 없었고 의지도 없었다. 이 연설이 있던 해 나이지리아가 독립했다.

이어서 아프리카 대륙에 있던 영국 식민지들이 잇따라 독립을 쟁취했다. 카리브 해 식민지들도 이때 독립을 얻었다.

영연방의 출범

1919년 파리강화회의에서 캐나다와 남아프리카연맹, 호주 등 삼국협상 측에 참전했던 자치령은 주축국 독일과 별도의 강화조약을 체결했다. 이때 등장한 용어가 영연방Commonwealth of Nations이다. 강화회의에 외교관도 파견하고 주권을 행사해 조약을 체결한 국가와의 관계를 지칭했다. 제2차 세계대전 종전 후 1970년 사이에 영연방 회원국은 6개국에서 28개 나라로 늘었다. 처음에는 모두 백인계 국가였다가 회원이 늘면서 비백인계 국가가 상당수를 차지했다.

현재 영연방은 영국을 포함해 54개 국가로 구성된 느슨한 조직이다. 국제협력과 경제적ㆍ사회적 그리고 인권 발전을 촉진하고자 한다. 아직도 호주와 캐나다 등 16개국은 엘리자베스 여왕을 공식 수반으로 인정한다. 회원국 간에는 대사라 부르지 않고 고등 판무관High Commissioner이라 부른다. 대사관은 'High Commission'이다.

영연방 사무국은 런던에 있다. 2년에 한 번씩 영연방 정상회담이 열린다. 그 외에도 수시로 장관회담이 열려 공통 관심사를 논의한다. 사무국은 이런 회담을 준비한다. 모든 결정은 법적 구속력이 없다. 4년에 한 번씩 영연방 간에 스포츠 경기도 열린다. 육상과 레슬링, 유도 이외에 비치발리, 럭비 종목도 있다. 2016년 말을 기준으로 영연방 54개국 인구는 약 25억 명으로 전 세계 인구의 3분의 1 정도다. 경제력 규모는 9조 달러다. 영국을 제외한 유럽연합EU 27개 회원국은 약 15조 달러 정도다.

인도 정치인 샤시 타루르(Shashi Tharoor) 박사는 불과 22살에 미국의 터프츠 대학교에서 국제정치학 박사 학위를 받고 유엔에서 30년 넘게 일했다. 2006년 당시 반기문 외무장관과 유엔사무총장 자리를 두고 경쟁했다. 그는 2015년 영국 옥스퍼드 대학교의 토론 클럽 옥스퍼드유니언에서 영국이 인도와 과거 식민지 국가들에게 유감을 표명하고 사죄해야 한다고 주장했다. 액수가 아니라 과거에 저질러진 잘못을 인정하고 유감을 표명하는 것이 거액의 배상금 지불보다 중요하다는 것이다. 영국이 이백 년 전 인도에 도착했을 때 인도는 세계총생산에서 23퍼센트를 차지했다. 이백 년 후 영국이 인도를 떠났을 때 비중은 불과 4퍼센트였다. 영국이 지난 이백 년간 급속하게 발전한 것은 인도를 착취했기 때문이라는 것이다.

제2차 세계대전 후 영국 식민지에서 독립한 아프리카 국가들

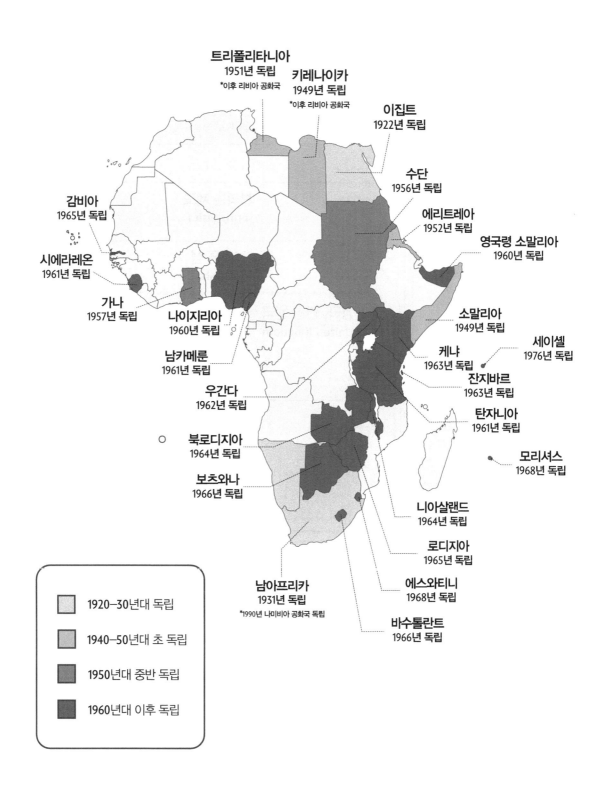

트리폴리타니아
1951년 독립
*이후 리비아 공화국

키레나이카
1949년 독립
*이후 리비아 공화국

이집트
1922년 독립

수단
1956년 독립

에리트레아
1952년 독립

영국령 소말리아
1960년 독립

감비아
1965년 독립

시에라리온
1961년 독립

가나
1957년 독립

나이지리아
1960년 독립

남카메룬
1961년 독립

우간다
1962년 독립

북로디지아
1964년 독립

보츠와나
1966년 독립

소말리아
1949년 독립

케냐
1963년 독립

세이셸
1976년 독립

잔지바르
1963년 독립

탄자니아
1961년 독립

모리셔스
1968년 독립

니아살랜드
1964년 독립

로디지아
1965년 독립

에스와티니
1968년 독립

남아프리카
1931년 독립
*1990년 나미비아 공화국 독립

바수톨란트
1966년 독립

1920–30년대 독립

1940–50년대 초 독립

1950년대 중반 독립

1960년대 이후 독립

영연방과 영국 해외영토 관련 도표

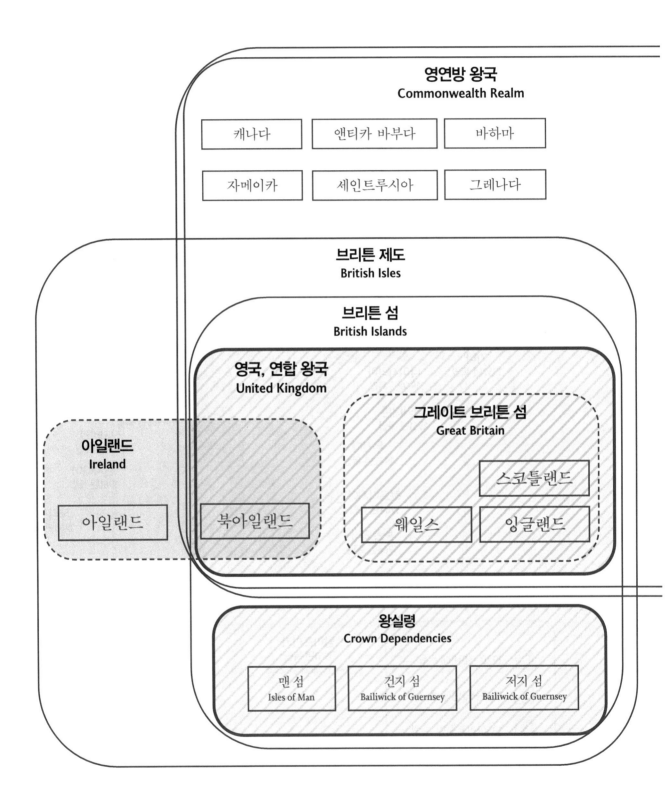

바베이도스	벨리즈
세인트키츠 네비스	세인트빈센트 그레나딘

호주

뉴질랜드

파푸아뉴기니

투발루

솔로몬 제도

영연방
Commonwealth Nations

키프로스, 몰타, 인도, 파키스탄, 스리랑카, 말레이시아, 싱가포르, 방글라데시, 몰디브, 브루나이, 트리니다드토바고, 가이아나, 도미니카 연방, 남아공, 가나, 나이지리아, 시에라리온, 탄자니아, 우간다, 케냐, 말라위, 잠비아, 보츠와나, 레소토, 모리셔스, 스와질랜드, 르완다, 나우루, 통가, 사모아, 피지, 키리바시, 바누아투 등 총 53개

해외 영국령
British Overseas Territories

지브롤터, 터크스케이커스 제도, 몬트서렛, 앵귤라, 버진아일랜드, 핏케인 제도, 세인트헬레나, 케이맨 제도, 영국령 남극, 영국령 인도양, 사우스조지아-사우스샌드위치, 버뮤다 등 14지역

"제국을 상실했지만 아직 그 역할을 찾지 못했다"
뒤늦은 유럽통합의 합류

영국은 제2차 세계대전 후에도 국제무대에서 독자적인 역할을 수행할 수 있다고 느껴 유럽통합에 합류하지 않았다. 그러나 경제성장률이 낮아지고 국제무대에서 독자적인 역할 수행이 어려워지자 1973년 유럽통합에 뒤늦게 합류했다.

'세 개의 교차하는 원'과 세 번째 원 유럽

1951년 12월, 70대 중반의 서독 총리 콘라드 아데나워가 같은 연배의 처칠 총리를 방문했다. 패전국 서독의 총리는 처칠에게 유럽통합에 합류해 리더십을 행사해달라고 간곡하게 요청했다. 가만히 이야기를 듣던 처칠은 즉석에서 그린 외교정책의 틀 그림을 보여주며 그럴 수 없다고 거절했다. 아데나워 총리의 회고록 1권에 나오는 이야기다.

처칠은 영국이 세 개의 교차하는 원에 위치한 아주 예외적인 나라이기 때문에 유럽 대륙의 국가들이 주권을 내놓으면서 추진하는 통합에 함께할 수 없다고 설명했다. 첫 번째 원은 제국과 영연방이고, 두 번째는 미국과 캐나다처럼 영어를 사용하는 자유국가, 세 번째는 서유럽의 국가들이다. 즉 처칠은 영국이 계속해서 미국이나 소련 못지않게 국제무대에서 독자적인 역할을 수행할 수 있고, 그래야 한다고 여겼다. 그가 그린 국제정치무대에서 유럽은 세 번째 원이었다. 국제정치의 큰 그림을 잘 그렸던 처칠의 '세 개의 교차하는 원'은 최소한 20여 년간 영국 외교정책의 기둥이었다. 처칠은 1946년 스위스 취리히 연설에서 프랑스와 서독의 화해, 그리고 두 국가 중심의 통합된 유럽을 주장했다. 그러나 이 연설에서조차 영국은 통합 움직임을 격려하고 조언하는 친구이지 여기에 합류하지는 않을 것임을 명확히 했다. "유럽과 함께하지만 유럽의 일부는 아니다"라는 것이었다.

영국 외교의 치욕, 수에즈 위기와 '특별한 관계' 강화

이런 영국에게 수에즈 운하 개입 실패는 충격이었다. 1956년 6월 이집트의 나세르 총리가 수에즈 운하를 국유화했다. 당시 유럽에서 사용되는 원유 중 90퍼센트가 이곳을 통해 수송됐다. 영국이 제국을 유지하는 핵심적인 통로였다. 영국은 외교적 해결을 모색하면서 군사적 개입도 준비했다. 그해 11월 초 영국은 프랑스와 함께 군대를 보냈다. 이스라엘이 먼저 이집트를 공격하고 영국과 프랑스는 이곳의 경제적 이익을 보호한다는 명분에서 군을 파견했다.

미국은 이전에도 군사적 개입을 강력하게 반대했다. 미국의 드와이트 아이젠하워 대통령은 기자회견에서 영국의 무력행사에 대해 아무런 사전 통보를 받지 못했다며 제국주의 침략을 규탄했다. 미국은 소련과 함께 영국-프랑스의 군사적 개입을 비판하고 철군을 요구하는 데 앞장섰다. 유엔도 양국의 침략을 강력하게 비판했

처칠이 그린 세 개의 교차하는 원

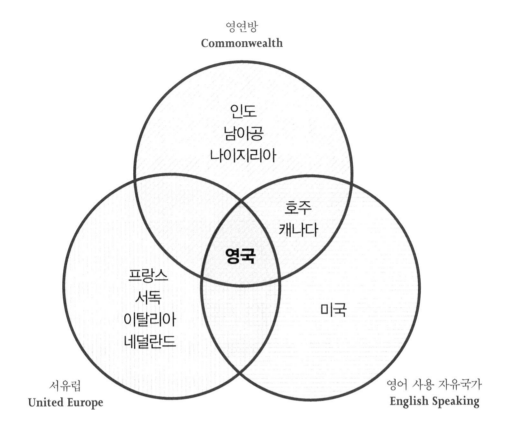

영연방
Commonwealth

인도
남아공
나이지리아

호주
캐나다

영국

프랑스
서독
이탈리아
네덜란드

미국

서유럽
United Europe

영어 사용 자유국가
English Speaking

다. 외교적 고립뿐 아니라 경제도 휘청거렸다. 영국에 투자한 외국인 투자가들이 자금을 빼내가면서 파운드화 가치가 크게 떨어졌다. 미국도 파운드화 가치 하락을 수수방관했다. 수에즈 위기는 영국이 이후 식민지 독립을 허용하는 데 결정적인 계기가 됐다.

국제무대에서 치욕을 겪은 영국은 더 이상 독자적인 역할을 할 수 없다고 느꼈다. 우선 미국과의 '특별한 관계' 강화에 외교력을 모았다. 당시 해럴드 맥밀런 보수당 총리는 아이젠하워와 후임자 존 F. 케네디 대통령 등 미국 대통령 및 지도부와 긴밀한 관계를 유지했다. 제2차 세계대전 당시 영국의 정치인들과 지휘관들은 동맹국 미 인사들과 긴밀하게 함께 일했다. 세계 최강대국 미국의 아주 힘 있는 동맹국으로서 국제무대에서 함께 일하는 게 영국의 국익이라고 영국 지도자들은 여겼다. 반면 프랑스는 수에즈 치욕 후 유럽통합에 더 적극적으로 참여한다. 유럽통합 과정에서 리더십을 발휘해야 그래도 국제정치에서 강대국의 면모를 보여줄 수 있기 때문이다.

"제국을 상실했지만 아직 그 역할을 찾지 못했다."

1950년 초반 미국의 국무장관을 역임한 딘 애치슨은 당시 영국의 정체성을 이처럼 적절하게 규정했다. 처칠이 제시한 세 개의 교차하는 원이 만든 그림자가 너무 길어 후임자들은 여기에서 벗어나는 데 늦었다. 미국은 영국에 통합을 강화하며 힘을 키우는 서유럽 중심의 유럽통합에 합류할 것을 권고했다.

프랑스 드골의 '노'와 삼수 만에 유럽통합에 합류한 영국

서유럽 국가들의 유럽통합이 순조롭게 이루어지고, 여기에 미국의 권유가 따르자 영국은 1961년 당시 유럽경제공동체European Economic Community, EEC에 가입을 신청했다. 1950년대 프랑스와 독일(서독)을 중심으로 베네룩스 3개국, 이탈리아의 6개국은 경제통합을 단계적으로 추진했다. 먼저 기간산업인 석탄과 철을 유럽 차원에서 공동생산하고 관리하는 석탄철강공동체1951를 만들었다. 전쟁에 반드시 필요한 석탄과 철강을 국가가 아니라 회원국이 만든 유럽기구가 관리하면 전쟁을 예방할 수 있다. 이어 모든 무역에서 관세를 점차 내리고 없애는 유럽경제공동체1958가 이뤄졌다. 하지만 프랑스가 지각생 영국을 거부했다.

1963년 1월 프랑스의 샤를 드골 대통령은 영국이 섬나라이고 유럽대륙과 다르다는 이유를 댔다. 속내는 영국이 가입하면 유럽에서 프랑스의 지도력이 약해지고 미국의 영향력이 커질 것을 우려했기 때문이다. 1967년 다시 영국의 노동당 정부는 EEC 가입을 신청했으나 허사였다. 결국 이듬해 드골이 대통령에서 물러나자 영국은 EEC와 몇 년간 협상을 벌여 1973년에 가입할 수 있었다.

하지만 영국 보수당과 노동당 양대 정당 내 유럽통합에 대한 합의가 매우 약했고 반대가 컸다. 제국에 대한 향수, 대륙과 다르다는 영국의 정체성이 단골 반대 메뉴로 등장했다. 1972년 7월 영국 하원은 EEC 가입에 관한 공동체법을 겨우 17표 차이로 비준했다.

1950년대부터 거의 20여 년간 서유럽 6개국의 평균 경제성장률은 영국보다 두 배 정도 높았다. 제국을 상실한 영국은 변화된 국제정치 현실에 아주 더디게 적응했다. 그리고 마지못해 경제적 이익을 얻기 위해 유럽통합에 뒤늦게 가입했다. 1950년대 통합 초기에 가입했다면, 영국은 통합 방향을 정하고 유지하는 데 나름대로 역할을 할 수 있었을 것이다. 그러나 너무 늦어버렸다.

유럽통합과정
(1950년대~1970년대)

1951년	유럽석탄철강공동체 프랑스와 서독, 이탈리아, 베네룩스 3개국의 6개국
1958년	유럽경제공동체와 유럽원자력공동체
1973년	영국과 덴마크, 아일랜드 EEC에 가입해 회원국이 9개 나라로 증가

수에즈 위기를 "제2차 중동전쟁"으로도 부른다. 전쟁은 이집트의 일방적 패배로 진행되었지만, 미국의 압박과 국제연합의 중재로 영국과 프랑스, 이스라엘군은 이집트에서 철수했다. 그 결과 영국과 프랑스는 수에즈 운하의 소유권을 상실했다. 그 뒤 영국과 프랑스는 독자적인 핵개발에 착수했다. 11년 뒤 이스라엘은 제3차 중동전쟁을 일으켰다.

경제를 개조했으나 국민을 분열시킨 '철의 여인' 대처

영국 최초의 보수당 여성 총재이자, 여성 총리인 마거릿 대처는 작은 정부와 규제완화를 핵심으로 하는 정책(대처주의)을 실행했다. 대처주의는 1945년 제2차 세계대전 후 노동당 정부가 확립한 경제의 큰 틀을 개조했으나 부익부, 빈익빈을 초래했다.

포클랜드전쟁과 '철의 여인'

'그(마거릿 대처)가 무엇으로 만들어졌는지 이제 곧 알게 될 것이다'

1982년 4월 2일 금요일, 영국 시간으로 새벽 3시에 지구 반대편 남미 해상의 포클랜드 제도The Falklands가 영유권을 주장하는 아르헨티나군에 침략 당했다. 다음 날 영국 하원이 긴급 소집됐다. 정부는 무엇을 했냐는 의원들의 폭풍 질타가 이어졌다. 집권당의 한 보수당 의원이 마거릿 대처 총리에게 대책을 문의한 후 과연 그가 침략자를 격퇴시키고 승리할 수 있을지 보자며 몰아붙였다. 아르헨티나의 독재자 갈티에리가 대처를 버스 바퀴 밑으로 밀어 버렸고 이제 큰 부상을 당한 여성 총리가 물러나야 하지 않을까 하는 말도 여당 안에서 공공연히 나왔다.

보수당 최초의 여성 총재이자, 최초의 여성 총리 대처는 이런

대처 총리, 포클랜드 방문해 참전 군인 격려

예상과 다르게 전쟁을 승리로 이끌었다. 대처는 1979년 5월부터 1990년 11월 중순까지 11년 넘게 총리로 일했다. 포클랜드 전쟁 승리가 이 철의 여인에게 장기집권의 밑거름이 됐다. 당시 미국의 로널드 레이건 대통령과 함께 소련에 대해 강경정책을 주장해 소련 기자가 대처에게 '철의 여인'이라는 이름을 붙였다. 포클랜드 전쟁 때 그가 보여준 리더십도 이 별명을 얻는 데 한몫했다.

당시 미 해군은 영국군의 이 섬 탈환이 거의 불가능하다고 판단했다. 절친했던 레이건 대통령마저 공식 중립을 선언했다. 남미에서 소련의 공산주의 세력 확장을 저지하는 발판으로 아르헨티나의 군사정부가 필요했기에. 대처는 아르헨티나의 파시스트 갱과 절대 협상할 수 없다며 전쟁을 이끌었다. 300명이 넘는 사상자를 낸 아르헨티나 전함 제너럴 벨그라노General Belgrano 격침은 초기 전세를

역전시킨 대표적인 군사 작전이다. 국가안보회의에서 철의 여인은
이 작전을 밀고 나갔다. 일부 장관들은 필요 이상의 확전을 반대했
다. 정부의 공식 중립 입장을 어기고 미 국방부는 아르헨티나 군
이동 정보와 같은 핵심 정보를 영국에 넘겨주었다. 포클랜드 전쟁
에서 사망한 영국군은 255명이다. 철의 여인은 사망한 군인 가족
한 사람, 한 사람에게 일일이 자필 편지를 썼다. 두 아이의 어머니
로서 상실감을 이해한다며 공감을 표시했고 고귀한 희생을 헛되이
하지 않을 것이라고 편지에서 다짐했다.

기간산업 민영화와 집산주의 사고 철폐, '사회란 없다'

전쟁에서 승리해 강력한 리더십을 보여준 대처는 1983년 재선
에 성공했다. 집권 2기와 3기에 기간산업의 민영화와 노조의 파업
권 규제, 금융서비스 산업에서 대폭적인 규제 완화, 고소득자에게
유리한 세제 개편과 같은 상당수의 정책이 실행됐다. 이런 정책은
대처주의Thatcherism라 불린다. 제2차 세계대전 후 노동당의 애틀리
총리가 확립한 경제의 틀은 복지국가 체제 확립, 기간산업의 국유
화, 경제에서 정부의 역할 강화가 핵심이다. 전후 영국에서는 노동
당이 확립한 이런 정책 기조가 정권이 바뀌어도 30년이 넘도록 유
지됐다. 하지만 철의 여인이 이런 기틀을 바꾸었다. 대처는 정부의
역할을 대폭 줄였다. 대처는 한때 "사회란 없다. 개인과 국가만 있
을 뿐이다"라며 개인의 책임을 강조했다. 정부가 주요 산업을 국유
화하는 집산주의를 철폐하며 이에 따른 개인의 책임에 더 큰 비중

을 뒀다. 철의여인은 그러나 무료 의료보험NHS은 손대지 않았다.

노조와의 싸움은 힘겨웠다. 1984년 3월부터 1년간 정부는 탄광 노조와 명운을 건 싸움을 벌였다. 석탄은 산업혁명 때부터 영국을 대표하는 산업이었지만 점차 경쟁력을 상실했다. 정부가 경쟁력이 떨어진 탄광을 단계적으로 폐쇄하는 조치를 취하자 노조가 파업에 돌입했다. 대처 정부는 석탄을 원료는 쓰는 화력 발전소에 미리 석탄을 비축하고 항만 노조의 동조 파업도 최소화했다. 노조와 싸워서는 아무도 승리할 수 없다는 신화를 철의 여인이 깨뜨렸다. 이후 철도와 수도, 전기, 통신 등도 차례로 민간의 손으로 들어갔다.

또 하나는 기업과 고소득자에 유리한 세제 개편이다. 단계적으로 직접세인 소득세와 법인세를 낮추었다. 반면 간접세라서 징수가 용이한 부가가치세는 단계적으로 인상했다. 돈을 많이 버는 사람이나 적게 버는 사람이나 물건을 구입할 때 동일한 세금을 낸다. 이게 부가가치세다.

대처주의

1. 규제완화와 기간산업의 민영화

2. 세제개편: 소득세와 법인세 인하, 부가가치세 인상

3. 대폭적인 금융 서비스 산업의 규제 완화, 런던의 금융 허브 위상 강화

4. 노동조합의 파업권 제한

대폭적인 규제 완화는 금융서비스 산업에서도 이뤄졌다. 금리나 국제 자금 이동 규제, 해외 금융기관의 진출 규제, 금융기관의 업무 분야 규제 등 금융 산업의 각종 규제를 과감하게 풀었다. 경제를 회생시키기 위해 영국은 그나마 경쟁력이 있는 금융 산업 분야에 집중할 필요가 있었다. 집권 2기부터 단행할 국영기업의 민영화가 제대로 실행되려면 금융 산업의 규제 완화가 사전 조치로 필요했다. 정부가 보유한 주식을 민간에 매각하려면 금융 산업의 각종 규제가 철폐되어야 기관 투자가나 일반 시민들도 주식을 손쉽게 매입할 수 있었다. 규제가 대폭 완화되어 런던은 국제금융 허브로 경쟁력을 강화할 수 있었다.

부자는 더 부유하게, 가난한 자는 더 가난하게

하지만 이런 개혁은 영국 사회에서 부자를 더 부유하게 만들고, 가난한 사람은 더 가난하게 만들었다는 비판을 받는다. 대처 정부에서 금융규제 완화 정책을 입안하고 실행한 나이젤 로슨Nigel Law-son(1983.6~1989.10,재무장관 재직) 전 재무장관은 금융규제 완화가 결국 경제위기를 초래했다고 털어놨다. 그는 2010년 2월 초 BBC 프로그램에 출연해 규제 완화 이전에는 투자에 신중했던 영국의 금융기관들이 완화 이후에는 경쟁자를 인수합병하여 덩치를 키우고 리스크가 높은 투자를 감행했다고 분석했다. 이게 경제위기의 단초가 되었다고 그는 진단했다.

대처에 관한 극과 극의 평가는 장례식 때 너무나 선명하게 드러났다. 2013년 4월 중순에 대처의 장례식이 성대하게 국장으로 치러졌다. 장례식에는 360만 파운드(우리 돈으로 약 55억 원 정도)가 들어갔다. 윈스턴 처칠 이후 최대 규모였다. 그의 관이 의사당 웨스트민스터를 지나 성바오로 성당으로 운구될 때 수백 명의 시민들이 국장에 반대하는 평화적인 시위를 벌였다. 이들은 '나라를 망친 대처에게 왜 엄청난 혈세를 낭비하느냐!', '쓰레기 보수당', '편히 잠들지 말고, 치욕 속에 잠들라'는 피켓을 들고 시위를 벌였다. 진보 일간지 『더가디언』도 대처의 업적은 인정했지만 그의 정책이 몰고 온 사회의 양극화를 지적했다.

마거릿 대처 이전에는 이스라엘의 총리 골다 메이어(1969~1974 재임)가 철의 여인이라 불렸다. 이스라엘을 건국한 이들 중 한 명이자 이스라엘 최초의 여성 총리인 메이어는 이스라엘의 부흥에 큰 업적을 남겼지만 피의 보복을 불사하는 잔인한 인종차별주의자이기도 했다.

황무지에서 돌아온 노동당과 당의 '현대화'
'신노동당'의 13년 집권

노동당은 18년 만에 정권을 장악해 1997년부터 13년간 집권했다. 토니 블레어와 고든 브라운은 '신노동당'의 기수로 공공재정을 늘리고 최저 임금제를 도입했다.

18년간 '만년 야당'의 설움을 겪었던 노동당

정당은 견해가 비슷한 사람들이 모여 정권 획득을 목표로 하는 단체다. 정당이 아무리 좋은 정책을 고안해도 선거에서 이겨야 실행에 옮길 수 있다. 그런데 노동당은 1979년부터 장장 18년간 야당이었다. 선진 민주주의 국가에서 지지율 1, 2위를 다투던 정당이 이 정도로 오랫동안 야당의 신세를 면치 못했던 예는 흔하지 않다.

노동당이 이런 상황을 자초했다. 1980년대에 급진좌파가 노동당을 장악했다. 이들은 대처의 정책을 반대했을 뿐만이 아니라 유럽경제공동체EEC로부터의 탈퇴를 주요 공약으로 내세웠다. 1975년 EEC 잔류/탈퇴 국민투표에서 3분의 2 정도의 유권자들이 압도적으로 공동체 잔류를 원했다. 그런데도 노동당은 이미 결정난 문제를 계속 이슈로 만들었다. 노동당 안에서 노동조합의 발언권이 컸는데 이들은 EEC를 자본가만을 위한 기구로 봤다. 보수당의 대처가 3번이나 연속으로 총선에서 승리할 수 있었던 것은 제1야당의 이런 속사정도 있다.

'신노동당'의 등장과 13년간의 노동당 정부(1997~2010)

노동당은 점차 급진좌파 정책을 벗어나 중도로 당의 정책을 바꾸면서 정책 대안을 제시하는 준비된 집권 여당의 모습을 갖추게 된다. 이 과정에서 혜성처럼 나타난 사람이 토니 블레어Tony Blair와 고든 브라운Gordon Brown이다. 두 사람 모두 1983년 30대 초반에 하원의원에 당선돼 활동했다. 1994년부터 두 사람은 그림자 내각Shadow Cabinet (영국에서 제1야당이 집권에 대비하여 미리 구성해놓는 내각)에서 각각 당수와 재무장관을 역임했다. 1997년 5월 총선에서 토니 블레어 당수가 이끄는 노동당은 659석 가운데 418석을 얻어 압승했다. 18년간의 정치적 황무지에서 돌아와 정권을 장악했다.

과거 노동당의 급진적 정책에서 탈피했음을 강조하려 '뉴 레이버New Labour', 즉 신노동당으로 정체성을 규정했다. 그러나 흔히 쓰이는 용어인 신노동당보다는 '노동당의 개혁'이나 '노동당의 현대화'가 의미에 더 가깝다. 노동당 당헌 4조에 규정된 주요 기간산업의 국유화 조항도 폐지했다. 1994년 불과 41살에 노동당 당수가 된 토니 블레어는 상당수의 대처 정책을 수용했다. 대처 임기 마지막 시기에 시작된 철도 산업 국유화는 블레어가 총리가 된 1997년 번복이 가능했지만 그대로 추진했다. 일부에서 신노동당의 정책을 실체가 없는 짜깁기, 이름만 번드르르한, 보수당 정책과 다르지

토니 블레어(좌)와 고든 브라운(우)

않은 정책이라고 비판하는 이유다. 어쨌든 신노동당은 시민사회의 역할 확대와, 개인의 책임, 국가의 적정한 역할을 강조했다.

정책의 성과도 분명히 있었다. 시간당 7.2파운드의 최저임금이 도입됐고(1999년 4월), 소득세와 법인세를 일부 인상했다. 세금을 올리면 표를 잃는다는 게 상식이지만, 증세를 과감하게 실천했다. 건강보험을 포함한 공공서비스 지출이 신노동당 집권 기간 동안 국내총생산GDP의 39.9퍼센트에서 48.1퍼센트로 증가했다. 성소수자 인권도 강화됐다.

하지만 대표주자 두 사람 간의 갈등이 끊이지 않았다. 1994년 노동당 당수 선거에서 블레어와 브라운은 자칫 경쟁 직전까지 갔지만 당의 분열을 우려해 사전 합의했다. 브라운은 스코틀랜드 출신이고 노동조합의 지지가 두터웠다. 반면 블레어는 일반 유권자에게 더 인기가 있었다. 두 사람의 합의 내용은 공개되지 않았다. 블레어가 먼저 총리가 되고 적절한 시기에 브라운에게 총리직을 물려준다는 내용으로 유추될 뿐이다. 블레어 집권 기간 동안 합의 위반, 정책 갈등과 같은 헤드라인은 영국 언론의 단골 메뉴였다.

블레어의 몰락을 자초한 것은 2003년 3월 이라크 침공이다. 당시 미국의 조지 부시 대통령은 이라크의 독재자 사담 후세인이 대량살상무기를 보유했다는 이유로 유엔안전보장이사회의 승인 없이 이라크를 침략했다. 독일과 프랑스는 그렇지 않다며 침략에 동참하지 않았고(프랑스는 안보리에서 거부권 행사) 영국 내에서도 반대 의견이 압도적이었다. 당시 의회 표결에서 집권 노동당 하원의원 가운데 4분의 1이 침략에 반대했다. 블레어는 야당인 보수당의 지지로 이라크 침략을 승인받았다. 영국 정부는 후세인이 '45분 안에 대량살상무기를 장착할 수 있다'며 정보기관의 보고 내용까지도 과장하게 만들었다. 2005년 블레어 집권 중 세 번째 선거에서 블레어는 간신히 과반을 확보했다. 이라크 침공이 계속 발목을 잡으면서 그는 2007년에 중도 사임했다. 경쟁자 브라운이 총리가 됐다. 2008년 미국에서 시작된 경제위기가 영국을 비롯한 유럽 여러 국가에도 전파됐다. 브라운은 부실이 심했던 스코틀랜드왕립은행RBS을 비롯한 부실 금융기관을 신속하게 국유화하고 경제위기에 비교적 잘 대처했다. 그러나 경제위기의 확산, 그리고 신노동당의 집권에 지친 유권자들은 노동당을 버렸다.

아래 표는 블레어와 브라운의 두 사람을 간략하게 비교했다.

'뉴 레이버'의 대표 주자 2인,
토니 블레어와 고든 브라운 비교

	토니 블레어(1953~)	고든 브라운(1951~)
총리 재직	— 1997.5 ~ 2007.6	— 2007.6 ~ 2010.5
출신 지역 및 학력	— 잉글랜드 북부 — 사립중고등학교, 옥스퍼드 대학교 법학 전공	— 스코틀랜드 출신 — 에딘버러 대학교 박사(역사 전공) — 기자로 근무
집권 전	— 1983 ~ 2007 하원의원 — 1994년부터 노동당 당수 — 노동당 강령 4조, 주요 산업 국유화 조항 폐기 — '제3의 길' 표명 — '뉴 레이버' (기존 노동당=급진좌파)와의 차별성 강조	— 1983 ~ 2015 하원의원 — 재무장관 1997.5 ~ 2007.6 — 총리 2007.6 ~ 2010.5
총선	— 1997.5월 압승: 418석(659석 중) — 1821년 후 최연소 총리(43살) — 2001.6월 5석 줄어듦: 413석 (659석 중) — 경제 호황, 보수당은 유럽문제로 분열 — 2005. 5월 선거 겨우 과반 유지: 355석(647석 중) — 2003년 이라크 침공	— 2010년 5월 선거에서 패배(650석 중 258석 획득) — 'hung parliament'(어느 정당도 과반을 얻지 못함을 의미) — 최다 득표를 얻은 보수당 (306석), 제3정당 자유 민주당(57석)이 연립정부를 구성

평화로의 멀고도 먼 길
북아일랜드 평화 정착 과정

북아일랜드는 제1차 세계대전 후에도 영국에 잔류했다. 잉글랜드인이
지배자가 되어 자치정부를 꾸리고 아일랜드인을 차별했다. 1969년부터
30년간 북아일랜드를 아일랜드로 통일하려 하는 무장단체와 이를 불허하는
영국과의 유혈분쟁이 발생했다. 1998년 평화협정이 체결됐다.

2류 시민 아일랜드인?

영국에 잔류한 북아일랜드, 아일랜드인 차별 지속

1800년 아일랜드가 영국과 통합된 후 많은 잉글랜드인들이 북아일랜드로 이주했다. 외부인이 이곳의 주인이 됐고 지주층이 많았다. 아일랜드는 제1차 세계대전 후 무혈투쟁을 거쳐 자치령으로 독립을 했다. 당시 영국인들은 아일랜드의 독립이 불가피하다고 보고 이를 묵인하는 대신 북아일랜드는 영국에 잔류한다는 식으로 영국 중앙정부와 일종의 밀약을 맺었다. 북아일랜드 주민의 70퍼센트가 신교를 믿는 영국인이었고, 나머지는 구교를 신봉하는 아일랜드인이었다. 반면 아일랜드의 경우 영국인의 비율이 10퍼센트 남짓했다.

영국에 잔류한 북아일랜드는 신교를 신봉하는 제국주의자 영국인이 구교를 믿는 원주민 아일랜드인을 사실상 지배하는 사회가 됐다. 아일랜드인의 입장에서 볼 때 현대판 식민지와 다를 게 없었

다. 친영파 정당만 참여해 경찰과 교육, 사회복지 부문 등에서 자치권을 행사했다. 경찰은 거의 대부분 영국인으로만 충원됐고 비상법안이 도입돼 아일랜드인에 대한 감시를 강화했다. 아일랜드인은 계속해서 2류 국민으로 남았다.

18세기 초기에 식민지가 될 때와 마찬가지로 인종에 따라 철저히 지역을 나눠, 영국인과 아일랜드인이 거주했다. 이처럼 차별되고 격리된 사회에서도 교육을 받은 구교 아일랜드인 중산층이 늘어나면서 1960년대 미국식의 평등권 운동civil rights 이 전개됐다. 이 운동을 전개한 아일랜드인은 북아일랜드가 아일랜드에 다시 통일되는 것은 현실적으로 불가능하다고 보고 북아일랜드의 영국 잔류를 인정할 터이니 대신 아일랜드인도 영국인과 동등하게 대우해 달라고 요구하기 시작했다.

1967년 북아일랜드 평등권운동연합이 결성됐다. 이들은 직업과 주택 할당에서의 차별과 비상법안의 철폐, 그리고 선거에 유리하도록 선거구를 마음대로 뜯어고치는 게리맨더링gerrymandering의 철폐도 요구했다. 당시 미국에서 거세게 불고 있던 마틴 루터 킹 목사의 평등권 운동을 모델로 시위와 연좌농성, 언론매체에 동등한 권리를 요구하는 칼럼 게재와 같은 방식을 사용했다.

다수를 차지한 신교파 영국인들은 경악했다. 소수파 구교인의 어떤 운동이라도 영국과의 연합을 방해하고 무장투쟁을 위한 서곡으로 봤다. 신교파 영국인은 평등권 운동을 탄압했다. 그리고 사태가 통제 불가능해지자 결국 1969년 8월 영국군이 북아일랜드에 주둔하게 됐다. 이때 북아일랜드에서도 무장투쟁을 통해 독립을 쟁취하자는 것을 모토로 내건 IRA가 결성됐다. IRA는 제1차 세계대전 후 아일랜드가 독립전쟁을 벌일 때 결성됐다. 자치를 획득한 후에도 북아일랜드까지 아일랜드로 통일할 것을 요구하다가 1950년대에 아일랜드 정부에 의해 불법단체로 규정되자 지하로 숨게 된다.

1998년 평화협정이 체결될 때까지 북아일랜드는 신교도로 구성된 친영파와 구교 아일랜드인 간의 피 흘리는 싸움이 계속됐다. 영국의 제국주의를 비판해오던 미국은 북아일랜드를 "영국 제국주의의 현장이자 치욕"으로 봤다. 반면 영국은 아일랜드 문제는 국내 문제이고 자치나 평등을 위한 운동이 테러리스트와 연계돼 있다며 강경하게 탄압했다.

30여 년간 4만 명에 가까운 사상자를 낸 유혈분쟁
1998년 평화협정 체결

1969년 8월 영국군이 북아일랜드에 주둔하고 북아일랜드에서 IRA가 결성돼 94년 휴전협정이 체결될 때까지 테러행위가 끊이지 않았다. IRA는 영국 주둔군과 북아일랜드 거주 영국인, 영국 본토의 영국인에 대한 테러를 일삼았다. 북아일랜드에 정착해 살아온 신교파 영국인이 결성한 자위대도 IRA 테러에 대한 보복테러, 혹은 경고성 테러를 94년까지 감행했다. 30여 년간에 걸친 테러로 사망자만 3천1백여 명 정도에 이르고 3만6천여 명이 다쳤다. 사상자는 거의 4만 명에 가깝다.

북아일랜드 수도 벨파스트에 설치된 평화의 장벽peace wall
친영파 신교도와 친아일랜드파 구교도 거주 지역을 분리하는 역할

테러리스트라는 IRA에 대한 부정적인 인식을 바꾸고 협상의 기반을 마련한 계기는 투옥된 IRA 죄수들의 단식투쟁이었다. 1981년 3월, 수감된 IRA의 지도자 보비 샌즈가 단식투쟁을 시작했다. IRA 죄수들의 정치범 대우 부활, 평복 착용 허용, 감옥 내 결사의 자유 허용, 감옥 내 노역 금지 등을 요구조건으로 내걸었다. 투옥된 다른 죄수들도 단식투쟁에 동참했고 10월 초까지 계속됐다. 이 투쟁으로 IRA 죄수 10명이 숨졌다. '철의 여인' 대처는 테러범이 숨지도록 방치했다.

이 단식투쟁으로 IRA는 북아일랜드 내 온건한 구교도로부터도 큰 지지를 얻었으며 국제적으로도 IRA가 약자의 편에, 영국정부가 제국주의자인 탄압자의 편에 선 것으로 인식됐다. 이후 실시된 보궐선거에서 IRA에 동조하는 신페인당이 크게 세력을 확대했다. 대처는 신페인당이 북아일랜드에서 제1정당이 되는 것을 저지하고자 했다. 영국 정부는 아일랜드 정부와 비밀 협상을 시작, 1985년 11월15일 '영국-아일랜드협정'을 체결했다. 미국의 대화 권고도 영국과 아일랜드 간 협정 체결에 기폭제가 됐다. 대처와 아주 특별한 관계에 있던 미국의 레이건 대통령은 '철의 여인'에게 아일랜드와의 대화를 촉구했다. 미국인의 20퍼센트를 차지하고 있던 아일랜드계 시민의 강력한 로비가 레이건 대통령을 움직였다.

대처의 후임자 존 메이저 총리도 북아일랜드 유혈 분쟁을 끝내기 위해 노력해 1993년 12월 다우닝가 선언을 이끌어 냈다. 이 선언은 신교도, 구교도 모두 준군사적인 무력투쟁을 종결한다는 조건으로 신페인을 포함한 모든 정파가 북아일랜드 미래에 관한 논의에 참여할 수 있다고 규정했다. 사상 처음으로 신페인의 정치적 실체를 인정한 선언이기도 하다. 선언은 또 북아일랜드의 미래는 주민 과반수의 동의로 결정한다고 합의했다. 친영파인 신교 58퍼센트, 아일랜드계 구교 42퍼센트로 이뤄진 북아일랜드의 현실을 인정했다. 즉 영국정부는 인구의 58퍼센트를 차지하고 있는 영국의 연합주의자에게는 북아일랜드를 포기하지 않는다고 안심시키고, 평화를 위해 자위대에게 무력행사를 포기하도록 촉구한 것이다. 이후 1994년 6월 IRA가 먼저 휴전을 선언했다. 친영파이던 신교도 과격파도 이에 호응해 보복이나 경고성 테러를 멈췄다.

이런 단계적인 조치 덕분에 1998년 4월 10일 평화협정(부활절 직전의 금요일에 체결해서 '굿프라이데이 협정' 또는 성금요일 평화협정이라고 부른

북아일랜드 유혈분쟁 관련 주요 연표

1968년	구교도 차별에 반대하는 대규모 평등권 운동 시작
1969년	영국, 북아일랜드 거주 신교도 영국인의 요구로 군대 파견.
1969년 8월	아일랜드 공화군(IRA)이 북아일랜드에서 결성됨. 신교도는 이에 대항, 신교도민병대 결성.
1972년 1월 30일	구교도 시위대에 영국군 발포, 13명 사망 (피의 일요일Bloody Sunday)
1972년 3월 30일	영국이 북아일랜드 자치권 접수(직할통치 개시)
1981년	투옥된 IRA 죄수, 정치범 대우 요구하며 단식 투쟁,
1985년 11월 15일	영국—아일랜드 협정 체결 일명 '힐즈버러 협정' (영국 총리 마거릿 대처와 아일랜드 개럿 피츠제럴드 총리가 서명)
1993년 12월 15일	다우닝가 선언 (존 메이저 영국총리와 알버트 레이놀즈 아일랜드 총리가 합의) "준군사적인 무력투쟁을 종결한다는 조건으로 모든 정파(신페인 포함)가 북아일랜드 미래에 관한 논의 참여 가능하며 북아일랜드의 미래는 주민 과반수의 동의로 결정한다"
1994년 6월	IRA 일방 휴전선언(신교도 과격파도 호응함) IRA 무장해제에 관한 이견으로 평화협상이 수차례 교착상태
1997년 말	사상 처음으로 신페인당과 친영파인 연합당(얼스터연합당, 민주연합당)이 평화협상에 공동 참여
1998년 4월 10일	굿 프라이데이 협정Good Friday Agreement 체결
1998년 6월 25일	북아일랜드 총선
1999년 12월 2일	1972년 정지된 북아일랜드 자치권이 회복됨

다)이 체결될 수 있었다. 미국의 클린턴 행정부는 1994년 7월 조지 미첼 상원의원을 특사로 임명, 북아일랜드의 평화 협상이 타결되도록 지원했다. 유럽연합EU도 회원국이던 영국과 아일랜드의 화해와 평화 과정을 적극 지원했다.

성금요일 평화협정은 북아일랜드 의회선거를 실시해 친영파, 친아일랜드 정당 모두가 참여하는 자치정부 구성, IRA와 신교도 자경단의 무장해제, 경찰에 아일랜드인 참여를 허용하는 게 주 내용이다. 평화협정은 영국과 아일랜드 정부, 그리고 북아일랜 내 친영파와 친아일랜드 정당 모두가 공동 서명했다. 이 협정은 1998년 5월 실시된 국민투표에서 북아일랜드 71퍼센트, 아일랜드 94퍼센트의 지지를 얻었다. 북아일랜드와 아일랜드 국민 모두가 피의 악순환을 끝내고 평화를 갈망했음을 알 수 있다.

짧게는 30년간의 유혈분쟁, 길게는 1800년 아일랜드가 연합왕국 그레이트브리튼에 통합된 후 지속된 인종, 종교, 역사 갈등이 일단 이 평화협정으로 봉합됐다. 하지만 북아일랜드는 여전히 신교도, 구교도 거주 지역이 분리되어 있다. 그리고 영국의 유럽연합 탈퇴(브렉시트)는 아주 힘겹게 이룬 평화를 어지럽히고 있다.

1972년 1월30일, 북아일랜드의 런던데리 시에서 영국군이 시위대에 발포하여 14명이 사망했다. 이른바 '피의 일요일' 사건이다. 사건에 대한 영국 정부의 발표는 무장 폭동을 준비하는 불순분자가 시위대에 섞여 있었으니 '발포에 문제가 없었다'는 것이었다. 1998년 토니 블레어 총리의 지시로 사건에 대한 재조사가 이루어졌고, 12년에 걸친 조사 끝에 학살의 부당함이 밝혀진다.

서민의 왕세자비 다이애나와 왕실의 위기
비운의 왕세자비 다이애나

다이애나는 찰스 왕세자와 13살의 나이차를 극복하고 1981년에 결혼했으나 16년 만에 이혼했다. 이혼 후 1년 만인 37살의 나이에 불운의 교통사고로 사망했다. 유치원 교사에서 왕세자비까지. 다이애나의 죽음은 영국 왕실의 존재 이유까지 흔들었다.

세기의 결혼에서 이혼

사진 한 장이 때론 수십 권의 책보다 더 강력하게 우리의 뇌에 각인된다. 1992년 2월 11일 다이애나 왕세자비는 인도 아그라의 타지마할 정문 앞 벤치에 혼자 앉아 있었다. 타지마할은 거대한 회색의 대리석 무덤이다. 사랑하는 왕비를 잃은 무굴제국의 황제가 먼저 간 처를 못내 그리워하며 1653년에 이 건물을 완공했다. 다이애나는 무덤 입구에서 300미터에 떨어진 의자 앞에서 수심에 가득 찬 얼굴을 보여줬다. 높이 70미터가 넘는 회색의 원형 지붕. 돔과 일직선으로 기다랗게 중앙에 설치된 분수대와 그 양 옆에 가지런히 심어진 푸른 나무. 이런 압도적인 액자와 같은 배경 앞에 홀로 앉아 있는 다이애나 비의 자그마한 체구는 보는 사람의 마음을 더 쓸쓸하게 했다. 동행했던 왕실 취재 사진 기자들은 이 표정에서 세자와 세자빈의 관계가 점차 악화되고 있음을 직감했다. 이 사진은 곧 세계 주요 언론을 장식했다. 10개월이 지나 찰스 왕세자와 다이애나 비는 별거에 들어갔다.

10여 년 전 1981년 7월 29일. 런던 시내는 축제 분위기에 휩싸였었다. 황금빛 마차를 타고 결혼식장으로 가는 찰스와 다이애나를 보려고 60만 명이 넘는 시민들이 신랑 신부가 가는 길에 나와 환호했다. 원래 왕실 부속성당인 웨스트민스터 성당에서 결혼식이 열려야 하나 너무 비좁아 성바오로 대성당에서 식이 열렸다. 당시 전 세계에서 약 7억5천만 명이 이 결혼식을 시청했다. 귀족 가문 출신이지만 고졸이었고 유치원 교사에서 왕세자비가 된 다이애나. 언론은 다이애나와 찰스의 결혼을 '요정의 결혼식'이라 불렀다.

결혼 후 다이애나는 윌리엄과 해리 왕자를 출산했고 지뢰 퇴치 운동과 암 예방 운동, 후천성면역결핍증 에이즈를 알리고 예방하는 자선활동에 적극 참여했다. 그는 백작 부모 밑에서 성장했지만 유치원 교사로 일하면서 서민과 함께했다. 왕세자비가 된 후에도 이런 수수한 모습과 자선활동에 전념하는 모습은 시민들의 사랑을 받았다.

찰스와 다이애나의 결혼식을 축하하며
발행된 우표

그러나 결혼 후 5년 만에 왕세자 부부의 불화설이 솔솔 흘러나오기 시작했다. 13살의 나이 차이와 찰스의 무관심 등이 겹쳤다. 불화 루머 이전부터 찰스는 전 여자 친구 카밀라 파커 볼스Camilla Parker Bowles와 다시 만나기 시작했다. 괴로워하던 다이애나도 승마 선생이었던 제임스 휴트James Hewitt 소령과 밀애를 나누었다. 1992년 5월에 앤드류 모튼의 『다이애나 — 그의 실화Diana: Her True Story』가 발간되면서 두 사람의 맞바람과 불화는 걷잡을 수 없이 확대 증폭되었다. 시부모 엘리자베스 2세와 필립 공의 중재 노력도 헛수고였다. 결국 1992년 12월 존 메이저 당시 보수당 총리는 하원에서 왕세자 부부의 별거를 공개 발표했다. 이후에도 두 사람 이야기는 선정성을 쫓는 언론의 단골메뉴가 되었다. 왕세자 부부는 1996년 8월 말 이혼했다.

비운의 죽음과 왕실의 위기

다이애나는 이혼 후에도 결혼 때부터 계속 거주했던 켄싱턴 궁의 아파트에서 살 수 있었다. 그러나 이혼 후에도 조용한 생활을 할 수는 없었다. 가는 곳마다 유명인의 일거수일투족을 사진에 담아 파는 사진사들인 파파라치가 그를 가만두지 않았다. 다이애나는 이집트 출신의 백만장자 아들 도디 파에드와 밀애를 즐기는 중이었다. 두 사람의 밀애 모습은 파파라치에 의해 계속해 언론에 공개되었다.

다이애나는 1997년 8월 31일 새벽 무렵, 파리 센 강 다리 밑 터널에서 교통사고로 사망했다. 이 사고로 운전수와 두 사람이 숨졌다. 운전수가 음주 상태였던 것으로 검시 결과 밝혀졌다. 그러나 백만장자였던 파에드의 부친은 자식의 죽음이 영국 해외정보국 MI6와 다이애나의 전 시아버지 필립 공이 사주했다는 음모설을

다이애나 전 왕세자비의 운구 행렬

제기했다. 2004년부터 4년간 영국 당국은 교통사고를 재조사했다. 결국 파파라치의 추적을 피하려 운전수가 너무 과속을 해 사망한 것으로 결론지었다.

국민의 사랑을 받았던 왕세자비의 이혼과 갑작스런 죽음은 영국을 충격에 빠뜨렸다. 그의 사망 소식을 들은 수많은 시민들은 그날 아침부터 켄싱턴궁을 찾아 화환을 두고 눈물을 흘렸다. 그리고 추모의 글을 썼다. 그런데도 왕실은 죽음에 대해 일언반구도 없었다. 2006년 개봉된 영화 〈여왕The Queen〉과 당시 언론 보도를 종합해 보면 엘리자베스 2세는 개인적인 일이고 이혼한 왕세자비라며 왕실이 절대 개입해서는 안된다는 입장을 유지했다. 무엇보다도 엄마의 죽음에 충격을 받은 손자 윌리엄과 해리를 염려했다. 결국 보다 못해 당시 토니 블레어 총리(노동당 당수)가 "서민의 왕세자비 죽음을 추모한다"는 입장을 발표했다.

영국뿐 아니라 세계 각국에서도 추모의 정이 답지했다. 총리가 국왕에게 조언할 수 있다는 원칙에 따라 블레어는 여왕에게 좀 더 시민에게 다가서야 한다고 간언했다. 그제야 왕궁도 마지못해 이런 입장을 유지하며 장례식을 치렀다.

비록 이혼했다고 하지만 국민의 사랑을 한몸에 받았던 왕세자비가 비극적으로 갑자기 운명했는데 영국 왕실은 무덤덤했다. 많은 시민들이 애도의 물결에 합류한 것과 큰 대조를 이루었다. 일부에서는 서민의 감정과 아주 동떨어진 왕실이 왜 있어야 하느냐는 불만도 쏟아져 나왔다. 당시 언론의 설문조사를 보면 70퍼센트의 시민들이 이번 사태 대응이 왕실의 위신을 깎아내렸다고 생각했다. 4명 중 한 명은 왕실 폐지에 찬성한다고 대답해 역대 찬성 비율이 가장 높았다.

다이애나는 파파라치의 추적을 피하려다 교통사고로 사망했다. 추적하던 파파라치들은 사고를 수습하는 대신 다이애나의 사진 찍기에만 몰두했다. 사고 신고는 지나가던 시민에 의해 20분 뒤에야 이루어졌다. 목숨을 구하기에는 너무 늦은 시간이었다. 사고 직후 다이애나의 사진은 프리미엄이 붙어 거래됐다.

국민통합의 구심점 영국 왕실

17세기 말 명예혁명 후 영국 왕은 '군림하지만 통치하지 않는다'는 입헌군주제가 확립되었다. 그런데 300년이 훨씬 지난 현재에도 왕실이 필요할까? 왕가 일부 구성원의 일탈 행동은 종종 비판을 받았지만 왕실 자체는 소중한 제도로 인식된다.

영국의 정체성이 된 왕실

다이애나의 장례식 때 영국인들은 공감능력이 매우 떨어진 왕실을 비판했다. 그렇다고 이들이 왕실의 폐지를 원하지는 않는다. 왕실의 일부 개인의 행실을 강력하게 비판하지만 제도로서 왕실은 필요하다고 본다. 왕실이 영국을 다른 나라와 두드러지게 보이는 정체성 중 하나라 생각한다.

왕실을 반대하는 사람들은 현대에 이 제도가 너무 낡아 수명을 다했다고 지적한다. 민주주의 시대에 세습 왕정은 적합하지 않고 너무 특권이 많다는 의견과 자랑스러운 전통이라는 견해가 맞서고 있다. 왕실을 현실에 맞게 고치자는 절충적인 의견도 있다.

1700년에 제정된 왕위계승법에 따르면 영국 왕은 성공회 신자이어야만 한다. 서구식 현대 국가의 특징인 종교에 따른 차별 금지에 위배된다. 2013년에 와서야 가톨릭 신자와 결혼한 사람의 왕위계승권 박탈이 폐지됐다. 16세기 중반 헨리 8세의 종교개혁 이후 여러 번 종교를 둘러싼 다툼이 있었다 하더라도 이런 규정은 너무 현대와 맞지 않는다. 21세기 초 진보 일간지 『더가디언』은 활자로 왕정폐지를 주장하면 반란죄로 규정하고 있는 1848년의 반란법을 개정하자는 운동을 2002년부터 전개해왔다. 그나마 처벌을 우려하여 법무부에 미리 질의를 제기해 처벌하지 않겠다는 비공식적인 답변을 얻은 뒤에야 운동을 시작할 수 있었다.

제1차 세계대전부터 현재까지 영국 왕실의 주요 변화

왕	재위 시기	특징
조지 5세	1910 ～ 1936	— 1914년 제1차 세계대전이 발발하자 반독일 감정이 고조됨. 작센–코트부르크–고타를 없애고 윈저가로 왕가 이름을 고침. 윈저는 런던 서쪽 교외에 있는 도시이자 왕궁 이름임. 제1차 세계대전 후 독일제국과 러시아제국이 패전국이 되어 영국은 사상 최대 규모의 제국을 거느림
에드워드 8세	1936	— 이혼녀 월리스 심슨Wallis Simpson과 결혼 후 왕위를 내려 놓음. 총리 및 대다수 정치인들이 결혼에 강력 반대함, 결국 그는 사랑을 택해 재위 11개월도 채우지 못하고 스스로 물러난 최초의 왕이 됨
조지 6세	1936 ～ 1952	— 엘리자베스 2세의 아버지 — 총리 윈스턴 처칠과 함께 제2차 세계대전을 국민과 함께 극복함 — 나치 독일의 런던 공습에도 런던에 머물며 국민과 함께함
엘리자베스 2세	1952 ～ 현재까지	— 역사상 최장수 왕, 2017년 2월 즉위 65주년이 지남

영국 왕실은 큰 액수의 혈세를 지원받고 있다. 1999년 회계연도(1999년 4월1일~2000년 3월31일)에 엘리자베스 2세는 영연방 등 해외 순방에 930만 파운드(약 141억 원), 왕실 관리비와 인건비 등으로 1,500만 파운드(228억 원)를 썼다. 여왕의 공식 경비는 의회의 승인을 받아 세금으로 충당되기 때문에 자그마치 369억 원의 세금이 왕실로 들어간 셈이다. 여왕의 남편인 필립 공과 왕세자 찰스, 손자 윌리엄과 해리의 공식 업무도 혈세로 지원된다. 왕실 경비 지원은 해마다 증가해 2018년 회계연도에 8,200만 파운드(약 1,244억 원) 정도가 혈세로 지원되었다. 이 돈이면 해마다 돈이 부족해 어려움을 겪고 있는 건강보험 개선에 좀 더 생산적으로 지출될 수 있다.

반대보다 더 큰 왕정 지지자들의 목소리

이들은 왕정이 영국에서 가장 오래된 제도임을 강조한다. 자랑스런 제도를 단순히 시대가 변했고 돈이 좀 든다고 폐지하는 것을 반대한다. 아직도 여왕은 국가의 수반이며 국가 통합의 상징 역할을 하고 있다는 점도 거론된다. 제2차 세계대전 이후 대영제국이 영연방으로 재편되면서 여왕은 오스트레일리아, 뉴질랜드, 캐나다 등 주요 영연방 국가의 원수도 겸한다. 상당수의 영국인들은 왕실의 폐지를 곧 자랑스런 영국 역사의 종말이라고 느낀다.

2019년 10월말 설문 조사업체 유거브에 따르면 엘리자베스 2세 지지가 72퍼센트를 기록해 그 어느 때보다 인기가 높았다. 정치 불신의 시대에 상당한 지지율이다.

영국 영어에 미친 왕실의 영향도 단어나 용어 곳곳에 드러난다. 영국 정부의 공식 명칭은 '여왕 폐하의 정부Her Majesty's Government, HMG'이며, 해군은 '왕실 해군Royal Navy'이다.

1974년부터 8년간 서독 총리를 역임한 고 헬무트 슈미트는 제도의 하나로 영국 왕실을 부러워했다. 그는 회고록에서 나치 독일의 잔재 청산처럼 불행한 역사로부터 배움과 반성에 몰두중인 자국과 영국을 비교했다. 그는 국민통합의 구심점 역할을 하는 왕실을 매우 긍정적으로 평가했다.

왕실도 점차 변화하는 현대의 흐름에 뒤늦게나마 적응해왔다. 1993년부터 왕실은 보유한 부동산과 각종 재산에 대해 소득세를 내기 시작했다. 또 해마다 영국 정부는 왕실 지원 액수와 항목을 담은 국왕지원항목Sovereign Grant을 공개한다.

21세기에도 영국 왕실이 국민통합의 구심점과 정체성 강화에 기여하고 있음은 여왕의 취임식 축하에서 종종 볼 수 있다. 1952년 2월 6일 부친 조지 6세가 갑작스럽게 사망하자 장녀 엘리자베스는 26살에 여왕에 등극했다. 즉위 25주년인 1977년 영국 전 지역과 영연방 각국에서 취임 축하 25주년 행사가 열렸다. 2002년 등극 50주년 기념식은 더 장대했다. 여왕과 필립 공이 그해 영연방과 영국 각지를 순방하며 서민들을 만났다. 음악회가 열렸고 기념우표가 발행되었다. 50주년 축하 동상도 캐나다에서 제막되었다. 가장 최근인 2017년 2월에는 등위 65주년이 거행되어 엘리자베스 2세는 영국 역사상 최장수 왕의 영예를 안았다.

1926년 4월 21일생으로 93살이 넘은 그는 취임 후 윈스턴 처칠부터 2019년 7월 보수당의 보리스 존슨까지 무려 15명의 총리에게 국정을 위임했다. 1997년 5월 2일 불과 44살의 나이에 최연소 총리가 된 토니 블레어(노동당)를 여왕은 비공식적으로 '꼬마the boy'라 불렀다. 맏아들 찰스 왕세자는 1948년 11월 생으로 일흔이 넘었다. 필립공은 아내 엘리자베스보다 5살 위이다. 꽤 장수 집안이다. 20세기 중반부터 21세기 초반부터까지, 국정을 담당하는 총리는 몇 년 만에 바뀌었지만, 60년이 넘는 영국 역사를 여왕은 국민과 함께했다.

2020년 1월 초 찰스 왕세자의 둘째 아들 해리 왕자 부부가 왕실 업무에서 손을 떼고 재정적으로 독립하겠다고 발표했다. 이들은 아버지 찰스와 아무런 상의도 없이 일방적으로 이 사실을 발표해 영국 언론에서 그 배경을 두고 여러 해석이 나왔다. 두 사람은 미국으로 가서 생활하겠다고 밝혔다. 당시 영국의 유럽연합 탈퇴(브렉시트)와 연관시켜 이를 멕시트(Megxit, 왕비 메건Meghan이 왕실에서 벗어난다Exit는 의미의 합성어)라고 부르기도 했다.

경제적 이익을 압도한 정체성의 정치
브렉시트가 일어난 이유

1975년에 이어 2016년 영국 유권자들은 유럽통합 지속 여부를 두고
국민투표에 참여했다. 2016년 3.8퍼센트 차이로 EU 탈퇴가 결정됐다. 경제적
실익보다 정체성이 우선한 것이다.

왜 국민투표가 필요했나

영국은 의회 민주주의(대의 민주주의)의 모국이다. 13세기 말에 의회가 설치됐다. 전제왕권에 반대하던 귀족이 반기를 들었고 전쟁이 계속되면서 돈이 필요했기에 왕도 귀족과 시민의 동의가 필요했다. 국민의 대표인 의원이 주요 정책을 결정한다. 정당들은 의회 활동 그리고 그들의 정책 실행 여부에 따라 총선에서 유권자의 심판을 받는다. 보통법은 관례를 중요하게 여기고, 불문법 국가 영국은 단일 법전이 없다. 모든 국가의 최고법인 헌법이 영국에서는 단일 법전으로 없다. 대헌장, 권리청원, 권리장전 등 의회가 공포한 수많은 법에서 인권보호, 과세권한 등 헌법의 기본 원리가 나온다. 국민투표도 영국 법에는 규정이 없다.

그런데 영국 역사에서 국민투표가 치러지고 큰 영향을 미친 예가 두 번 있다. 뒤늦게 합류한 유럽통합 움직임을 두고 계속 참가할지 그만둘지에 대해 집권당이 국민투표를 실시했다. 총리에게

정치적으로 필요했기에 국민투표법을 만들고 의회 승인 과정을 거쳤다.

1975년 6월 5일 영국 유권자들은 유럽공동체 잔류 여부를 묻는 국민투표에 참여했다. 65퍼센트가 투표에 참여했고 이중 67.2퍼센트가 유럽공동체 잔류를 지지했다. 당시에는 영국의 유럽연합EU 탈퇴를 의미하는 브렉시트Brexit (영국Britain과 출구Exit의 합성어)가 일어나지 않았다. 영국은 2년 전인 1973년부터 유럽공동체 회원국이 됐다. 1974년 총선에서 집권한 노동당에서 당원의 절반 정도를 차지한 노동조합이 유럽통합에 강력하게 반대했다. 당내 분열이 극심한 상황에서 노동당은 총선 공약으로 국민투표를 내걸었다. 국민투표에서 유럽공동체 잔류 지지가 나오면 노조도 더는 반대할 수 없으리라 여겼기에 노동당은 집권 후 공약을 지켜 국민투표를 실시했다. 즉 집권당의 국내정치적 필요 때문에 국민투표라는 의회 민주주의와 모순되는 낯선 제도를 이용한 셈이다. 2016년 6월 여당 보수당은 같은 이유로 브렉시트 국민투표를 다시 실시했다. 그러나 이번에는 브렉시트 지지로 결과가 나왔다.

경제적 실익을 압도한 정체성의 정치

2015년 5월 총선에서 데이비드 캐머런 보수당 총재가 과반을 얻어 보수당 정부가 출범했다. 그는 2년 전 연설에서 총선에서 승리하면 2년 안에 유럽연합 잔류 여부를 묻는 국민투표를 실시하겠다고 밝혔다. 공약에 맞춰 2016년 6월 23일 국민투표가 치러졌다.

72.2퍼센트의 유권자들이 참여했고 3.8퍼센트 차이(탈퇴 지지 51.9퍼센트, 잔류 지지 48.1퍼센트)로 브렉시트 지지 결과가 나왔다.

영국과 유럽통합 연표

1973년 1월 1일	영국 유럽공동체 회원국이 됨
1975년 6월 5일	집권 노동당 브렉시트 국민투표 실시, 67.2퍼센트 잔류 지지
2010년	유로존 경제위기 (그리스, 아일랜드, 포르투갈)
2013년 1월	데이비드 캐머런 보수당 총리, 총선에서 승리시 EU잔류/탈퇴 묻는 국민투표 약속
2015년 5월	총선에서 보수당 과반 확보
2015년 하반기	시리아 등 중동과 아프리카 난민 1백여만 명이 유럽으로 옴
2016년 6월 23일	국민투표 (3.8퍼센트 차이로 브렉시트 찬성)
2020년 1월	영국 하원, EU탈퇴조약 비준, 유럽의회도 비준
2020년 1월 31일	영국 EU탈퇴
2020년 12월 31일	영국의 EU과도기(이행기) 종료

다시 41년 만에 국민투표가 실시된 이유는 집권 보수당 안에서 유럽연합 잔류/탈퇴 문제로 분열이 심각했기 때문이다. 2010년 단일화폐 유로존 국가인 그리스에서 경제위기가 시작된 후 아일랜드

와 포르투갈로 위기가 확산됐다. 영국은 유로를 채택하지 않았고, 경제침체에 접어들었지만 다른 EU 회원국에 비해 경제가 비교적 나은 처지였다. 하지만 EU 탈퇴를 앞세운 극우정당 영국독립당UK Independence Party, UKIP이 이 와중에 세력을 크게 확대했다. EU라는 기구가 통상정책, 경쟁정책 등 여러 가지 권한을 행사해 영국의 독립을 앗아갔다며 '탈퇴=독립'이라는 논리를 내세웠다.

게다가 경제위기에 난민위기까지 겹쳤다. 2015년 후반 시리아 난민을 비롯해 중동 및 북아프리카에서 1백만 명 정도의 난민 신청자가 유럽으로 몰려들었다. 영국독립당은 EU탈퇴와 난민규제를 앞세워 일부 보수당 유권자도 빼앗아갔다. 보수당 내 우파 정치인들도 이를 틈타 국민투표를 요구했다. 캐머런 당수는 보수당의 분열을 저지할 수 있는 카드가 국민투표라고 판단했다. 그는 EU 잔류 지지를 낙관했기에 참모들의 만류에도 불구하고 국민투표 카드를 꺼냈다. 설문조사를 보면 투표 한 달 전에는 잔류 지지가 20퍼센트 앞섰고 투표 직전에는 오차 범위 5퍼센트 이내로 줄었었다. 하지만 여론조사는 빗나갔다.

프랑스나 네덜란드와 같은 EU 회원국들이 특정 조약에 대해 국민투표를 실시한 적은 있다. 그러나 영국처럼 EU잔류/탈퇴를 두고 국민투표를 실시한 회원국은 없다. 영국이 국민투표를 너무 지나치게 정치적 카드로 사용해왔음을 알 수 있다. 그리고 이런 카드가 통한 이유는 두 가지다. 유럽통합에 대한 정치적 합의가 매우 부족하기에 정당이 필요하다고 여기면 EU 카드를 쓸 수 있다. 그리고 대제국의 향수를 더해주는 역사교육이다. 영국의 교육은 대영제국의 위대함을 강조하는 데 중점을 둬왔다. 제2차 세계대전 후 유럽이 하나가 되어 국제정치무대에서 주요한 행위자로 세력을 행사한 것을 영국 역사교육은 거의 가르치지 않는다. 대륙과 다름을 강조하는 게 영국의 교육이고 정체성의 하나이다.

국민투표 이전에는 유권자들의 절반이 EU를 탈퇴하면 경제에 부정적인 영향을 끼친다고 대답했지만 정작 투표에서는 탈퇴를 지지했다. 정체성의 정치가 경제적 실익을 압도했다. 투표 후 출구조사를 보면 '우리 스스로가 정책을 결정해야 한다, 이민을 통제해야 한다'가 브렉시트를 지지한 첫째, 두 번째 이유로 나왔다. 유럽통합 때문에 국가 주권을 상실했고, 이민정책을 통제하지 못해 문제가 커졌다는 것이다.

EU 회원국 시민들은 아무런 제약 없이 다른 회원국으로 가서 일하고 살 수 있다. 2016년 국민투표 당시 영국에는 폴란드인 80만 명, 루마니아인 50만 명 등 3백만 명 정도의 EU 시민들이 거주했다. 이들은 동기부여가 높아 영국인보다 취업률이 높았고 받은 복지혜택보다 3배 정도 더 많은 세금을 납부했다. 하지만 브렉시트를 지지한 정치인들은 이들이 복지를 앗아간다며 EU를 탈퇴해야 한다고 정체성을 우선했다. 경제위기의 와중에 취약층의 복지를 삭감한 정책 실패를 인정하기보다 외부인에게 책임을 돌렸다.

브렉시트 국민투표는 영국 사회가 연령, 계층, 지역별로 극심하게 분열됐음을 드러냈다. 65세 이상은 3분의 2가 브렉시트를 지지했다. 반면 20대는 같은 비율이 EU 잔류를 지지했다. 스코틀랜드와 북아일랜드는 잔류를, 잉글랜드와 웨일스는 탈퇴를 지지했다.

소득이 높은 사람은 전반적으로 잔류 지지 비율이 높았다.

영국은 EU와 탈퇴협정을 벌여 2020년 1월 31일 EU를 탈퇴했다. 탈퇴 후 경제와 비경제분야(정치 및 외교안보)에서 영국과 EU는 새로운 관계를 맺어야 한다. 2020년 12월 31일까지 이행기(과도기)다. 이 안에 신관계 협상을 마쳐야 한다.

영국독립당은 2014년 유럽의회 선거에서 유럽연합 탈퇴와 이민자 배격을 주장하며 영국 내 정당 중 지지율 1위를 차지했다. 그러나 이어진 국내 총선에서는 의석수 1석만을 얻는 데 그쳤다. 반이슬람, 반이민 정책을 추구하며, 인종차별을 옹호한다. 경제적으로는 자유주의를 강력하게 주장한다. 통상 우익, 혹은 극우정당으로 분류된다.

브렉시트 후 영국은 어디로
'제국 2.0'?

글로벌 영국Global Britain 전략의 모순

"이제는 더 이상 B 단어(브렉시트, Brexit)를 이야기하지 말고, 글로벌 영국을 이야기하자."

보리스 존슨 총리는 2020년 1월 31일 EU를 탈퇴한 날, 글로벌 영국을 새로운 비전으로 제시했다. EU라는 기구의 규제, 유럽이라는 좁은 지역에서 벗어나 세계의 더 넓은 지역과 자유무역을 하며 민주주의적 가치를 확산하겠다는 포부다.

여기서 문제는 "지역주의가 세계화를 방해하는가?"라는 질문이다. 태국과 인도네시아, 필리핀 등 동남아시아 10개국은 1967년 아세안ASEAN (동남아시아국가연합)이라는 기구를 결성했다. 개별 국가가 세계화의 파고를 넘기가 쉽지 않은데 10개국이 아세안을 만들어 세계화의 압력에 공동대응하고 국제무대에서 발언권을 확대해왔다. EU는 지역블록 가운데 통합이 가장 진전됐다. 영국이 빠져나가 회원국이 27개 나라이지만 아직도 세계 총생산에서 중국, 미국에 이어 3위의 경제권이다(2019년 구매력 평가 기준). 영국의 한 유럽통합 전문가는 1990년대에 "EU라는 기구가 없었더라면 유럽의 여러 나라들이 세계화 압력에 공동대응하기 위해 유사한 기구를 만들었을 것이다"라고 진단했다. 영국은 EU 회원국 가운데 규제 정도가 가장 낮은 나라에 속했다. 노동조건이나 환경기준 등에서 EU 규정의 일부를 적용받지 않았다.

브렉시트 지지자들은 크게 두 부류다. 하나는 자유방임론자들이다. 19세기 대제국을 거느렸을 때 영국이 자유무역을 기치로 시장을 앞서 개방한 예를 들며 글로벌 영국을 '제국 2.0'으로 표현하기도 한다.

또 하나는 민족주의자, 일부는 인종주의자가 섞여 있다. 이른바 잉글랜드 우선주의자Little Englander(소잉글랜드주의자)들이다. 영국에 거주 중인 다른 EU회원국 시민들은 약 3백만 명 정도다. 이들은 백인이다. 그런데 브렉시트 지지자들은 이들이 너무 많이 몰려와 정체성을 상실했다며 EU 탈퇴를 지지했다. 브렉시트 지지자들은 EU탈퇴라는 목적을 공유했지만 탈퇴 후의 비전에 대해서는 아주 다른 생각을 지녔다. 자유무역을 적극 옹호하는 사람들과 이에 반대하는 사람들이 섞여 있다.

대외환경도 녹록하지 않다. 제2차 세계대전 후 자유무역체제를 확립한 미국은 이제 앞장서 이 질서를 파괴중이다. 세계 최강대국 미국이 자유무역을 파괴중인데 영국이 혼자서 이를 유지할 수 있을까? EU에서 탈퇴한 영국은 이제 불확실성이 커진 국제정치경제에서 홀로 나아가야 한다. 해도가 없는 바다를 항해하는 셈이다.

최대 시장 EU와 교역이 줄어드는데 대체 시장이 가능한가?

영국 수출입의 절반 정도가 EU로 간다. EU를 탈퇴하면 4억5천만 명 정도의 최대 단일시장에 접근이 제한된다. 이제까지는 아무런 통관 절차도 없이 상품과 서비스를 교역하고 시민들이 자유롭게 이동할 수 있었다. 영국 정부는 기업들에게 무역 통관에 대비하라고 지시했다. 통관 절차에 드는 비용과 인력도 더 많이 들어가고 EU와의 교역은 줄어든다.

반면 미국과의 교역은 EU 교역의 3분의 1에 불과하다. 영국은 미국과 신속하게 자유무역협정FTA를 체결하고자 한다. 보호무역을 앞세우고 미국 우선 정책을 실시하는 트럼프 행정부가 영국에게 유리한 FTA를 체결해줄 리는 만무하다. 호주와 뉴질랜드, 일본과의 교역을 합해도 영국 무역의 5퍼센트에 불과하다.

영국 정부도 2020년 2월 말 보고서에서 이런 어려움을 솔직하게 밝혔다. 보고서에 따르면 미국과 FTA를 체결하면 앞으로 15년간 국내총생산GDP이 약 0.16퍼센트 성장할 것으로 내다봤다. EU 탈퇴에 따른 교역 상실을 만회하기에는 턱없이 부족하다. 어차피 경제적 손실을 감수하면서도 정체성을 우선하고 주권을 회복하려고 EU를 탈퇴한 거긴 했다.

하지만 경제적 손실이 계속 누적되는데도 영국 정부는 대규모

지출을 약속했다. 잉글랜드 북부와 중부는 전통적으로 노동당의 아성이었으나 2019년 12월 중순 총선에서 수십년 만에 보수당 지지로 돌아섰다. 이 때문에 보수당은 선거에서 압승해 브렉시트를 단행할 수 있었다. 영국 정부는 과거 제조업의 중심지였으나 쇠퇴한 이 지역에 대규모 인프라 투자를 약속했다. 경제가 성장해야 인프라 투자가 가능하다. 브렉시트 국민투표 이듬해인 2017년부터 3년간 영국의 경제성장률은 EU 27개 회원국보다 1.8 퍼센트 포인트 정도 낮았다. 브렉시트 국민투표가 야기한 불확실성 때문이다. 앞으로 3년간 영국이 이를 만회하려면 EU보다 2퍼센트 정도 성장률이 높아야 한다. 이런 가능성은 높지 않다.

통합왕국 UK 계속 유지될 수 있을까?

또 하나가 현재의 연합왕국United Kingdom, 영국이 계속 유지될 수 있을까하는 점이다. 스코틀랜드와 북아일랜드는 EU 잔류를 지지했다. 하지만 잉글랜드와 웨일스 때문에 원하지 않는 이혼을 당했다. 두 지역은 경제에 최소한의 손실이 가는 브렉시트를 원했지만 바람대로 되지 않았다.

2019년 12월 총선에서 스코틀랜드는 연합왕국 영국으로부터 독립을 원하는 스코틀랜드민족당SNP이 하원 의석의 80퍼센트를 차지했다. 2014년 독립을 묻는 주민투표에서 10퍼센트 차이로 영국 잔류가 결정됐다. 하지만 브렉시트 후 경제가 계속해서 좋지 않을 경우 당연히 스코틀랜드는 제2주민투표를 실행할 가능성이 높다.

니콜라 스터전 스코틀랜드 자치정부 수반은 제2주민투표를 정치적 카드로 구사해왔다. 영국 정부는 반대할 터이지만 이미 선례가 있어 언제까지 반대만 할 수는 없다.

북아일랜드도 10년 안에 아일랜드와 평화적으로 통합될 가능성이 높아졌다. 브렉시트 때문에 원래는 아일랜드와 북아일랜 간에 국경이 다시 통제돼야 한다. 북아일랜드는 영국에 속해 EU에서 탈퇴했고, 아일랜드는 EU 회원국이기 때문이다. EU는 아주 어렵게 이룬 북아일랜드 평화과정이 깨질 것을 우려해 일단 북아일랜드는 EU의 경제지역에 속한다고 보장해줬다. 당분간은 국경통제가 없다. 하지만 이곳에 거주 중인 아일랜드인들은 유혈분쟁 당시의 불안과 공포를 떠올리며 우려한다. 브렉시트가 민족주의를 다시 불러냈기 때문이다. 2020년 2월 초 아일랜드 선거에서 북아일랜드와의 통일을 원하는 정당 신페인이 최다 의석을 차지했다. 신페인은 공공주택의 건설 확대와 같은 복지정책 강화를 공약으로 내세웠다. 원래 제1차 세계대전 후 아일랜드 독립전쟁 때 즉각 독립을 원하고 북아일랜드도 아일랜드로 통합하기를 원했던 정당이다. 북아일랜드의 인구 구성도 이제 신교와 구교도 비율이 거의 엇비슷해졌다. 1998년 평화협정은 주민이 원할 경우 북아일랜드의 아일랜드로의 통합을 묻는 주민투표를 실시하도록 규정했다.

브렉시트는 스코틀랜드 및 북아일랜드에 큰 정치적 변화를 초래했다. 최악의 경우 연합왕국 영국에는 잉글랜드와 웨일스만 남게 될 수도 있다. 이를 일부에서는 '잔여 영국Rump UK(스코틀랜드와 북아일랜드가 탈퇴한 영국)'이라고 부른다. 보수당은 19세기부터 연합왕국의 유지와 제국주의를 지지했던 애국주의 정당이다. 정식명칭은 보수연합당Conservative and Unionist Party이다. 연합왕국을 유지하겠다는 의지를 담은 이름이다. 하지만 브렉시트가 이 모든 것을 바꾸었다. 12만 명 정도의 보수당 당원 가운데 3분의 2가 브렉시트를 위해서라면 연합왕국이 깨져도 어쩔 수 없다고 여긴다.

유럽통합은 제2차 세계대전 후 국제무대에서 변방으로 전락한 유럽의 여러 나라들이 평화를 위해 힘을 합치며 이루어졌다. 통합의 수단은 바로 경제였다. 이 과정에서 양차대전을 일으킨 민족주의를 호리병에 밀봉했다고 생각했다. 그러나 2010년 경제위기 때부터 호리병이 열려 민족주의가 쏟아져 나왔다. 브렉시트는 이런 맥락에서 발생했다. 세력을 키운 과도한 민족주의를 다시 호리병에 넣기는 쉽지 않아 보인다.

보리스 존슨 총리는 이튼스쿨과 옥스퍼드 대학을 나와 보수 계열 일간지인 『더타임스』지에서 기자 생활을 했다. 1987년 기사 조작으로 해고되었고, 그 뒤 방송 출연으로 대중 인지도를 쌓아올리며 정치계에 입문했다. 런던 시장 재임 시에는 '일 잘하는 시장'이라는 평가를 받기도 했다.

미국과 영국 간의 관계는
정말 특별한가?

목욕탕 일화가 있다. 일본의 진주만 공습이 발생한지 2주 후, 1941년 12월 말 윈스턴 처칠 총리가 미국을 방문했다. 3주간 주로 백악관에서 머물며 프랭클린 루스벨트 미국 대통령과 제2차 세계대전 전략을 집중 논의했다. 언젠가 루스벨트는 휠체어를 밀고 처칠이 머물고 있는 방에 들어갔다. 때마침 총리가 목욕을 마치고 벌거벗은 채 욕실에서 나오고 있었다. 당황한 대통령은 곧바로 방에서 나오려고 했다. 그때 처칠이 "영국의 총리는 미국 대통령에게 아무 것도 숨길 것이 없소이다"라고 말했다. 처칠은 이 일화를 부인했지만 양국 간의 특별한 관계special relationship를 말할 때 자주 회자된다.

제2차 세계대전 후 제국을 잃고 국제무대에서 한동안 독자적인 역할을 수행하려 했던 영국은 이게 힘에 부친다는 것을 알았다. 종전 후 냉전체제에서 자유세계의 지도자로 부상한 신참 미국에게 노련한 영국이 필요한 조언을 해주고 긴밀하게 입장을 조율해 국익을 챙기자는 게 영국 외교정책의 한 기둥이 됐다. 영국은 최소한 공개적으로는 미국에 드러내놓고 반대하지 않는다. 영국이 외교정책에서 아주 자주 미국을 드러내놓고 지지하기에 '미국의 푸들'이라는 비아냥을 듣기도 한다.

영국은 종종 미국에게 이런 특별한 관계를 조약으로 체결하자고 요구했

으나 미국이 거부했다. 양자관계가 너무 배타적으로 비치면 그리 좋을 것 없다고 여겼기에 보통 영국 총리가 취임한 후 미국을 첫 순방국가로 국빈 방문하는 게 관례다.

두 나라는 영어를 모국어로 사용하고 있다. 또 식민지에서 독립, 이후 계속된 이민으로 문화와 역사를 일부분 공유한다. 캐나다와 호주 등도 영어를 쓰고 민주주의 국가이지만 영국만이 유엔안전보장이사회 상임이사국의 하나이다.

군사협력 분야에서 양국의 특별한 관계가 드러난다. 1948년 영국과 미국은 영-미협정UKUSA Agreements을 체결했다. 전 세계에서 신호정보signal intelligence(도감청)를 나눠 수집하고 정보를 나눈다. 또 1962년에는 미국이 영국에 폴라리스 핵미사일을 유리한 조건으로 제공했고, 핵연료와 정보도 영국과 일정 부분을 공유한다. 핵무기는 아주 배타적인 강력한 수단인데 이를 공유한다. 워싱턴 D.C와 런던에 주재하는 영국과 미국의 정보수장은 상대국 정보회의에 비공식적으로 참여해 서로 정보를 얻는다. 호주와 캐나다, 뉴질랜드가 영미의 신호정보협정에 가입해 5개 나라가 도감청 정보를 공유한다. 그리고 상대방 국가를 도감청하지 않는다. 5개 나라 간 정보교류라 하여 '5개의 눈Five Eyes'이라 불린다.

박사논문을 쓰기 위해 2004년 독일 외교관과 인터뷰를 한 적이 있다. 영국 외무부에 파견돼 일하면서 영미 관계를 지켜본 그는 "두 나라 간의 관계가 외부에서 생각했던 것보다 훨씬 더 밀접하다"고 말했다. 또 국제연합에서 오랫동안 활동했던 한국의 한 외교관은 "영미가 세계를 지배한다"고 쉽

게 표현했다. 국제연합 안전보장이사회의 상임이사국은 미국, 영국, 프랑스, 러시아, 중국이다. 이 가운데 러시아는 냉전체제의 붕괴 이후 세력이 많이 쇠퇴하고 있다. 중국만이 점차 미국의 독주를 견제하고 있다. 미국은 껄끄러운 이슈의 경우 안보리에서 영국이 발의하도록 하는 등 영국에게 주도권을 양보하는 척을 자주 한다. 물론 사전에 밀접한 조율을 통해 미국과 영국이 원하는 결과를 얻는다는 게 이 외교관의 설명이다.

유럽연합을 탈퇴한 영국은 미국과 정치적·경제적 관계를 더욱 돈독히 하겠다고 자주 말해왔다. 하지만 미국 우선 정책을 내세우고 보호무역에 앞장서는 미 트럼프 행정부 때문에 EU를 탈퇴해 홀로서기를 하는 영국에게 어려움이 이만저만 아니다. 영국은 미국뿐 아니라 일본 등 세계 주요국들과 자유무역협정을 체결하려 한다. 그런데 미국은 이와 반대로 보호무역에 열중한다. 영국이 미국의 정책을 바꿀 수는 없다. 유럽연합은 트럼프 행정부 출범 후 자유무역 확대와 유지에 앞장서왔다. 홀로 선 영국은 보호무역을 앞세운 미국과, 자유무역을 주창하는 유럽연합 사이에 낀 신세가 됐다.

토니 블레어는 전쟁범죄자인가?

토니 블레어는 43살 아주 젊은 나이에 총리가 돼 10년간 권력의 최정점에 있었다. 53살에 총리에서 물러나 중동평화 특사로도 일하고, 몇몇 독재자들에게 정치 컨설팅도 해줘 거액을 벌었다. 하지만 2003년 이라크 침략이 블레어를 옥죄어왔다. 이라크 관련 정책은 1956년 수에즈 위기 이후 영국 최악의 외교정책이라 평가받는다. 블레어는 자선사업도 활발하게 하지만 인정을 받지 못한다. 런던 시내 고급식당에 가도 가끔 주인이 나와 음식을 팔지 않는다며 전직 총리에게 나가달라고 요구한다.

2009년부터 2016년까지 영국 정부는 이라크 침공의 정책 결정 과정을 아주 면밀하게 조사했다. 칠콧조사위원회Chilcot Inquiry는 "이라크는 임박한 위협이 아니었다. 잘못된 정보에 근거했다"고 결론지었다. 당시 파견됐다 숨지거나 부상당한 참전 군인 유가족이 블레어를 고소했다. 2003~2009년 동안 4만5천 명의 영국군이 이라크 전쟁에서 싸웠고, 179명(민간인 1명 포함)이 숨졌다.

2013년 여론조사 업체 유거브에 따르면 거의 절반에 가까운 시민들이 토니 블레어를 전쟁범죄자라고 여겼다. 국제법을 위반해 주권국가 이라크를 침공하고 무고한 시민을 죽게 만들었다는 것이다. 5명의 시민들이 정의로운 시민의 이름으로 그를 체포하고자 했다.

노동당은 '신노동당' 정책을 표방해 13년 집권을 가능하게 한 전직 당수

에 대해 거리를 둔다. 반면 보수당은 "노동당이 배출한 최고의 보수당 총리"라며 칭찬을 아끼지 않는다. 3번 연속 총선에서 승리하기는 매우 어렵다. 그런데 블레어는 3선 총리다. 아무래도 시간이 더 흐른다면 이라크 침공 기억이 희미해지고, 그러면 오점이 좀 지워지질 수 있을까?

　미국에서는 이런 논란이 별로 없다. 당시 조지 부시 대통령도 후세인이 대량살상무기를 보유했다며 이라크를 침공했다. 하지만 두 나라의 정치문화가 다르다. 2003년 9월 이라크 침공 후 얼마 지나지 않아 BBC가 총리와 함께하는 대화를 마련했다. 평범한 가정주부가 자리에서 일어나 "당신은 거짓말쟁이다. 총리에서 물러나라"는 말을 서슴지 않고 했다. 블레어는 독재자 사담 후세인이 없는 세계가 훨씬 더 나은 세상이라며 이라크 침공을 정당화하기에 급급했다.

낙제점 받은 영국의 코로나 19 대처, 그리고 유럽

"미국과 영국은 코로나 19 전염병 대처에서 낙제점이다."

미국의 유명한 역학자 래리 브릴리언트Larry Brilliant 박사는 4월 말 언론과의 인터뷰에서 두 나라의 방역 대책이 아주 미흡하다고 평가했다.

영국은 이탈리아에 이어 유럽에서 전염병으로 최악의 상황을 맞았다. 확진자 가운데 사망자 비율을 일컫는 치명률이 영국은 13%로 이탈리아와 거의 비슷하다. 최대의 사망자를 낸 미국은 5.8% 정도, 우리는 약 2% 정도다(2020년 4월 20일 기준). 사망자 통계도 병원에서 숨진 사람만 포함해 적게 계산됐다. 영국 정부는 4월 29일에야 요양원과 지역사회 감염자를 포함해 사망자 통계를 수정했다. 정부의 이전 통계보다 3,811명이 더 늘어났다(총 사망자는 26,097명. 3월 2일부터 4월 28일까지 집계).

두 차례 세계대전을 비롯해 국난을 슬기롭게 극복해 왔다는 영국의 국가 브랜드에 아주 치명적인 통계다. 코로나 19 발병 초기에 영국은 집단 면역을 강화하는 수밖에 없다며 최소 1주일 정도 적극적으로 대책을 취하지 않았다. 여기에 정작 필요한 순간에 리더십에 큰 공백이 생겼다. 보리스 존슨 총리가 코로나 19에 감염되어 중환자실에서 치료를 받으면서 3주 정도 나라의 최고 통수권자가 부재했다. 리더가 모든 일을 처리할 수는 없다. 그러나 아주 어려운 시기에 국론을 통합하고 우선 순위를 정해, 앞장서 위기 극복을 진두지휘하는 게 리더가 할 일이다. 존슨 총리가 병상에 드러누운

동안 선임 각료인 도미닉 라브 외무장관이 업무를 대행했다. 그러나 업무대행에서도 문제점이 드러났다. 18세기 초 로버트 필 총리 때 확립된 총리 업무 관례는 총리의 유고시 누가 업무를 대행하고 업무 대행의 법적 권한이 무엇인지를 규정하지 않았다. 거의 300년이 지난 현재도 관련 규정이 없다니!

이렇게 어려운 상황에서도 영국은 유럽연합EU의 지원을 단칼에 거절했다. EU 각 회원국들은 산소 호흡기를 비롯해 코로나 19 대처에 필요한 장비와 의약품 마련에서 협력하며 영국에도 도움의 손길을 건넸다. 영국은 그러나 EU에서 탈퇴한 마당에 왜 EU에 손을 벌리냐며 필요한데도 거부했다.

브렉시트로 영국 경제는 성장률이 둔화되었다. 설상가상으로 EU탈퇴보다 최소한 몇 배 더 성장률을 갉아먹을 코로나 19가 터졌다. 영국의 많은 전문가들은 코로나 19가 야기한 경제위기와 브렉시트가 영국 경제에 이중의 큰 충격을 주고 있다며 우려한다. 경제적 국익을 고려하는 정부라면 마땅히 EU와의 이행기(과도기 2020년 12월 31일 종료)를 연장해 경제적 충격을 줄이면서 세계적 대유행이 초래한 경제위기 극복에 힘을 쏟을 것이다. 그러나 보리스 존슨 정부는 오로지 국민과의 약속을 지키는 것이 우선이라며 이행기 연장은 결단코 없을 것이라고 기회가 있을 때마다 강조한다. 세계적 대유행이 영국과 EU와의 협력 계기를 만들어주기는커녕 간극을 더 넓히고 있다.

30km에 불과한 도버해협이 점점 더 길어지는 듯하고, 안개도 더 자주 낄 듯하다.

웨식스Wessex

	출신왕조	재위기간
에그버트	색슨	802 ～ 839
애설울프	색슨	839 ～ 856/858
애설볼드	색슨	855/856 ～ 860
애설버트	색슨	860 ～ 865/866
애설레드1세	색슨	865/866 ～ 871
앨프레드 대왕	색슨	871 ～ 899
대(大)에드워드	색슨	899 ～ 924

잉글랜드England

애설스탠	색슨	925 ～ 939
에드먼드 1세	색슨	939 ～ 946
에드레드	색슨	946 ～ 955
에드위그	색슨	955 ～ 959
에드거	색슨	959 ～ 975
순교왕 에드워드	색슨	975 ～ 978
애설레드 2세	색슨	978 ～ 1013
스벤	덴마크	1013 ～ 1014
애설레드 2세	색슨	1014 ～ 1016
에드먼드 2세	색슨	1016
크누트	덴마크	1016 ～ 1035
해럴드 1세	덴마크	1035 ～ 1040
하레크누드	덴마크	1040 ～ 1042
고해왕 에드워드	색슨	1042 ～ 1066
해럴드 2세	색슨	1066

정복왕 윌리엄 1세	노르만	1066 ~ 1087
윌리엄 2세	노르만	1087 ~ 1100
헨리 1세	노르만	1100 ~ 1135
스티븐	블루아	1135 ~ 1154
헨리 2세	플랜태저넷	1154 ~ 1189
리처드 1세	플랜태저넷	1189 ~ 1199
존	플랜태저넷	1199 ~ 1216
헨리 3세	플랜태저넷	1216 ~ 1272
에드워드 1세	플랜태저넷	1272 ~ 1307
에드워드 2세	플랜태저넷	1307 ~ 1327
에드워드 3세	플랜태저넷	1327 ~ 1377
리처드 2세	플랜태저넷	1377 ~ 1399
헨리 4세	랭커스터	1399 ~ 1413
헨리 5세	랭커스터	1413 ~ 1422
헨리 6세	랭커스터	1422 ~ 1461
에드워드 4세	요크	1461 ~ 1470
헨리 6세	랭커스터	1470 ~ 1471
에드워드 4세	요크	1471 ~ 1483
에드워드 5세	요크	1483
리처드 3세	요크	1483 ~ 1485
헨리 7세	튜더	1485 ~ 1509
헨리 8세	튜더	1509 ~ 1547
에드워드 6세	튜더	1547 ~ 1553
메리 1세	튜더	1553 ~ 1558
엘리자베스 1세	튜더	1558 ~ 1603

그레이트브리튼Great Britain과 통일왕국United Kingdom

제임스 1세(스코틀랜드 제임스 6세)	스튜어트	1603 ~ 1625
찰스 1세	스튜어트	1625 ~ 1649
올리버 크롬웰(호국경)	공화정	1653 ~ 1658
리처드 크롬웰(호국경)	공화정	1658 ~ 1559
찰스 2세	스튜어트	1660 ~ 1685
제임스 2세	스튜어트	1685 ~ 1688
윌리엄 3세와 메리2세	오라녜/스튜어트	1689 ~ 1702
앤	스튜어트	1702 ~ 1714
조지 1세	하노버	1714 ~ 1727
조지 2세	하노버	1727 ~ 1760
조지 3세	하노버	1760 ~ 1820
조지 4세	하노버	1820 ~ 1830
윌리엄 4세	하노버	1830 ~ 1837
빅토리아	하노버	1837 ~ 1901
에드워드 7세	작센–코부르크–고타	1901 ~ 1910
조지 5세	윈저	1910 ~ 1936
에드워드 8세	윈저	1936
조지 6세	윈저	1936 ~ 1952
엘리자베스 2세	윈저	1952~현재

총리

	당	재위기간
로버트 월폴	휘그당	1721 ~ 1742
스펜서 콤프턴 (윌밍턴 백작)	휘그당	1742 ~ 1743
헨리 펠럼	휘그당	1743 ~ 1754
토머스 펠럼 홀리스 (뉴캐슬 공작)	휘그당	1754 ~ 1756
윌리엄 캐번디시 (데빈셔 공작)	휘그당	1756 ~ 1757
토머스 펠럼 홀리스 (뉴캐슬 공작, 재임)	휘그당	1757 ~ 1762
존 스튜어트 (뷰트 백작)		1762 ~ 1763
조지 그렌빌		1763 ~ 1765
찰스 왓슨 웬트워스 (로킹엄 후작)	휘그당	1765 ~ 1766
대(大)윌리엄 피트 (채텀 백작)		1766 ~ 1768
오거스터스 헨리 피츠로이 (그래프턴 공작)		1768 ~ 1770
프레더릭 노스		1770 ~ 1782
찰스 왓슨 웬트워스 (로킹엄 후작, 재임)	휘그당	1782
윌리엄 페티 피츠모리스 (셸번 백작)		1782 ~ 1783
윌리엄 헨리 캐번디시 벤딩크 (포클랜드 공작)	휘그당	1783
소(小)윌리엄 피트	토리 당	1783 ~ 1801
헨리 애딩턴	토리 당	1801 ~ 1804

소(小)윌리엄 피트 (재임)	토리 당	1804 ~ 1806
윌리엄 윈덤 그렌빌 (그렌빌 남작)		1806 ~ 1807
윌리엄 헨리 캐번디시 벤팅크 (포클랜드 공작, 재임)	휘그당	1807 ~ 1809
스펜서 퍼시벌	토리당	1809 ~ 1812
로버트 뱅크스 젠킨스 (리버풀 백작)	토리당	1812 ~ 1827
조지 캐닝	토리당	1827
프레더릭 존 로빈슨 (고드리치 자작)	토리당	1827 ~ 1828
아서 웰졸리 (웰링턴 공작)	토리당	1828 ~ 1830
찰스 그레이 (그레이 백작)	휘그 당	1830 ~ 1834
윌리엄 램 (멜번 자작)	휘그 당	1834
아서 웨즐리 (웰링턴 공작, 재임)	토리당	1834
로버트 필	토리당	1834 ~ 1835
윌리엄 램 (멜번 자작, 재임)	휘그 당	1835 ~ 1841
로버트 필 (재임)	보수당	1841 ~ 1846
존 러셀	휘그–자유당	1846 ~ 1852
에드워드 제프리 스탠리 (더비 백작)	보수당	1852
조지 해밀턴 고든 (애버딘 백작)		1852 ~ 1855
헨리 존 템플 (파머스턴 자작)	자유당	1855 ~ 1858
에드워드 제프리 스탠리 (더비백작, 재임)	보수당	1858 ~ 1859

헨리 존 템플 (파머스턴 자작, 재임)	자유당	1859 ~ 1865
존 러셀 (러셀 백작, 재임)	자유당	1865 ~ 1866
에드워드 제프리 스탠리 (더비백작, 3임)	보수당	1866 ~ 1868
밴저민 디즈레일리	보수당	1868
윌리엄 유어트 글래드스턴	자유당	1868 ~ 1874
벤저민 디즈레일리 (재임)	보수당	1874 ~ 1880
윌리엄 유어트 글래드스턴 (재임)	자유당	1880 ~ 1885
로버트 세실 (솔즈베리 후작)	보수당	1885 ~ 1886
윌리엄 유어트 글래드스턴 (3임)	자유당	1886
로버트 세실 (솔즈베리 후작, 재임)	보수당	1886 ~ 1892
윌리엄 유어트 글래드스턴 (4임)	자유당	1892 ~ 1894
아치볼드 필립 프림로즈 (로즈버리 백작)	자유당	1894 ~ 1895
로버트 세실 (솔즈베리 후작,3임)	보수당	1895 ~ 1902
아서 제임스 밸푸어	보수당	1902 ~ 1905
헨리 캠벨 배너먼	자유당	1905 ~ 1908
허버트 헨리 애스퀴스	자유당	1908 ~ 1916
데이비드 로이드 조지	자유당	1916 ~ 1922
앤드류 보너 로	보수당	1922 ~ 1923
스탠리 볼드윈	보수당	1923 ~ 1924

제임스 램지 맥도널드	노동당	1924
스탠리 볼드윈 (재임)	보수당	1924 ~ 1929
제임스 램지 맥도널드 (재임)	노동당	1929 ~ 1935
스탠리 볼드윈 (3임)	보수당	1935 ~ 1937
네빌 체임벌린	보수당	1937 ~ 1940
윈스턴 처칠	보수당	1940 ~ 1945
클레먼트 애틀리	노동당	1945 ~ 1951
윈스턴 처칠 (재임)	보수당	1951 ~ 1955
앤소니 이든	보수당	1955 ~ 1957
해럴드 맥밀런	보수당	1957 ~ 1963
앨레크 더글러스–홈	보수당	1963 ~ 1964
해럴드 윌슨	노동당	1964 ~ 1970
에드워드 히스	보수당	1970 ~ 1974
해럴드 윌슨 (재임)	노동당	1974 ~ 1976
제임스 캘러헌	노동당	1976 ~ 1979
마거릿 대처	보수당	1979 ~ 1990
존 메이저	보수당	1990 ~ 1997
토니 블레어	노동당	1997 ~ 2007
고든 브라운	노동당	2007 ~ 2010

데이비드 캐머런	보수당	2010 ~ 2016. 7.
테리사 메이	보수당	2016. 7~2019. 7
보리스 존슨	보수당	2019. 7~

Adam Smith, *An Inquiry into the nature and causes of the wealth of nations*, Vol. 1, Vol. 2 (Oxford : Clarendon Press, 1976).

Albert C. Baugh, *A history of the English language*. 5th ed, 김순신 옮김, 『영어발달사』 (서울 : 한신문화사, 2009).

Alison Weir, *The life of Elizabeth I*, 하연희 옮김 『엘리자베스 1세』 (서울 : 루비박스, 2007).

Andre Maurois, *Histoire d'Angleterre*, 신용석 해제 · 옮김, 『영국사』 (파주: 김영사, 2013).

Barbara W. Tuchman, *The Guns of August* (New York: Ballantine Books, 1994).

Charles Dickens, *A child's history of England*, 민청기 · 김희주 옮김, 『찰스 디킨스의 영국사 산책』 (고양 : 옥당, 2014).

D.H. Lawrence, *Movements in European History* (Oxford:Oxford University Press, 1921), 정종화 역 『역사, 위대한 떨림』 (서울:민음사, 2002).

Dorothy Marshall, *Eighteenth Century England* (London: Longmans, 1965).

Edward P. Thompson, *The Making of the English Working Class*, 나종일 옮김, 『영국 노동계급의 형성』 상, 하 (서울 : 창작과비평사, 2000).

Geoffrey Blainey, *A Very Short History of the World*, 박중서 옮김, 『아주 짧은 세계사』 (서울:휴머니스트, 2012).

George M. Logan and Robert M. Adams, eds, *Utopia* (Cambridge University Press, 1989).

Karl Polanyi, *The Great Transformation: The Political and Economic Origins of Our Time* (Boston: Beacon Press, 2001).

Kenneth Morgan, *The oxford history of britain*, 영국사학회 옮김 『옥스퍼드 영국사 』 (파주 : 한울, 2016).

Leslie S. Klingered., *The New Annotated Sherlock Holmes*, Vol.1, Vol. 2, Vol. 3 (New York:W. W. Norton & Company, 2007).

Loyd Easton and Kurt H. Guddat eds., *Writings of the Young Marx on Philosophy and Society* (New York: Anchor Books, 1967).

Margaret Thatcher, *Downing Street Years* (London: HarperCollins, 1993).

Melvyn Bragg, *The adventure of english, 500 AD to 2000:the biography of a language*, 김명숙·문안나, 『영어의 힘 : 수많은 경쟁과 위협, 몰락의 순간에서 세계 최고의 히트상품이 되기까지』 (서울 : 사이, 2019).

Niall Ferguson, *Empire: how Britain made the modern world*, 김종원 옮김, 『제국 : 유럽 변방의 작은 섬나라 영국이 어떻게 역사상 가장 큰 제국을 만들었는가』 (서울 : 민음사, 2006).

P. Balaresque, GR Bowden, SM Adams, Leung H-Y, TE King, ZH Rosser, et al. (2010) A Predominantly Neolithic Origin for European Paternal Lineages. PLoS Biol 8(1): e1000285. https://doi.org/10.1371/journal.pbio.1000285 .

Robert Heilbroner, *The Worldly Philosophers: The Lives, Times, and Ideas of the Great Economic Thinkers*, revised 7th edition (New York:Simon & Schuster, 1999).

Robert Tucker, *The Marx-Engels Reader*, 2nd edition (New York: W.W. Norton & Company, 1978).

Simon Schama, *History of Britain*, Vol. 1, Vol. 2, Vol. 3 (New York: Miramax First American Edition edition , 2002).

Speck, W. A. Speck, *A concise history of Britain*, 이내주 옮김, 『진보와 보수 영국사』 (서울 : 개마고원, 2002).

T.O. Lloyd, *Empire, Welfare State, Europe: English History 1906-1992*, 4th edition (London: Oxford University Press, 1993).

The Conversation, "Who do you think you are? Most detailed genetic map of the British Isles reveals all," 19 March 2010.

http://theconversation.com/who-do-you-think-you-are-most-detailed-genetic-map-of-the-british-isles-reveals-all-38936 .

김기순, "'두 국민'을 '한 국민'으로 ... 토리 민주주의의 기수, 낭만적 개혁파 디즈레일리," 교수신문, 2018.12.10.

김기순, "매우 진지했던 시대의 가장 진지했던 인물," 교수신문, 2018.11.13.

김대륜, "명예혁명에 대한 역사적 해석의 역사, 전통적 휘그 해석과 새로운 관점들," 교수신문, 2019.1.21.

김현수, "19세기 영국의 외교정책은 '고립'만이 아닌 '고립-간섭'의 이원체제," 교수신문, 2019.03.27.

나종일 · 송규범, 『영국의 역사』 (파주: 한울아카데미, 2005).

맥세계사편찬위원회, The flow of the world history the United Kingdom, 하진이 옮김, 『영국사』 (파주 : 느낌이 있는책, 2014).

박지향, 『제국의 품격 : 작은 섬나라 영국은 어떻게 세계를 지배했는가』 (파주: 21세기북스, 2018).

박지향, 『클래식 영국사』 (파주: 김영사, 2012).

설혜심, "'남성의 가정성'에서 '백인 남성의 분노'에 이르기까지," 교수신문, 2019.2.25.

신경숙, "경제적 상상과 상상의 경제: 사우스 시 버블The South Sea Bubble과 영국 근대 금융의 한 단면," 『유럽연구』, 제30권 제2호(2012.08), pp. 1 – 29.

염운옥, "페미니즘은 계급, 인종의 좁은 교차로를 택할 수밖에 없는 사상이었다", 교수신문 2019.06.03.

윤상민, "문명사의 전환 가져온 영국의 '지리적 행운' … 산업혁명을 牽引하다," 교수신문, 2018.9.3.

윤승준, 『하룻밤에 읽는 유럽사』 (서울 : 알에이치코리아 : RHK, 2012).

윤영휘, "영국사에 대한 대서양 접근, 새로운 연구영역 될 가능성," 교수신문 승인 2019.05.07.

이영석, 『영국 제국의 초상』 (서울:푸른역사, 2009).

이영석, 『제국의 기억 제국의 유산』 (파주 : 아카넷, 2019).

이영석, "18세기 영국과 근대성 그리고 市場," 교수신문, 2013.7.15.

이영석, "산업혁명기 영국 지식인들은 왜 기계를 예찬했는가. . . 인도 綿業과의 경쟁," 2018.10.8.

주경철, 『주경철의 유럽인 이야기』 1, 2, 3 (서울 : 휴머니스트 출판그룹, 2017).

통합유럽연구회, 『도시로 보는 유럽통합』 (서울: 책과함께, 2014).

통합유럽연구회, 『박물관, 미술관에서 보는 유럽』 (서울: 책과함께, 2017).

통합유럽연구회, 『인물로 보는 유럽통합』 (서울: 책과함께, 2010).

한일동, 『영국역사』 (파주 : 살림출판사, 2018).

홍춘욱, 『50대 사건으로 보는 돈의 역사』 (서울 : 로크미디어, 2019).

하룻밤에 읽는 영국사 큰글자책

초판 1쇄 발행	2021년 7월 23일
지은이	안병억
펴낸이	최용범
편집	박호진, 윤소진
디자인	김태호
관리	강은선
인쇄	㈜다온피앤피
펴낸곳	페이퍼로드 paperroad
출판등록	제10-2427호(2002년 8월 7일)
주소	서울시 동작구 보리매로5가길 7 1322호
이메일	book@paperroad.net
페이스북	www.facebook.com/paperroadbook
전화	(02)326-0328
팩스	(02)335-0334
ISBN	979-11-90475-59-4 (03920)